A E
& I

Recursos humanos

Autores Españoles e Iberoamericanos

Antonio García Ángel

Recursos humanos

Planeta

© 2006, Antonio García Ángel

© 2006, Editorial Planeta Colombiana S. A.
    Calle 73 No. 7-60, Bogotá

ISBN: 958-42-1488-8

Primera edición: agosto de 2006

Impresión y encuadernación: Quebecor World Bogotá S. A.

Para Mario, por supuesto.

Quiero agradecer a *The Rolex Mentor and Protégé Arts Initiative* por sus buenos oficios y su apoyo durante la escritura de esta novela.

Al estilo lo afinan la mala idea de uno mismo
que nadie desmiente, el relajo que desemboca
al pie del altar o en el bautizo del tercer hijo,
las confusiones entre tragedia y tedio, el olor a
santidad amarga que se desprende del arraigo
en el nivel salarial.

CARLOS MONSIVÁIS, *Los rituales del caos*.

Los pensamientos de Ricardo Osorio se habían encarrilado en el tic tac. Miedos, sueños, culpas que a veces venían en caminata o maratón, a menudo se sincronizaban con el mecanismo del reloj de pared y adoptaban el tempo de un desfile marcial. Llevaba un rato acordándose obsesivamente de las tetas de Ángela *tic* el tacto de las tetas de Ángela *tac* el sabor de las tetas de Ángela *tic* los pezones de Ángela *tac* cuando se endurecen los pezones de Ángela *tic* cómo se sienten con el dedo los pezones de Ángela *tac* cuando les paso la lengua *tic* las tetas redonditas de Ángela *tac* eso es lo que me va a dar ánimo para decirle *tic* sus hermosísimas tetas *tac* voy a pensar en ellas cuando le diga *tic* o mejor le digo cuando esté desnuda y así se las miro *tac* y me doy moral *tic* porque esta vez seguro que le digo *tac* no me voy a acobardar *tic* le digo de una y ya *tac* y que ella mire a ver qué me responde *tic* lo importante es no quedarme callado como la última vez *tac* ni irme a sen*tic* mal, por eso le voy a mirar las te*tac* y ya ella decidirá si *tic* o no. Juepu*tac* cómo suena de fuer*tic* ese reloj de mier*tac*…

Una vez descubierto, el aparato le reveló las 10:24 a. m., y con el acompasado golpe de las manecillas permaneció así, tratando de evocar las tetas de Ángela que se le deshicieron en la agobiante resonancia de aquel regalo de aniversario matrimonial. Afortunadamente, a veces una presencia bastaba para hacer desaparecer el tic tac, y ésta era la de Elsy, su secretaria, que asomó el pescuezo por la puerta entreabierta y le preguntó imperativamente si podía seguir. Cuando Osorio asintió, las derrengadas formas de Elsy se aproximaron hacia el escritorio.

Elsy Cuartas era alta y encorvada, de nariz ganchuda, lentes pasados de moda y los brazos muy largos y torpes a los costados; sus tetas escurridas y su trasero nulo estaban cubiertos por un conjunto que parecía prestado, bisutería de rebaja y un perfume tan aromático que despertaba miradas de odio. Era solterona y aunque parecía estar en los tardíos cincuenta desde hacía un par de décadas, ahora debía de tener la edad que representaba.

—Qui'hubo Elsy.

—Hola doctor.

—Se hizo algo en el pelo.

—Está igual, doctor.

—No, no me mienta —continuó Osorio malicioso—, algo se hizo; se le ve más elegante.

El pelo de Elsy se arqueaba en volutas barrocas desde principio de los ochenta: nada podría haberse hecho en el pelo. Pero Osorio representó bien su papel y logró sonrojarla. Era su pequeño juego: avergonzar a su secretaria, aun desafiando la lógica con insinuaciones como aquella.

—Bueno, doctor. Déjese de cuentos y empecemos de una vez, que usted tiene mucho para hacer hoy —se repuso Elsy con la acostumbrada severidad. Se ajustó las gafas y le leyó los asuntos pendientes—. Problemas disciplinarios en la Planta de Dulces…

—¿Qué pasó?

—Esta mañana aparecieron graffitis con barras de chocolate en las paredes, en los techos, hasta en oficinas del Área Administrativa.

—¿Y qué dicen?

—Declaraciones de amor a una de las niñas del restaurante.

—Martha Yaneth —especuló Osorio.

Un gesto de interrogación cruzó el rostro de la secretaria.

—Es la que está más buena —explicó Osorio.

Elsy hizo un mohín indescifrable y rebuscó en su libreta de notas.

—¿Qué más hay?

—Hay 687 solicitudes de vacaciones simultáneas.

—Eso debe ser por el maldito robo de las fotocopiadoras. Voy a tener que hablar con Lozada, a ver si deja de joder —pensó Osorio en voz alta.

—Fonseca vino otra vez.

Manuel Fonseca, del Departamento Jurídico, quería un aumento. Ya la Junta había dicho que sí, pero Osorio pensaba hacerlo sufrir hasta avanzada la semana entrante. Mientras tanto se hacía negar y le mandaba correos electrónicos poco esperanzadores, otro pequeño juego como el de hacer sonrojar a Elsy.

—No me lo vaya a pasar —ordenó Osorio.

—Pero doctor, vino muy bravo. Dijo que usted se le estaba escondiendo, que pusiera la cara.

—No estoy, me fui, no he llegado, no sabe cuándo vuelvo, déjele el mensaje. Usted ya sabe cómo es, Elsy.

La secretaria asintió y continuó:

—Las cotizaciones para la Fiesta de Aniversario…

La fecha se acercaba peligrosamente y Osorio, que tenía una fuerte tendencia a aplazar las cosas, no había alquilado un sitio para celebrarla, ni contratado músicos, ni meseros, ni payasos para los hijos de los empleados. Lo mismo le había ocurrido hacía unos años y al final, cuando vio que iba a ser imposible cumplir, fue a hablar con la Junta y los convenció de que por los fracasos en las metas semestrales no valía la pena festejar. Pero el cuadragésimo aniversario no iban a perdonársela, y esa certeza tomó forma de frío en el estómago y sequedad en la boca.

—Mierda, Elsy, pida cotizaciones para el sitio y las empresas que nos hicieron la fiesta del año pasado, y me las pasa para que yo firme la autorización.

—Doctor, en la fiesta del año pasado acuérdese que hubo una intoxicación masiva con lechona tolimense. Un montón de gente terminó en el hospital.

—Cuénteles eso y dígales que si nos vuelven a intoxicar demandaremos.

Osorio, hombre capaz de despachar varios asuntos al tiempo, había venido echándole un vistazo a cartas y documentos por firmar, tal vez para tener algo más atractivo que su secretaria en qué posar los ojos. Cuando puso la última firma, se los entregó.

—¿Algo más?

—Su hermana está de cumpleaños.

—Mándele flores —ordenó Osorio mientras se ponía el saco y abría la puerta de su despacho. Él era un hombre de acción, no le gustaba aplastarse detrás de un escritorio, lo suyo era atender los asuntos personalmente, yendo a cada rincón de La Empresa. Además estaba el estúpido reloj...

—Ah, una cosa... —lo detuvo Elsy—, vino una muchacha a buscarlo esta mañana, antes de que usted llegara. No quiso esperarlo ni dejarme su nombre. Dijo que era un «asunto personal».

Ángela, amiga íntima de su esposa y amante suya, vino a la mente de Osorio. Tuvo ganas de pensar que la visita había sido de ella, pero Ángela tenía suficientes años para no ser «una muchacha».

—Cuénteme una cosa, Elsy —dijo Osorio mientras salía de su oficina.

—Dígame, doctor.

—¿Qué tal estaba? ¿Estaba buena? —preguntó Osorio, y cerró la puerta tras de sí, sin escuchar el reproche débil, secretarial.

No tenía un plan diario de sus recorridos, pues dependía de los asuntos pendientes, los reportes matutinos de Elsy y las eventualidades. Podía encontrársele supervisando un cambio de bombillas en las bodegas de alimentos y minutos después hablando con el portero del Templo de la Limpieza, podía almorzar con los ingenieros en la cafetería de la Planta de Mermeladas y al rato escaparse a una tienda cercana para tomar cerveza con los del *call center* salientes, podía ausentarse de una reunión con la Junta Directiva para atender un accidente en la Planta de Ceras. Sin embargo, la búsqueda de cierto orden que contrarrestara el azar de sus jornadas lo había llevado a perfeccionar y ajustar las travesías. Durante años había medido el tiempo y contado sus pasos, de manera que poco a poco fue desechando opciones hasta construirse un preciso catálogo de desplazamientos. Así, tras casi una década presentándose a diario en el lugar de los hechos, Osorio siempre usaba las mismas rutas para desplazarse de un lugar a otro. Ese mapa mental, que jamás había compartido con nadie, le daba en ocasiones una sensación de superioridad; por ejemplo, mientras todos estaban convencidos de que la vía más expedita para ir desde el Departamento de Recursos Humanos hasta la Planta de Dulces era cruzar el puentecito hasta las oficinas y luego bajar al primer piso, él sabía que si tomaba la escalera de metal que había junto al Departamento de Mercadeo e ingresaba por las bodegas de la Planta de Mermeladas, hasta una puerta que daba a los casilleros de la Planta de Dulces, se gastaba mucho menos.

Claro, eso contando con que la maldita puerta estuviera abierta. Osorio golpeó y llamó varias veces, pero del otro lado no había nadie. «Mierda, si regreso a mi oficina y me voy por el puentecito habré hecho un recorrido mucho más largo», pensó Osorio mientras tomaba otro camino que lo conduciría directamente a la Planta de Dulces.

Era relativamente fácil: salir a los refrigeradores, tomar el pasillo que comunica con el Punto de Ventas y desviarse por la segunda puerta a la derecha, avanzar hasta el fondo por el pasaje que se abre entre la casa abandonada de la viuda Van Buren y el Departamento Jurídico, y doblar dos veces a la izquierda. Claro, eso si uno no cuenta con que aparezca Fonseca y tenga que modificar de nuevo la ruta.

Uf, si no bajaba la escalera de gato que sobresalía de una claraboya junto al Departamento Jurídico se habría arruinado la última fase del sufrimiento fonsequiano. Pero no podía regresar a la superficie porque el muy idiota estaba allí, discutía con alguien que parecía ser Lozada, pues sus voces podían escucharse con nitidez. Bastaría que Fonseca avanzara un poco y mirara hacia abajo para que lo encontrara: no tuvo más remedio que bajar los travesaños y buscar una salida hacia otro lugar.

El rectángulo de luz que venía de la claraboya le insinuó un corredor. Se internó en una humedad negra, en una oscuridad gaseosa, sintiendo que eran los mismos materiales con que se construyen los limbos y los abismos. Cuando se apoyó en las paredes que venían estrechándose, una felpa grasosa se adhirió a las yemas de sus dedos. Se rebuscó en los bolsillos para no encontrar fósforos o encendedor. Mierda, había dejado de fumar porque su esposa tosía y a cambio prendía pérfidos inciensos, además ahora estaba la salud del niño, fumador pasivo, etc... Sin embargo, una curiosidad de cartógrafo lo llevó a continuar.

A medida que penetraba en el socavón, pequeñas lucecitas fueron prendiéndose en un meandro de su cerebro: por la angulación del camino, estaba caminando en dirección a las galerías subterráneas, el sistema de transporte de mercancías. Si no lo engañaba aquella intuición, el pasadizo por el que iba a tientas desembocaría al interior de las bodegas, y desde allí debía subir por una rampa de carga hasta la Planta de Dulces para solucionar el asunto de los graffitis.

Recorrió un tenue pero prolongado declive hasta un pequeño vestíbulo pobremente iluminado por una bombilla de 60 vatios. En él había una única puerta cerrada y, al fondo, otro corredor iluminado con idénticas bombillas tal vez muy alejadas entre sí. Se detuvo en ese vestíbulo y tomó una bocanada de aire que le pareció silvestre en comparación con el que había respirado en el ciego pasaje anterior. Quiso sacudirse las perneras del pantalón y terminó tiznándolas, pues sus manos tenían una costra de suciedad. Con el rabillo del ojo vio caracolear una pequeña sombra entre sus pies e internarse en la oscuridad a sus espaldas. Osorio hizo un pequeño pataleo expulsador, por si acaso a aquella rata le hubiera dado por trepar, y apresuró su camino hacia el siguiente corredor.

Al fondo, en el rectángulo de luz que permitía ver parte de los túneles de abastecimiento, se recortó una silueta que pronto empezó a avanzar hacia Osorio. Él, que caminaba en sentido contrario, creyó percibir una pequeña vacilación en el paso de aquel hombre que tal vez no solía encontrarse con alguien en ese lugar; sin embargo, no pudo verlo muy bien, pues se cruzaron en uno de los largos intervalos entre las bombillas. Se miraron a la cara durante un segundo, como fantasmas que se asustan con su mutua presencia. Osorio, tal vez para confirmar que aquel extraño sí existía, balbuceó un «Buenos días» y se dio vuelta para mirar. El tipo, que estaba atravesando una de las esferas de luz, aguardó algunos pasos antes de volverse en la penumbra y balbucear, a su vez, «Buenos días» antes de dar la vuelta y perderse de vista. Osorio permaneció inmóvil, en la mitad del túnel. Podría jurar, a menos que hubiera sido una rata trepadora, que la cabeza del tipo se asomó una vez más, y luego escuchó abrirse y cerrarse la puerta del vestíbulo que estaba al fondo.

El timbre de su celular fue como un dique para el caudal de interrogantes que habrían inundado la cabeza de Osorio si el número registrado en la pantalla no fuera el de Ángela.

—Hola, delicia —contestó.

Por respuesta, tuvo un crujido eléctrico prolongado en el que algunas sílabas distantes luchaban por sobrevivir. Era el tono de la voz de Ángela, que parecía ansiosa, pero no pudo entender una sola palabra.

—¿Me oyes?

—...í.

—¿Aló?

—Te...r...el...iodí..., ...qué no ...s ...em.

—Espérame, espérame salgo de aquí que estoy bajo tierra y no me llega señal. Espérame, espérame —repitió Osorio, apurando el paso hasta salir y llegar a la rampa de carga, donde a medida que subía se despejaba el crujido que no le había permitido escucharla.

—¿Qué me decías?

—Que tengo libre el mediodía, que por qué no nos vemos.

Osorio miró su reloj de pulsera y preguntó «¿Doce y media?». «Doce, no puedo esperar», respondió Ángela, seductora. Sus tetas abarcaron todo el entendimiento de Osorio, que no había sido consciente del recorrido que ahora lo tenía dentro de la Planta de Dulces, donde lo esperaba un inmenso graffiti de chocolate con almendras en el ventanal de la Oficina Técnica.

Marta Y., plena mujer, manzana carnal

Había otro que decía «Antes de amarte, Marta, nada era mío» frente a la troqueladora de confites y uno inmenso en las oficinas del segundo piso: «Quítame el pan si quieres, quítame el aire, pero no me quites tu risa.» Este último estaba hecho con caramelo. Habría que pintar de nuevo esa pared.

En efecto, era Martha Yaneth. Osorio tenía mucha prisa por despachar el asunto, pues quería estar a tiempo en su cita recién concertada y más ahora que por fin iba a hablar, pero los minutos fueron pasando sin que nadie dijera o supiera nada, hasta que a las once y cuarenta de la mañana Osorio no pudo más. Mandó apagar todas las máquinas y les gritó:

—¡¿Me quieren decir quién es el hijueputa poeta de mierda que está jodiendo las paredes?! ¡¿Quién es el grandísimo triplehijueputa poeta que se le ocurrió mancharlo todo con esas mierdas del pan y la manzana carnal?!

Era una pregunta retórica. Nadie esperaba que un bodeguero de apellido Arana, envalentonado, respondiera «Pues

Neruda, güevón.» Los presentes tuvieron que intervenir para que Osorio no le siguiera dando puñetazos. Le dijo que lo iba a despedir pero no era cierto. Al fin y al cabo Arana, como él, era un hombre enamorado.

Ángela lo esperaba, tetas al aire, en una cama del Motel Eldorado, equidistante de sus respectivos lugares de trabajo y lugar habitual de sus encuentros. Hicieron el amor con intervalos de prisa y sosiego. Él se vino primero y luego, con los restos de aquella erección que le había comenzado al salir de La Empresa, se entregó al orgasmo de ella, largo y serpentino, con arremetidas de placer que al final la dejaron tan blanda como el exangüe miembro de Osorio.

—Aleluya —dijo Ángela mientras alcanzaba la cajetilla de cigarrillos.

Osorio la miró fumar en silencio, mientras pensaba que nunca había visto semejante expresión de belleza en su vida. Luego ella se durmió mientras Osorio armaba y desarmaba frases en su cabeza.

—Ángela —dijo, por fin.

—¿Qué? —respondió, mientras retiraba de su cara un mechón negrísimo de pelo. Sus tetas, de pezones grandes y empinados, se bambolearon indiferentes.

Había llegado una vez más el momento del salto al vacío. Osorio miró durante una fracción de segundo hacia su abismo interior y, con un vértigo tantas veces presagiado y ahora real, se incorporó a medias y le miró las tetas suaves, redonditas. Ellas amortiguarían cualquier caída libre y le dieron la fuerza para continuar:

—Lo he estado pensando desde hace un tiempo, ya no puedo estar sin ti, es insoportable…

Ángela se recostó en su codo derecho y abrió los ojos, sorprendida. A Osorio le pareció que entre la cara y las tetas de su amante se formaba el triángulo de sus delirios y así continuó.

—Vámonos juntos, vámonos a otro país.

Ángela se había levantado de la cama y se ajustaba la falda con una actitud que no se sabía si era de prisa o miedo.

—Ay, Ricardo —lo interrumpió sin mirarlo a la cara—. Tenemos buen sexo, ¿no? Entonces no nos compliquemos la vida, porque yo no quiero hacerle daño a Jorge Abel; el pobre no podría vivir sin mí. Además María Teresa es mi mejor amiga...

Osorio tenía prevista la reacción de Ángela y ya entrado en gastos no iba a rendirse tan fácil:

—No puedes estar con él por lástima. Y yo ya no quiero a María Teresa.

—Puedo estar con él por la razón que me dé la gana —se defendió ella, mientras se abotonaba la blusa.

—Te amo.

Primera vez que lo decía. Ángela tuvo que mirarlo.

—Ahora tienes un hijo —le dijo.

—Te amo —respondió él.

—¿Con qué plata nos iríamos? —preguntó.

Osorio sintió que la velocidad de su caída libre se aminoraba. Ángela ya no decía «no» y había empezado a preguntar «cómo».

—No te preocupes por eso —respondió él—. Tengo suficiente para que vivamos al menos un año, mientras conseguimos trabajo y todo.

—No sabía que tenías tanto...

—Pues ya sabes.

Ángela se sentó a los pies de la cama y lo miraba como lamentando que hubiera hecho esa propuesta.

—No puedo.

—Te amo —dijo de nuevo, congestionado, nervioso, sintiendo que al final de todo su salto al vacío iba a terminar mal. Empezó a vestirse.

—No puedo decidir ahora mismo. Es una cosa que hay que pen...

—¿Qué pasa?

—Tienes los pantalones sucios.

—No me cambies el tema, ¿sí?

De vuelta en su oficina, la propuesta por fin dicha había dejado espacio en Osorio para otros pensamientos menos urgentes pero no menos inquietantes como ¿quién era el tipo que me encontré en ese túnel? *tic* ¿qué tal que me lo haya imaginado? *tac* es extraño *tic* porque ni siquiera alcancé a verlo bien *tac* y ¿por qué me respondió «Buenos días» *tic* y no «Buenos días, don Ricardo»? *tac* ¿será que el tipo me conoce? *tic* ¿o no tiene idea de quién soy yo? *tac* si le hubiera visto la cara *tic* pero no *tac* nada *tic* un borrón *tac* una mancha *tic* además la voz no me dice nada *tac* ¿será que estoy trabajando demasiado? *tic* ¿O era que estaba nervioso porque iba a hablar con Ángela? *tac* Lo peor fue que no quedamos en nada *tic* ¿O será que no me quiere lo suficiente? *tac* ¿Será que todos los peros que puso eran por eso? *tic* ¿Hasta cuándo tendré que esperar a que se decida? *tac* La amo *tic* dejaría a María Teresa por ella *tac* ¿y el niño? *tic* Yo me lo llevaría *tac* pero no puedo hacerle eso a María Teresa *tic* ella me perdonaría lo de la casa *tac* pero nunca lo del niño *tic* además *tac* el niño estaría mejor al lado de ella que al mío *tic* Amo a Ángela *tac* estoy obsesionándome *tic* y por eso estoy alucinando *tac* ¿Y la puerta? *tic* yo oí cómo se abría y se cerraba *tac* hasta creo haberla vis*tic* Si existe la puer*tac* existe el *tic*po ¿y por qué carajos estoy dudando de es*tac* cosas?

La culpa era del reloj, que además de trastornarle los pensamientos señalaba las 3:47 de la tarde. Tardó una eternidad en sacudirse del hipnótico tictaqueo y contestar el teléfono: era Mireya, su hermana, agradeciéndole las flores. Osorio no recordó, hasta bien avanzada la conversación, que las flores eran por su cumpleaños. De todas maneras ella no lo notó y continuó hablando de lo mucho que estaba trabajando últimamente su cuñado y lo grande que estaba su sobrinito. En la bandeja de correo de su computador había un lastimero mensaje de Fonseca, pidiéndole detalles sobre el aumento de sueldo, y luego otro, diciéndole que un miembro de la Junta le había dado a entender que ese tema ya lo habían discutido. Osorio trató de redactar una respuesta bastante hermética, pero el reloj bombardeó regularmente la formación de frases. Rendido, se puso de nuevo su saco y salió.

—Doctor, hace un rato vino la señorita de por la mañana, la del «asunto personal» —le dijo Elsy, suspicaz—. No pude preguntarle si la hacía pasar o no, porque ahí estaba Fonseca. Se hubiera dado cuenta de que usted se estaba negando.

—¿Dejó su nombre?

—No quiso.

—Hágame un favor, Elsy: si me va a dar esas razones más bien no me diga nada —respondió Osorio con inocultable mala leche, y cerró la puerta.

La oficina del Fondo de Empleados quedaba en un tercer piso añadido a la primera propiedad cuando La Empresa apenas hacía la transición entre negocio artesanal y verdadera industria, cuando tan sólo era una casa reformada donde se fabricaban mermeladas. Allí funcionó durante un par de años la Gerencia General. El mismo sitio fue también la primera oficina de Presidencia, luego Tesorería y después Enfermería antes de convertirse en sede del Fondo y despacho de Lozada, el más combativo y problemático de todos los directores del Fondo que Osorio había lidiado.

—No me gustan sus saboteos, Lozada.

—Si no reintegra a los trabajadores de la Secretaría de Inversiones, vamos a tener que pedir vacaciones generales —advirtió Hugo Lozada, como diciendo «no está en mis manos, no hay nada que yo pueda hacer.»

—Lozada, no sea tan cabrón. Usted sabe que en la Junta Directiva no van a permitirlo, eso es una majadería.

—Ellos son inocentes, y usted lo sabe.

—Son los principales sospechosos. Tienen la misma cara de ladrón que usted.

—Cuidadito, Osorio, no me falte al respeto porque no respondo —se mosqueó el otro.

Así, en un tira y afloje sin puerto, la conversación tomó una deriva hostil y encalló en el silencio. Cuando empezaba a anochecer, Osorio abandonó la oficina del Fondo acumulando una razón más para algún día agarrar a Lozada por las solapas y tirarlo por la ventana. De nuevo en el segundo piso, avanzó por corredores, subió y bajó desniveles, rodeó un ducto de ventilación que debía sortearse a través de un balcón, entró y salió de salas hasta llegar al puentecito que cruzó hasta las oficinas donde aún los pintores no acababan de cubrir el poema escrito a Marta Yaneth. Bajó la escalera hasta la Planta de Dulces, ahí ya no había vestigios de las otras declaraciones de amor. Luego descendió a los túneles y se plantó frente al pasadizo donde se había producido el encuentro perturbador. Descubrió, con cierto alivio, que ahí sí estaba la puerta, pero estaba cerrada. Su reloj de pulsera daba las 6:55 p. m. Quienquiera que trabajara allí, ya se había ido a su casa. Era tiempo de que él hiciera lo mismo.

Regresó al segundo piso de la Planta de Dulces y entró al baño de mujeres. Llegó al cubículo del tercer retrete, que no tenía puerta. Utilizó la taza y la cisterna como peldaños para llegar a la escotilla que estaba pegada al cielo raso, emergió al techo, caminó sobre la Casa Siete y bajó por la Casa Ocho hacia los parqueaderos. Ahí ya no estaba el carro de Fonseca, pero había un papelito en el parabrisas del carro de Osorio: «No se esconda, no sea hijueputa. M.»

¿Ricardo…? Holaa mi amooor. Sigue, estoy acá en el cuarto del bebééé… Qui'hubo, mi vida. ¿Cómo te fue? Mira, saluda a tu hijo, dale un besito. ¿Quén eshuno bebé que le llegó shu papá? ¿Quén?… Ya, ya, bebé, no llores, nooo, ya ha haa ha haa, no llores que eshe sheñor esh tu papá, shí… ¿Adivina dónde estuvimos hoy? Yo te dije esta mañana, ¿no te acuerdas? Claro, es que contigo no se sabe si estás oyendo o no: pones una cara como si estuvieras atentísimo, pero estás en las nubes. Pues donde el médico, porque este muchachito de aquí, shí mi vida, ushté, ushté…, este señorito ¡está cumpliendo meses!… Uy, estaba repleto el consultorio. Nosotros teníamos cita a las tres y media, pero el doctor nos atendió a las cuatro y pico. Eso sí, el doctor muy querido, muy amable: se acordó de mí y todo. Primero le dio vuelta por todos lados, le revisó las manitos, las huevitas, el pipicito, las piernitas…, todo bien, dijo. Le miró los ojitos con una linterna y ahí se puso a llorar; lloróó, no te imaginas cuánto. Luego, cuando le miró las orejitas, se puso peor. Entonces lo cargué y le di un poquito de tete y se quedó quietecito. Lo midió: tiene 67 centímetros, va a ser alto como tú. Y está pesando seis kilos larguitos; el médico dijo que está bien de peso, pero a mí me da la impresión de que está flaco. Shí, ushté esh un flacuchento, shí, el flacuchento de la mami… Ah, y me autorizó darle jugos y papillas. Huevo, no; tan raro, si a uno le daban huevo desde cuando estaba chiquitico. Pero bueno: le puso vacunas, la triple bacteriana, la última dosis de la hepatitis b y una que se llama hemófilus. Yo le consulté lo que te había dicho ayer,

¿no?, que me tenía preocupada, ¿qué era, a ver…? ¡No, Ricardo, tú no me oyes!, lo de que pujaba, le dije «Ay, doctor, yo noto que el niño está como pujando mucho», pero él me tranquilizó, me dijo que era normal. Luego, cuando ya nos íbamos a ir, ¿sabes qué hizo este bandido?, mh mh mh, bandidíshimo, shí… ¿sabes qué hizo? ¡Se le orinó al médico! Me dio *una vergüenza*, no te imaginas. Yo creo que el doctor quedó como bravo, porque cuando yo le dije que él ya me conocía, que yo le hablaba y él me movía los ojitos, que se reía, él me respondió de mala gana que eso se llamaba risa social, que la tenían todos los bebés. ¡Ay!, tan precioso mi niño, shí, shí… ¿Sabes qué estaba pensando? Que ahora que ya completamos la plata para comprar la casa, si la conseguimos con segundo piso la escalera no debe tener barandas sino muro porque el bebé se puede caer. Además ojalá tenga jardín, para que pueda jugar. Estoy contenta de que pudimos juntar esos milloncitos, así el niño va a crecer en casa propia, ¿no te da felicidad? Ricardo, ¿me estás parando bolas?

· · ·

A la mañana siguiente, Osorio manejó hacia La Empresa con rabia. Ponía los cambios como si quisiera arrancar la palanca, hundía el acelerador y el freno como si fueran animales que merecieran ser aplastados, daba timonazos, le pitaba hasta a las aves del firmamento. Estacionó su carro junto al de Fonseca y con la llave lo rayó de lado a lado. Luego hizo su periplo hasta su oficina, le gruñó algo a Elsy y, sentado al escritorio, entró a la intranet y le despachó a Fonseca el mensaje más hiriente, grosero y atarván que se le pudo ocurrir:

De: r.osorio@rhumanos
Para: m.fonseca@djuridic
Asunto: Con migo no

Mire fonseca
usted no sabe con quien se metio, oye?? A mi me gusta q ue me digan las cosas d e frente no mandando noticas que eso ess de maricones. hijueputa cuando quiera nos damo en la geta, oyo. Ademas olbidese de su aumento de sueldo. Primero muerto antes de gestionarle ese aumento, yo soy amigo de la junta y puedo hacer que se lo n ieguen por malparido y si es tan varon pasese por mi oficina para que arreglemos a los puños que yo no le tengo miedo y maricones como ustde yo me los hecho al bolsillo sin sacudirlos gonorrea hijueputa y vea le aseguro que ya se le jodio el aumento, asi llore san-

gre por que se metio con quien no le tocava grndísimo triple
hijueputa lo espero

Ricardo Osorio

Pd : Agradesca que no l hago hechar, oyo.

Elsy Cuartas, acostumbrada a los brotes temperamentales de su jefe, esperó un tiempo prudencial antes de tocar la puerta y pedir permiso para entrar.

—Uy, Elsy, mire nomás, si está hecha una princesa —le dijo Osorio en cuanto la vio, enfundada en un sastre verde esmeralda que parecía hecho con tela para forrar muebles.

A Elsy se le arremolinaron un par de preposiciones en la garganta y, sonrojada, logró articular un tímido «Gracias doctor»; luego se aclaró la garganta y, a manera de regaño, fue exponiéndole todas las dificultades para la fiesta de aniversario: el mago Chivélulo, a sus ochenta y dos años, se había retirado; los payasos Bartoldo y Bertoldo habían sido arrestados por la DEA en el aeropuerto de Miami; los de la comida no aparecían por ningún lado y ya no estaban en el directorio; el Club Camaleones estaba alquilado en esa fecha; Los Tropicalísimos se habían dedicado a la música cristiana… Osorio, como le pasaba siempre en semejantes letanías, apenas escuchaba a su secretaria: su cabeza vagaba entre Fonseca, Ángela y el extraño del túnel de abastecimiento.

Cuando su secretaria terminó el memorial de dificultades, se dedicaron toda la mañana a organizar el asunto de la fiesta, a hacer llamadas, pedir cotizaciones, hablar personalmente con la gente: todo el trabajo que Osorio había pretendido esquivar. Mientras tanto, el celular de Ángela en buzón de mensajes y sus tetas reverberándole constantemente en la memoria.

Al mediodía salió a una cafetería cercana, se comió un pandebono y se tomó una Colombiana al clima. De regreso entró por la Planta de Detergentes y de allí bajó a los túneles de abastecimiento. Buelvas, uno de los que manejaban los montacargas, lo llevó hasta la boca del pasillo misterioso. En el vestíbulo, la puerta estaba cerrada. ¿Sería que nadie trabajaba allí? ¿Se trataba de un cuartucho de aseo o de herramientas? Osorio golpeó un par de veces, sin mucha convicción, y al ver que nada pasaba deshizo sus pasos hacia la salida, pero a mitad del pasillo lo detuvo el ruido de la puerta abriéndose y volviéndose a cerrar. Miró hacia atrás y creyó ver una sombra replegarse hacia el vestíbulo. «¡Oiga, un momento!», dijo Osorio y se apresuró a regresar. Pero la puerta seguía cerrada y no había nadie más que él.

En su oficina, Elsy le comunicó que había venido a buscarlo Fonseca.

—...y traía *una cara*, doctor.

—Y como le va a quedar después de que se encuentre conmigo, Elsy.

Su secretaria no entendió nada, se limitó a acomodarse las aparatosas gafas y encogerse de hombros.

—Cuénteme una cosa, Elsy, ¿usted cuánto tiempo lleva en La Empresa?

—Uy, doctor... imagínese, yo llegué en eeeel... déjeme ver... Yo llegué en el 73 —Elsy, al término de sus cálculos, parecía haber quedado exhausta.

—Hay un sitio frente al Departamento Jurídico, debajo del puentecito, con una escalera...

—¡Claro!, ahí quedaba el antiguo patio de la casa abandonada. Dicen que fue el patio más caro de la historia inmobiliaria nacional —remató Elsy, confidente.

La secretaria, picada de nostalgias, se largó en un extenso monólogo que empezó a ramificarse de mala manera en pequeñas historias cada vez más lejanas del asunto que interesaba a Osorio. Cuando La Empresa se expandió a la casa de al lado, la nueva Planta de Dulces allá por el 76, la señora Van Buren que no había querido vender su casa, los difíciles años de la Planta de Deshidratados, la secta que funcionaba en la cuadra, la reestructuración del 94…

Osorio la dejó divagar como un jugador espera que el balín de una ruleta caiga en el número elegido, pero los recuerdos de su secretaria continuaron girando hasta marearlo.

—Ya, Elsy, párela porque se va a poner a llorar. Concretamente, ¿existe alguna oficina en la Casa Cuatro?

Esa numeración respondía al orden en que fueron anexadas las casas de la manzana.

—No, doctor, que yo sepa, no.

—¿Quién tiene los planos de La Empresa?

—Pues habría que contratar a alguien para que los hiciera. Usted mismo sabe que…

—Sí, no me tiene que explicar. Gracias.

En su oficina, el reloj parecía haber ganado decibeles. Se trataba de un paisaje alpino de plástico, en relieves que delineaban nevados superpuestos a un cielo azul metalizado. En la parte inferior flotaba una cabaña inverosímil junto a un río que, si no fuera por los nevados, podría utilizarse para ilustrar la portada de *La cabaña del Tío Tom*. En mitad del cielo, el sol era un disco dorado con números romanos y manecillas. Todo ello estaba enmarcado en un cajón suficientemente grueso para abergar el mecanismo del reloj tras el paisaje que a su vez estaba cubierto por un vidrio. Semejante aparataje no podía más que servir de diapasón al agobiante tic tac.

Es in*útic*, no lo puedo sopor*tac*, se dijo, y salió en busca de Fonseca. Pero, oh, sorpresa: se lo encontró en la antesala de su oficina. Osorio dio un paso hacia él, pero tropezó con alguien que se interpuso y dio noticia de su existencia con «¡Un momento!, esta vez no se va a escapar.» Era rubia criolla, de las que desde bebés les lavaron el pelo con manzanilla para que nunca oscureciera; tenía una cara redonda y de rasgos finos en donde al parecer jamás había florecido una sonrisa; un poco ancha de caderas para su gusto y, si no tuviera en mente las de Ángela, le habrían encantado sus tetas. Osorio miró a Fonseca y luego a Elsy, que dijo «ella es la joven que vino ayer» pero como queriendo decir «no se haga el bobo, doctor, que es la del "asunto personal".» Era Martha Yaneth.

—Bueno, ¿me va a atender o no? —dijo, impaciente, la muchacha.

—Siga a mi oficina, por favor —reaccionó Osorio. Luego arrojó una mirada de perro rabioso a Fonseca y le dijo «ahorita hablamos.»

Osorio caminó detrás y rodeó su escritorio mientras ella miraba todo, incluido el reloj, como si le pareciera de la mayor vulgaridad.

A su vez, Osorio pudo examinarla mejor: debía de tener unos veintipico años, llevaba jeans ceñidos, una blusa negra y una chaqueta aterciopelada. Los materiales y el corte de las prendas se veían baratos, pero ella los llevaba con cierta altivez que podía tomarse por elegancia. Con un ademán la invitó a sentarse, pero fue tardío, simultáneo al acto de ella. De una carterita roja con símbolos chinos, la muchacha sacó un paquete de Belmont y, molesta porque se le notaba el temblor en las manos, encendió un cigarrillo. Nunca preguntó si podía fumar ni se molestó en preguntar si el cóncavo portavasos que estaba sobre el escritorio podría servir de cenicero.

—Bueno, dígame qué…

—¿Esto es una venganza contra mí?

—¿Por qué?

—Ay, doctor, usté el año pasado, a principios, me estuvo echando los perros. Lo que pasa es que yo no le hice caso.

—Fueron un par de piropos nomás, por si se animaba.

—¡Pues fíjese que yo no soy así! —le advirtió la muchacha.

—Comprendo: a usted le gusta es que le escriban cosas en las paredes.

—Ya le dio unos puños. No lo vaya a despedir —suplicó Martha Yaneth, perdiendo la compostura, a punto de llorar—, fíjese que él mantiene a su abuelo y a una tía. No le vaya a hacer esa hijueputada.

Un gesto fronterizo entre el descubrimiento y la interrogación acompañó la pregunta de si Martha había dejado una nota en el parabrisas del carro de Osorio la noche anterior, diciéndole que no se escondiera, echándole la madre.

—No le estaba echando la madre, apenas le decía que no fuera mala gente. Y le habría dejado mil notas más, si no aparece para responderme.

—¡Ajá!… Entonces está enamorada, Martha —concluyó Osorio, burlón—. ¿Y qué estaría dispuesta a hacer por él? —le preguntó, mirándola y sobándose la bragueta del pantalón.

—¡¿Cómo se atreve?!

La muchacha salió de la oficina como si de repente hubiera envejecido diez años, y abandonó la antesala dando un portazo descomunal. Osorio salió a la antesala con una sonrisa irónica.

—Elsy, ¿quién es la encargada de que locas como ésa no vengan a joder por acá, ¡ah!?

Luego suavizó su expresión y le dijo a Fonseca «Hermano, discúlpame, todo ha sido un malentendido. Yo…»

Una trompada, certera entre el carrillo derecho y la nariz, no lo dejó terminar la frase.

Ya pronto serían las ocho de la noche. Ricardo Osorio, Gerente de Recursos Humanos enamorado de la mejor amiga de su esposa, aficionado a sonrojar a su secretaria y torturar a los mandos medios, se sentó en su escritorio a sobarse la cara, a mirar el paquete de cigarrillos abandonado por Martha Yaneth y a escuchar el tic tac del reloj magnificado por la soledad nocturna de las oficinas.

Ya sé *tic* es falta de nicotina *tac* eso es lo que me hace ver fantasmas en los túneles *tic* lo que me tiene tan iracundo *tac* y pensando en Ángela como poseso *tac* estoy trabajando demasiado *tic* necesito vacaciones *tac* necesito irme de aquí *tic* ¿y por qué Ángela no me contesta el celular? *tac* ¿y si la llamo de nuevo? *tic* riiiing… *tac* riiiing… *tic* riiiing… *tac* «Hola, este es el celular de Ángela Vélez, déjeme su men…» clic *tic* madita sea *tac* maldita seas Ángela Vélez y tus maravillosas tetas *tic* maldita seas por no contestar el celular *tac* por no quererte largar conmigo de aquí *tic* por no amarme para dejar tirado a tu marido *tac* y empezar de nuevo conmigo *tic* en otro sitio bien lejos de aquí *tac* Ya sé qué es lo que me pasa *tic* es falta de nicotina *tac* seguro que sí *tic* necesito fumar *tac…tic…tac… tic…tac…*

Así, uno a uno, Osorio se fumó el resto de la cajetilla que Martha había dejado y logró sentirse, si no feliz, un poco mejor.

· · ·

Era una mañana de nubes sucias y sol triste sobre las irregulares formas de La Empresa. Ricardo Osorio tuvo su primera contrariedad al encontrarse un carro funerario estacionado justo en su lugar de parqueo. Era negro y reluciente, como tallado en obsidiana, y tenía una corona de flores en su parte trasera. Osorio bajó de su carro y buscó sin éxito al portero para protestarle. No había otro espacio libre, entonces no tuvo más remedio que dejar su carro afuera. Entró por la Planta de Detergentes, cuya puerta estaba abierta de par en par y nadie estaba cuidando. La Planta, a su vez, estaba desierta, pero las máquinas estaban en marcha. Caminó por entre las mezcladoras como temiendo que el suelo se agrietara bajo sus pies, sin toparse con nadie. La empacadora también funcionaba pero sin productos, como un mimo. Osorio llegó al Laboratorio de Calidad, en el segundo piso, en busca de una explicación, pero las pipetas, las probetas y los erlenmeyers eran los únicos habitantes y no tenían nada que decirle. Cuando avanzaba por el corredor que comunica con el *call center*, se fue la luz, las máquinas de la Planta de Detergentes se detuvieron y el ruido próximo de los operadores se desvaneció. Osorio recorrió de memoria el pasillo, abrió la puerta que conducía hasta el *call center* de Detergentes y en la penumbra que permitía una estrecha ventana lateral encontró los teléfonos abandonados. Si alguien sabía qué estaba pasando, ésa era Elsy; se palpó los bolsillos y descubrió que había dejado en el carro su celular. Cerró la puerta del *call center* de Detergentes y se internó de nuevo en la oscuridad.

¿Por qué no habían puesto a funcionar ya la planta eléctrica? Avanzó, abrió y cerró puertas, bajó y subió escaleras a tientas, siguiendo el mapa mental que lo habría de llevar a su oficina, pero la luz regresó y le reveló que se encontraba en medio del Departamento Jurídico. La pregunta de cómo demonios había llegado a ese lugar se superpuso a la de dónde carajos se habían metido todos. «¡Fonseca!», gritó, pero el eco de su voz se perdió entre recovecos sin que éste diera una señal. Bueno, al menos había luz otra vez y sólo era cuestión de llegar a su oficina. Cuando salió al patio interior, sintió un roce en el tobillo, miró hacia abajo y encontró una rata que se escabullía por la claraboya donde él se había metido el día anterior para esquivar a Fonseca. Qué barbaridad, habría que ordenar una fumigación, pensó, y tomó el pasaje que se abre entre el Departamento Jurídico y la casa abandonada, donde lo sorprendió el sonido de unos pasos que se alejaban. Osorio se apresuró a seguirlos y los oyó en el fondo por una puerta que halló entornada, se internó por ella gritando «¡Ey, espere, un momento!», pero los pasos continuaron con igual rapidez por el pasillo que se desvía hacia el Punto de Ventas de Alimentos. En un recodo, Osorio alcanzó a ver que los pasos pertenecían a un hombre en traje gris que procuraba escabullírsele por la Ruta de los Refrigeradores en la Planta de Mermeladas. Allí terminó Osorio resollando, adosado contra una pared, sin escuchar ya nada más que el cercano eco de la Planta. Caminó hacia allá y lo mismo: las máquinas en marcha y nadie alimentándolas ni supervisando. Entre una estufa industrial y la zona de licuadoras pudo ver de espaldas al hombre que echaba de nuevo a correr, y esta vez se prometió no perderle el rastro en la trepidante correría que lo condujo hasta las bodegas de la Planta de Mermeladas y de allí a través de una puerta hasta los casilleros de la Planta de Dulces, que a su vez estaba en funcionamiento y solitaria. Pero no se detuvo a examinarla porque su férreo propósito era darle alcance al extraño que le huía y que ahora había descendido por la rampa de carga hasta los túneles y luego por el corredor oscuro que se abre en la parte más sombría, hasta el vestíbulo donde estaba de nuevo aquella puerta solitaria que se cerró de golpe un segundo antes que él llegara. Osorio, resuelto, tomó el pomo y lo giró; la puerta cedió, dejando al descubierto un vacío en el que se internó con el corazón a punto de explotar. El interior de aquel lugar era frío y estrechísimo, casi no se podía mover en él y pronto se sintió mareado, como si los puntos cardinales, cansados de estar en su lugar, hubieran decidido intercambiarse. Osorio sintió que no le llegaba aire a los pulmones y quiso salir, entonces se dio vuelta y abrió la puerta que ahora sentía encima de él. Afuera ya no estaba el pasillo, sólo el interior de un amplio automóvil que contenía un ataúd. Osorio salió del cajón, se tiró encima del asiento delantero, abrió la puerta torpemente, cayó al piso y se arrastró por el parqueadero hasta la parte trasera del carro negro. Cuando vio, en el centro de la corona de flores, su nombre, no pudo más que gritar.

· · ·

¡Ricardo!, ten cuidado, mira nada más, vas a despertar al niño. Además qué codazo me has dado, apuesto a que me partiste una costilla. Silencio, *ya, ya,* estabas teniendo un mal sueño. Pero vaya mal sueño, cómo te movías y qué alarido pegaste, hasta me asustaste a mí… ¿Viste?, ya se despertó y con tanto trabajo que me había dado acostarlo, ya, ya, ya, bebé, ya aquí está la mami. No te quedes ahí parado, Ricardo, ayúdame con el biberón. Ve y prepáralo, todo está en la cocina; ay, no me vengas con eso: agua caliente y le echas tres cucharadas, el pote está ahí encima del mesón. Ya, ya, bebé, ya te despertaste, pero te vas a dormir, dueeerme niño quiquiiiito, que la nocheee viene yaaa, cieeerra prontooo tus ojiiitos, ponla a calentar en la jarrita esa de metal, la redonda que está allá en la repisa verde, ya ha ha ha ha, ya, bebé, duérmete. Ay, no, tenías que pegar semejante grito y despertarlo, ¿sabes a qué horas se había dormido?, a las dos de la mañana, pero tú no te habías dado cuenta porque estabas dormido desde las once. Oye, ¿y por qué llegaste tan tarde? Además apestabas a cigarrillo, ¿no dijiste que lo ibas a dejar?, *yaa, yaa, bebé, ya, ya.* ¿Encontraste todo? Ahí, al lado de la boquilla de la estufa está el biberón, lávate las manos antes de agarrarlo, porque está esterilizado. Ricardo, mira lo que has hecho, capaz es que el niño no se duerme hasta que amanezca del todo. Ya, ya bebé, ¿quén eshuno bebée de la mami, quén quén?

· · ·

A las diez de la mañana ya había dejado dos mensajes en el buzón del celular de Ángela: «Hola, llámame» y «Hola, belleza, llámame», ambos sin respuesta. El bebé había llorado hasta el amanecer. María Teresa no había parado de hablar. El punzante tic tac ya mar*tic*llaba en sus sienes, lo a*tac*aba, lo mar*tic*rizaba. Su secre*tac*ria, Elsy, acababa de entrar y, afortunadamente, el reloj parecía enmudecer en su presencia. Llevaba una falda larga de prenses con flores verdes estampadas, una blusa café de cuello camisero y mangas bombachas, zapatos del mismo color de la blusa y aretes de filigrana. El pintalabios se le desbordaba en algunas partes, haciendo que su boca se viera deforme. Apestaba a perfume.

—¿Le pasa algo, doctor?

—Nada grave, Elsy: dormí mal —respondió Osorio sin ganas de piropearla—. ¿Qué tenemos para hoy?

—Todavía falta conseguir casi todo lo de la fiesta. Ya no tenemos mucho tiempo, doctor. Además, llegó este memorando de la Junta Directiva.

Elsy le extendió un papel membreteado que decía:

Señor
Ricardo Osorio V.
E. S. M.
Por medio de la presente, le rogamos nos informe de las gestiones que se están realizando con respecto a la celebración de la Fiesta de Cuadragésimo Aniversario. Habida cuenta de las irregularidades que se presentaron en la edición anterior (intoxicación de la mayoría del personal, con la

subsiguiente falta al trabajo; los payasos Bartoldo y Bertoldo fueron capturados en flagrancia mientras robaban partes de los carros parqueados —a propósito, a los niños del doctor Aguayo no les gustan los payasos, anconsejamos cambiarlos por recreadores—), queremos saber qué decisiones está tomando para que todo esté en su lugar.

Osorio levantó la mirada del papel y la posó en su escuálida secretaria.

—Están un poquito quisquillosos, doctor. Yo, si fuera usted, me tomaría el asunto con más seriedad, pues…

—Sin sermones, Elsy —la cortó.

Aquella frase tuvo un efecto devastador.

—No, Elsy, perdóneme. No se vaya a poner a llorar.

La secretaria sollozó en silencio. Osorio, mientras tanto, balbuceaba excusas, decía que estaba teniendo unos días terribles, que se fijara lo que había pasado con Fonseca, que lo perdonara… Al fin, Elsy se calmó cuando Osorio le dijo «Lo que más me duele es que usted llega toda bonita y arreglada aquí, y yo le hago correr el maquillaje. Mire nomás.»

—Me puse sentimental.

—No tiene que disculparse, Elsy. Yo me porté muy mal.

—Es que me preocupa la fiesta. Si algo sale mal, seguro que lo van a echar.

Hizo un nuevo amago de llanto, pero se contuvo.

—Bueno, entonces manos a la obra —dijo Osorio por consolarla pero también porque ella lo había logrado preocupar.

Habían conseguido muy poco: nueve buses para transportar al personal de a pie y el dato de unos pendones con el logo y el nombre de La Empresa. Se dedicaron a hacer una lista, día por día, de todo lo que debían hacer para cumplir con la fiesta. Osorio mandó traer almuerzo para él y para su secretaria; finalizaron el calendario a las cinco de la tarde. Ángela aún no contestaba sus llamadas.

Elsy suspiró, se acomodó las gafas como quien trata de encajar una ficha ajena en un rompecabezas, y se despachó en un monólogo que Osorio utilizó como escudo para que el tic tac del reloj no afectara sus propios recuerdos, correspondientes a la nueva y desconcertante marea emocional en la que ya temía naufragar.

Todo había empezado durante el cuarto mes de embarazo, cuando notó que su esposa ya nunca había vuelto a decir «nuestro» y en cambio decía «mi hijo». Los temores que Osorio alimentó en secreto se disiparon tras el parto, pues el niño había heredado el labio inferior prominente, las cejas unidas, la nariz ancha y otros cinco distintivos familiares: el sello Osorio. La que estaba irreconocible era María Teresa: había ganado por lo menos ocho kilos y había perdido por completo el sentido del humor. Además era como si en ella no pudieran convivir los roles de esposa y madre, y entonces se hubiera decidido por el último. Osorio había descubierto, además, que era imposible asumir su paternidad sin despertar recelos territoriales en su esposa, y por tanto se negaba a convertir a su hijo en campo de batalla por los afectos; pero aquello era peor, pues se prestaba para que María Teresa le reprochara su apatía y falta de compromiso. Seguramente cuando el niño tuviera dieciocho años lo iba a odiar, fruto del sistemático y prolongado trabajo de apropiación que su madre ya había empezado a ejercer sobre él desde que estaba en el vientre.

Así estaban las cosas, María Teresa embarazada y su relación camino a convertirse en lo que ahora era cuando, un lunes por la tarde, Osorio conducía de la oficina hacia su casa. Llovía como si las nubes se estuvieran desangrando. Las plumillas, rodando a toda velocidad sobre el parabrisas, apenas permitían seguir la fila de carros que iba lentísima por la Avenida Eldorado hacia los Cerros Orientales. Aquí y allá se veían carros varados en la cuneta y en mitad de la calle; uno de ellos era un Volkswagen verde limón como no había otro en la ciudad. Osorio se detuvo al lado y pitó repetidas veces.

En el interior del escarabajo, una mano desempañó el vidrio del piloto, y luego la cara de Ángela se asomó. Osorio bajó el vidrio opuesto de su Renault 21 y saludó con la mano. Ella abrió la ventanilla y gritó palabras que la lluvia barrió antes de que Osorio pudiera oírlas. Luego de las consabidas señas de «no te entiendo» y «no te oigo», Ángela cerró la ventanilla, abrió la puerta de su Volks y cruzó la calle hasta el carro de Osorio, quien al verla venir había levantado el seguro de la puerta.

—Ricardo —dijo, como si apenas lo hubiera reconocido al sentarse en el puesto del copiloto. Sonreía, estaba empapada, la blusa blanca se le transparentaba sobre el brasier.

Se saludaron de beso en la mejilla. Un mechón de su pelo negrísimo se había pegado a la cara de Osorio en la retirada.

—¿Te llevo a tu casa? —preguntó.

—¿Por qué?, ¿adónde más se te había ocurrido llevarme? —respondió ella, sin dejar de sonreír.

—¿Adónde crees que te quisiera llevar? —preguntó Osorio, siguiendo el juego.

Un cuarto de hora más tarde, a fuerza de insinuaciones y sobreentendidos, estaban entrando al Motel Eldorado, casi enfrente de donde providencialmente se había varado el carro de Ángela. Ella misma le ofreció una propina al portero para que le vigilara el escarabajo mientras tanto. En el cuarto, Ángela desordenó la cama y puso, sin volumen, el porno del televisor.

—No venía a un lugar de estos desde hace por ahí diez años —dijo, divertida, y lo empezó a desnudar.

En ese momento le timbró el celular. Ángela se interrumpió, miró la pantalla y luego lo apagó.

—Era Jorge Abel —aclaró, sin gravedad. Luego le rodeó el cuello y empezó a besarlo.

A Osorio Jorge Abel le parecía un perfecto imbécil, un huevón. No podía entender cómo un tipo así, tan torpe y tan decente, podía estar casado con semejante mujer, ahora desnuda frente a él. Ángela era flaca, con culo firme y las tetas más lindas que Osorio recordara o hubiera podido imaginar. Era pálida, un poquito ojerosa, de facciones alargadas y dientes levemente salidos. Tendría más o menos cuarenta años, había algo en ella que le daba un aire de eterna lolita inmune a la madurez. Olía muy bien.

Una hora y media después habían hecho el amor dos veces, se habían duchado y habían prendido un cigarrillo.

—¿No te dan culpas? —le preguntó.

—Ninguna. Si no me hubiera venido, estaría sintiéndome muy mal. Pero, créeme, no me dan remordimientos con Jorge Abel.

—¿Y con María Teresa?

—¿A ti te dan culpas? —preguntó a su vez ella, dejando la pregunta de él sin responder.

—Pensé que me iban a dar. Pero no.

—Entonces te declaro mi amante oficial —concluyó ella, y le dio un beso en la boca.

Aquella frase, dicha a la ligera, se había convertido en realidad. Desde entonces Osorio y Ángela se veían una o dos veces por semana en el Motel Eldorado y saciaban allí el deseo insatisfecho de sus respectivos matrimonios. Las culpas, sin embargo, fueron apareciendo como el herrumbre o el musgo, pero habían logrado contenerlas mediante el acuerdo tácito de limitar sus jornadas al sexo y nada más.

La crisis vino por cuenta del amor, un delirio que también crece como el herrumbre o el musgo: durante las últimas semanas el único motivo que Osorio tenía para vivir eran sus encuentros con Ángela. Por cuenta de ello, estar con María Teresa le parecía insoportable, su hijo le era ajeno y los planes de fuga se habían disparado en su cabeza. Rompió el acuerdo tácito con su propuesta y varios «Te amo» de los que ahora se arrepentía, pues al parecer eso había terminado por espantarla.

Afuera anochecía. El silencio de Elsy lo había devuelto a la realidad.

Se despidió de su secretaria sin haber retenido siquiera el tema de lo que la pobre había hablado mientras él evocaba lo suyo. Caminó al parqueadero, se detuvo en la Planta de Dulces mientras la decisión de ir a echar un vistazo a la misteriosa galería subterránea competía dentro de él con la de largarse de una vez. Tras un minuto de inmovilidad, optó por la tercera vía: llamar de nuevo a Ángela. Esta vez no quiso dejar mensaje, y luego decidió irse a casa porque, si ella lo llamaba mientras él estuviera en aquellas profundidades, era posible que no se pudiera comunicar.

Hola mi amor. *chuic.* ¿Cómo te fue? Uf, si te contara. Hubo
una reunión de propietarios e inquilinos aquí en el edificio,
¿te acuerdas que estaba concertada desde hacía casi un mes?
Yo sabía que se te iba a olvidar, pero no te preocupes, te
perdono. Bueno, te decía que hubo una reunión de propietarios e inquilinos, aquí en el salón comunal. No te imaginas lo pesado que es ese señor del 201, puso problema para
todo: que si había quórum, que si le estaban coartando sus
derechos para expresarse, que si patatín, que si patatán. Y
repetía a cada rato «moción de procedimiento». ¿Qué significa eso? Nadie tenía idea, pero como el tipo es un leguleyo
de a peso… Luego salió con que los inquilinos no debíamos
tener voz ni voto, que sólo debían opinar los propietarios.
Me dio *una rabia.* Me dieron ganas de que compráramos este
apartamento sólo para callarle la boca, pero después me dije
«con la plata que tenemos, podemos encontrar algo mejor»,
¿verdá que sí? Además, el tipo apenas tiene el apartamento,
porque de resto es un muerto de hambre ¿Has visto cómo se
viste? El barbuchas… El de la esposa morenita, así, como de
medio pelo… Ay, Ricardo, ¿pero cómo no te vas a acordar de
él? Francamente, tú sí vives en la luna. Pero bueno, te sigo
con el cuento: el tipo diga y diga cosas, no dejaba avanzar
ningún tema porque para todo tenía un pero. In-ma-ma-ble,
de verdad. Afortunadamente el doctor Roldán, el psicoana-
lista del 901… ése mismo, ¿ves que si quieres te puedes acordar? El doctor Roldán, que también es propietario, le dijo
«Señor, deje de poner problema», y algunos empezamos a

decirle «sí, sí». Ahí fue Troya: las buenas maneras se le embolataron y armó *una* gritería… ¡Que se le estaba irrespetando!, ¡que no había derecho a tratarlo así! Claro, muy bravo hasta que el administrador leyó la lista de deudores morosos. ¿Sabes cuántos meses de administración debía? Más… más… más… Sí, señor, ocho meses, ¿ah?, ¿hay derecho? Ocho meses y tan gritón. Yo en todo caso, no me quedé hasta el final porque Ángela iba a venir. Sí, vino. Se acaba de ir no hace mucho, por poco y te la encuentras. ¿Qué pasa? ¿Tienes hambre? Claro, pobrecito. Ya te voy a calentar algo, déjame nomás le preparo algo al niño.

● ● ●

Se despertó a la madrugada, con urgencia de cigarrillos que no tenía en casa. A su lado, María Teresa, vuelta de espaldas, estaba dormida. Se escurrió hacia el borde de la cama procurando no tensar las cobijas, tomó su billetera y las llaves, caminó hasta el clóset y sacó un pantalón de sudadera, un saco grueso, un par de guantes de lana, medias y sandalias de suela de caucho. Se vistió en el corredor, pero, antes de irse, sintió ganas de ver por un instante a su hijo. La puerta de su habitación, que él mismo había pintado de azul cuando salió la ecografía, estaba entornada, pero no había suficiente espacio para entrar; durante eternos minutos la empujó hasta conseguir la suficiente apertura para colarse dentro sin despertarlo. Allí estaba, con aquella cara de viejo que aún tienen los recién nacidos durante sus primeros meses de vida, rasgos que de alguna manera lo anticipaban a él en la futura vejez. Una inmensa ternura, que partía de la intimidad de aquel momento, se apoderó de Osorio; la sensación de que, después de todo, había algo en su vida que aún tenía sentido, alguien por quien valía la pena quedarse, trabajar, aguantar. No, no señor, aunque Ángela le dijera que sí, no se iría a ningún lado. Así, acercó su cara a la cuna y se quedó absorto en la contemplación de aquella pequeña existencia que él vería crecer, aprender a caminar, balbucear sus primeras palabras, ir a la escuela, tener su primera novia, irse de excursión, graduarse del bachillerato... Pronto aquella progresión de eventos trazó toda una vida multiplicada en nietos y momentos familiares. Osorio tuvo uno de esos afortunados instantes en que el paso del tiempo se asocia a la felicidad. Todas sus zozobras se replegaron ante la conciencia del amor que lo unía a la criatura que dormía frente a él. Se le aguaron los ojos. Caramba, en realidad se estaba volviendo viejo, un viejo huevón, un viejo sentimental, pensó, y repleto de emociones acercó la cara a la de su hijo y le dio un levísimo beso en la mejilla.

El niño abrió los ojos, tomó una parsimoniosa bocanada de aire, y sus facciones, al principio tranquilas, empezaron a congestionarse. Osorio sintió como si accidentalmente hubiera puesto en marcha el lanzamiento de un misil nuclear. Oyó, o creyó oír a María Teresa revolverse en la cama. Salió al corredor. El sonido de la puerta al cerrarse, el llanto de su hijo y el llamado de su esposa fueron uno solo. Tomó la escalera, pues no quiso esperar el ascensor.

· · ·

Por fin, viernes de una semana con llanto de Elsy, memorando de la Junta Directiva, puñetazo de Fonseca, nuevo fracaso en su lucha contra el tabaco, pelea con un bodeguero poeta, discusión con Lozada por la fotocopiadora que desapareció, insomnios, pesadillas, presencias inquietantes en los corredores de La Empresa, la novia del bodeguero rogando por él, una declaración de amor con propuesta de fuga, un ataque de amor paternal y un escape por cigarrillos seguido de otro ataque, esta vez de odio matrimonial, justo antes de meterse a la ducha esa mañana.

Aquel era un viernes especial, además, pues en vez de tomar la ruta hacia La Empresa, Osorio iba por la Avenida Pepe Sierra hacia La Alhambra, a recoger a su secretaria para ir a visitar los lugares en que se podría realizar la fiesta. Además, iba con buen ánimo, pues existía una razón para que Ángela no hubiera contestado la última llamada del día anterior: estaba haciéndole visita a María Teresa: estaba en *su casa*. ¿Había ido Ángela, además de a visitar a su amiga, a verlo a *él*?, se preguntaba con alegría. ¿Cómo habría sido si se hubieran encontrado? ¿Habrían podido disimular? ¿Existiría en su mirada o en la de Ángela algo que los delatara? ¿O se había ido antes de que él llegara para evitar encontrárselo?, se preguntó luego, con tristeza. ¿Por qué aún no lo llamaba? Él, por su parte, había tomado la decisión de no llamarla y esperar, en cambio, a que ella lo llamara. Ya habían sido suficientes tres llamadas el día anterior para darle a entender que quería verla, que esperaba una respuesta.

Cuando Elsy salió de la portería de su edificio, Osorio tuvo que hacer un esfuerzo para no reír. Estaba peinada hacia atrás con una balaca roja y aretes del mismo color, se había maquillado con entusiasmo, tenía una camiseta habana de cuello redondo y osito de tela verde cosido en el pecho, unos jeans *Caribú* con raya blanca y dobladillo ancho en la bota campana, tenis *Croydon* cabezones fuertemente amarrados y gafas oscuras que abarcaban media cara.

—Llega puntual, doctor —dijo Elsy y, quizá por tratarse de un caso especial (primera vez que se montaba en su carro y primera vez que se veían fuera de la oficina, además para ir fuera de la ciudad), se acercó y le dio un beso en la mejilla.

—Caramba, Elsy, qué lanzada anda hoy —le dijo Osorio, divertido.

El sonrojo de Elsy fue más rojo que el rubor que se había embadurnado en las mejillas, y por un momento a Osorio se le ocurrió que, si no fuera por la balaca, su cabeza habría explotado.

Osorio arrancó, dio la vuelta en U y remontó la Pepe Sierra hacia el Oriente.

—¿Por dónde quiere que nos vayamos, la Autopista Norte o la Séptima? —preguntó Osorio, magnánimo.

—Pues a mí la Séptima me parece más bonita —dijo Elsy, como si estuviera respondiendo a una propuesta indecente.

El azul del cielo parecía disuelto en leche, una cortina de nubes cenicientas venía de los lados de Cota, al Occidente. El clima permitía andar con las ventanillas abiertas sin congelarse, cosa que además contrarrestaba el perfume de Elsy. Llegaron a la Séptima y enfilaron hacia el norte sin dificultad, pues había pocos carros. El sol parecía hinchado. La claridad matutina recortaba con violencia los mechones de monte que sobresalían en el lomo de los cerros. Osorio, que venía picado por la curiosidad desde la mañana del martes, aprovechó para interrogar a su secretaria.

—Elsy, yo quería preguntarle por una ruta a los túneles que descubrí, un hueco que hay ahí, en medio de unas materas, enfrente del Departamento Jurídico…

Estaban por llegar a la Ciento Veintisiete. A la izquierda, en el carril de norte a sur, todas las casas de Santa Bárbara que daban a la Séptima se habían convertido en locales comerciales. Elsy miró por su ventanilla los bloques de ladrillo y hormigón que por momentos ocultaban los cerros, los edificios en obra y los escasos mangones que, como su letrero lo decía, no estaban en venta. Osorio pudo verla atenazada por la nostalgia.

—Uy, doctor, eso se construyó era cuando yo tenía… No, mejor no le cuento cuántos años tenía porque se pone a sacar cuentas. Fue en el 77. Ese año se murió Elvis Presley, y tan buen mozo que era, ¿ha visto películas de Elvis?

—Sí —mintió Osorio—, pero al fin ¿para qué lo construyeron?

—Lo que pasa es que por esa época el puentecito pasaba por encima del patio de la casa Van Buren —respondió Elsy, con la misma gravedad que si estuviera sucediendo en ese preciso momento.

Ya habían pasado La Bella Suiza, que no tenía nada de bella ni de suiza, y ahora estaban entre Belmira a la izquierda, que era una cerca de edificios de ladrillo, todos de al menos diez pisos, y el Bosque Medina a la derecha, tan urbanizado que los árboles ya parecían intrusos. Osorio seguía sin entender, y le pidió a Elsy que le explicara.

—Bueno, en ese año fue que compraron la primera casa esquinera, la Casa Cuatro, donde están las bodegas de alimentos. Y también pusieron el puentecito. Don Milciades Aguayo, que en paz descanse, estaba dele que dele, ofreciéndole plata a la viuda para que vendiera…

Elsy se interrumpió, tratando de acordarse cuál era el nombre de la viuda. Osorio ya estaba arrepentido de haberle preguntado algo a su divagante secretaria, pero en ese momento no había nadie más a quién preguntarle.

—Tenía un nombre que terminaba en ese... Eduviges, Angelines, ¿Mercedes?

Cuando Elsy no pudo alargar más la lista de posibilidades, al lado derecho ya había mangones de pasto crecido cercados por alambres de púas herrumbrosos en palos podridos, muros desportillados y llenos de graffitis, mogotes de basura y pinos cubiertos de smog. A la izquierda estaba Cedro Golf, tan anodino y ladrilloso como Belmira. Osorio azuzó a Elsy para que continuara:

—La señora demandó a La Empresa y le hizo quitar el puentecito, porque dizque le violaban el «espacio aéreo». Usted no se imagina el problema para quitarlo, porque ahí había que meter grúa y todo. Además, ese puente, ahí donde lo ve, debe pesar un jurgo. Entonces tuvieron que abrir ese túnel para comunicar el Área Administrativa de Dulces con la de Mermeladas. Una ruta larguísima, porque iba a dar por allááá abajo —dijo Elsy, dibujando un bucle con su mano —, y luego había que subir.

—¿Y por ahí hay alguna oficina?

—No. Que yo sepa no. Por ahí no hay nada.

—Alguna puerta...

—Uy, pues todos los lados están llenos de puertas. ¿No le parece que en La Empresa sobran un montón de puertas? El otro día hablaba con los de...

—¡Elsy!

—Sí, sí, ya sé: que no me distraiga.

Para ese entonces, a la izquierda ya estaba Barrancas, un barrio con viviendas a medio construir, techos de calamina, telarañas de cables eléctricos destemplados, letreros de «venpermuto», almacenes de repuestos y materiales de construcción, pollerías y tienduchas. A la derecha, los cerros ya eran terrones áridos y amarillentos, canteras en medio de las cuales estaba Cerro Norte, un conjunto de casas amontonadas y luchando por no despeñarse hasta la Séptima al perentorio llamado de la Ley de Gravedad. La calzada se había vuelto estrecha e invadida de niños barrigones, hombres curtidos por el sol y perros callejeros que transitaban sin cuidarse de los carros. Elsy se extravió al contar los pormenores de la crisis con lujo de detalles: los accidentes bajando por la escalera, las demoras en todos los asuntos que requerían ir de un lugar a otro, las presiones que existían para volver a instalar el puentecito... Osorio, rendido, se entregó al monólogo de aquella mujer cuyo mundo era La Empresa y que además debía de tener muy pocos interlocutores.

—Imagínese doctor —siguió Elsy, entusiasmada—, *todo* lo que le ofrecieron a ella por la casa. Al final, la vieja dijo que ella por esa plata apenas estaba dispuesta a vender el patio. ¡Y se lo compraron! ¿Qué más podían hacer? —exclamó Elsy, y lanzó una risita como graznido.

Ya habían pasado Lijacá, el último barrio de la ciudad, y ahora iban por veredas sembradas de eucaliptos, fincas y cultivos de flores.

—Al final cuando volvieron a poner el puentecito, pues por ese hueco ya no se metió nadie. No me extraña que después de tantos años ya esté tapado.

Pronto entraron a la vereda de Fusca, que está repleta de asaderos y restaurantes especializados en eventos empresariales. Elsy detuvo su perorata y sacó una libretita rosada.

—Allí adelante, en la reja amarilla, ése es el primero.

Se llamaba El Pedregal y un pasacalles de tela verde anunciaba sus especialidades: ternera a la llanera y gallina criolla. La reja amarilla que mencionó Elsy era en realidad una malla que se tendía entre intermitentes muros de ladrillo. Adentro sobresalía un chalet de madera sin paredes laterales, con faldones hasta el piso. También se veían algunas mesas con sombrilla y sillas en la zona verde circundante y, junto a un salón, los juegos infantiles. Osorio salió y buscó sin fortuna el timbre junto a la entrada. Luego, gritó «¡ey!» y «¡hola!» sin resultados. Regresó al carro y tocó la bocina como si ella tuviera la culpa de todo. Pero nada.

—¿A qué horas era la cita?

—Dijeron que nos atenderían a las ocho de la mañana.

—Son las ocho y cuarenta: táchelos de la lista —sentenció Osorio.

El siguiente estaba en un desvío cercano. Pasaron por él un par de veces antes de reparar en el modestísimo letrero que decía El Álamo y, más pequeño aún, *parrilla – eventos*. Parecía más una casa de descanso familiar.

—¿Qué le parece el sitio? —preguntó Osorio frente al portón de madera y, sin bajarse esta vez, tocó la bocina.

—Pues así, desde afuera, parece que no fuera a caber la gente. Falta ver adentro —respondió Elsy.

—Además está difícil de localizar. Muy chiquito el letrero, la gente se puede perder —completó Osorio, cuando la puerta ya se abría.

La mujer que los recibió tenía una inmensa sonrisa de bienvenida incrustada en una cara que a su edad seguía siendo hermosa. Llevaba el pelo largo en cola de caballo, bluyines y blusa de manga sisa con cuello bordado. Los hizo entrar y les contó la historia de su vida como si los conociera de antes: hijos adultos en el exterior, ya profesionales, y ex marido ahora casado con jovencita. Cansada de la ciudad, ahora estaba viviendo en aquella casa que había convertido en negocio con la ayuda de sus leales empleados. Los paseó por el salón, el restaurante y la parrilla, y les mostró con orgullo las flores que ella misma cultivaba. Mientras la mujer decía «Estas se llaman susanitas» y Elsy contestaba que su mamá le había dicho una vez «que se llamaban ojos de poeta», Osorio miraba aquellas flores con desdén, pensando en las otras diez que faltaban por discutir. Después, por fin, la dueña de casa entró en materia. Osorio le soltó a bocajarro el número de empleados, evidentemente imposibles de acomodar allí.

—…bueno, es posible que no vengan *todos* —se consoló en voz alta la mujer.

Elsy estaba apenadísima. Osorio se despidió y luego, cuando estaban de nuevo en camino, le recordó a su secretaria que no habían venido a hacer amigas sino a buscar un sitio para la fiesta.

Pasaron el peaje de Fusca, tomaron el puente hasta Chía y llegaron a El Calidoso, un vasto complejo recreativo con juegos infantiles mecánicos, plazoleta de toros, piscinas climatizadas, karts, ponys, salón de eventos con capacidad para 7.000 personas, tres restaurantes, discoteca, casino y pista de bolos. El administrador era rechoncho, tenía rodetes de sudor en las axilas de la camisa, sombrero aguadeño, bigote villista, botas texanas y revólver plateado al cinto. A todo el que se encontraba le daba alguna orden: «Axila, vaya ensílleme tres caballos, para ir y mostrarle la propiedad a los señores», «Cachama, ¡baje los pies de la mesa, que la jode con las espuelas!», «Comadrejo, tráiganos un par de aguardienticos para atender al amigo»… Cuando Osorio le dijo al administrador que su secretaria y él preferían caminar que ir a caballo, éste pareció muy, pero muy decepcionado. Por eso tuvo que tomarse la copa de aguardiente sin chistar, aunque aún no eran las once de la mañana. Elsy prefirió no intervenir y fue a darse una vuelta. Cuando estuvieron solos, el administrador se puso a bromearle a Osorio con «esa secre suya sí está *muy* fea», y le recomendó pasarse por el casino una de esas noches para que viera «*las* hembras» que tenía contratadas. Luego, escoltados por otro empleado al que llamaban Careculo, recorrieron las instalaciones mientras Elsy se quedaba, como una niña esperpéntica, meciéndose en un columpio. En la discoteca, el administrador cantó *No me sé rajar* acompañado por las luces y el karaoke; cuando llegaron a la plazoleta de toros, convidó a Osorio a que «torearan una novillita», pero él adujo compromisos urgentes para salir inmediatamente de El Calidoso antes de que llegara el patrón, que debía estar por venir y estaría feliz de hacer negocios con La Empresa.

—Hasta ahora, nada. ¿Cuántos nos faltan?

—Dos más —respondió Elsy.

El Parador Jaramillo, un poco más al norte, semejaba una hacienda colonial. Consistía en una monumental construcción de dos pisos, con tejas de barro y un patio central en el que podían ponerse suficientes mesas para dar cabida al grueso de los empleados e incluso dejar espacio para la pista de baile y la tarima. La propiedad estaba cercada por muros de bahareque y la zona circundante permitía acomodar mesas fuera y entretener a los hijos de los empleados. Les mostró el lugar don Roberto Jaramillo, hijo, nieto, bisnieto y tataranieto de otros Robertos Jaramillo cuyos restos estaban en un mausoleo familiar ubicado en la hacienda misma.

—Hemos estado aquí por más de tres siglos —decía orgulloso, y mostraba los óleos de sus antepasados en la pared de una habitación convertida en oficina—. Ahora ya las cosas no son como antes, la hacienda estaba cayéndose en pedazos y no había forma de mantenerla. Afortunadamente a mi hija, que estudia Administración en la Universidad de los Andes, se le ocurrió volverla restaurante. Y ahí vamos.

—Es una casa muy bonita —le dijo Elsy.

—Es verdad, los abuelos tenían esclavos y servidumbre que ayudaban con todo por casi nada —se disculpó de nuevo Roberto Jaramillo, al tiempo que se lamentaba por la abolición de la esclavitud—. Yo sé que ellos en mi lugar también habrían hecho lo mismo…

Osorio, que se había entretenido comparando los Robertos Jaramillo anteriores con el actual, quiso alentarlo diciéndole que entonces le vendría bien el contrato con La Empresa.

—Bueno, ¿qué se necesitaría?, cuénteme —respondió don Roberto Jaramillo, el quinto. A juicio de Osorio, él era el de mentón más débil, en contraste con sus ancestros, y el de mirada más huidiza. Aunque tal vez los otros habían sido corregidos por el pincel.

—Bueno, para empezar, una orquesta de música tropical —respondió Osorio.

Elsy asintió.

—¡Una orquesta! —Jaramillo V se veía realmente preocupado.

—¿Algún problema? —preguntó Elsy.

—Mi otra hija, que es arquitecta, me dice que esos sonidos tan fuertes están resintiendo la construcción.

—Bueno, podría ser una miniteca —concedió Osorio.

Don Roberto no pareció del todo aliviado, pero pidió a Osorio continuar con la lista, que a renglón seguido trataba del transporte de invitados

—¡Nueve buses! ¿y adónde van a parquear? —preguntó Jaramillo V.

—¿No se puede aquí dentro? —preguntó Elsy con timidez.

—Es que dañan el pasto. ¿Ha visto cómo está de bien cuidado?

Cada cosa que Osorio y su secretaria dijeron fue recibida con escándalo por parte de don Roberto Jaramillo. Al final, Osorio miró con lástima los cuadros familiares de la dinastía Jaramillo, se levantó y se despidió con sequedad. Elsy le hizo una sonrisita de disculpa al dueño de casa y se levantó tras su jefe.

—Si el último no sirve, vamos a estar en problemas —señaló Osorio.

—Pero yo le tengo fe, doctor.

—¿Cómo se llama?

—El Rincón Pacífico.

—No promete mucho.

—No haga esa cara, doctor, seguro es mejor de como suena. ¿Usted se acuerda de Óscar Recio?

—¿Óscar Recio?

—Óscar Recio, el que era Gerente de Detergentes antes de la reestructuración. Uno alto, que siempre tenía corte militar, de cara alargada… Uf, hace por ahí quince años que no lo veo, pero no debe haber cambiado mucho —Osorio no tenía idea de quién era el tal Recio, Elsy continuó—: Él es el dueño del restaurante, conoce a La Empresa, sabe lo que necesitamos. Si no, no me lo habría ofrecido.

—¿Y por qué se salió? —preguntó Osorio, suspicaz.

—Eso sí, ni idea. A lo mejor descubrió que lo suyo no era estar en una oficina y decidió montar su negocio. Me dijo que le iba muy bien.

Si le iba tan bien, ¿cómo era que nunca había oído hablar de aquel sitio? Elsy le dijo que éste quedaba cerca de los primeros que visitaron, pero que Recio los había citado más tarde, entonces tendrían que devolverse. Osorio, que temía malas noticias, quiso aplazarlas: le propuso a su secretaria que pararan en Endulza tu Paseo, se comieran allí un postre y luego fueran a El Rincón Pacífico. Elsy dejó escapar un gritito acompañado de aplausos.

Endulza tu Paseo está en un desvío cercano al peaje de Fusca. Consiste en un gran quiosco alargado, de diez columnas, que resguarda una barra en forma de U donde están todos los sabores dulces alguna vez creados por la humanidad: desde pétalos de rosa hasta sangre de toro. Osorio parqueó su carro bajo la sombra de un yarumo. Su secretaria lo miró como pidiéndole permiso para adelantarse, Osorio le hizo una inclinación de cabeza y, mientras ella se apresuraba hacia la barra de postres, él la siguió tranquilo, con la misma satisfacción de un padre que complace a su hija boba.

Elsy aprovechó que los postres se podían combinar y amontonó en su plato un flan de ahuyama, salsa de arequipe y coco, jalea de agraz e islas flotantes. Osorio, más discreto, pidió un flan de melocotón. Se sentaron en unas sillas de cemento cubiertas de baldosines blancos y verdes, junto a una fuente apagada.

—¿Sabe hace cuánto no venía por acá, doctor?

—A juzgar por lo que se está comiendo, muchos años.

Elsy masticaba como un roedor. Una partícula blanca, tal vez de flan, se le había quedado en la barbilla. Osorio, presa del malestar estético que le producía aquella partícula, iba a decírselo, pero lo interrumpió el timbre de su teléfono móvil. Era un mensaje de texto: «No te he podido llamar porque se me perdió el celular. Te escribo desde un computador, aquí en mi trabajo. Yo también te amo. Te espero a la una en el lugar de siempre. Ángela.» Atónito, miró de nuevo la pantalla de su teléfono, y releyó la última parte tres veces, para acabársela de creer: «Yo también te amo», «Yo también te amo», «Yo también te amo».

—¿Le pasa algo malo? Se puso pálido.

Osorio miró de nuevo la pantalla de su celular, «Yo también te amo. Te espero *a la una* en el lugar de siempre», y luego su reloj, «12:14». Los ojos se le pusieron vidriosos, los rasgos parecieron afilársele hasta cortar, incluso daba la impresión de haber crecido algunos centímetros; una determinación ciega e inapelable, parecida a la ira de los asesinos, se tomó por asalto cada átomo de su ser.

—Nos vamos ya.

Elsy quiso hundir de nuevo su cucharita de plástico en el tercio de postre que faltaba, pero Osorio le agarró el brazo con mal reprimida brusquedad y luego caminó hacia fuera de Endulza tu Paseo. Elsy se levantó de inmediato; cuando llegó al carro, Osorio ya había encendido el motor y había dejado la puerta del copiloto abierta.

—¿Malas noticias, doctor? —preguntó Elsy, asombrada.

Osorio, los ojos fijos en la carretera, respondió «Nada grave, Elsy, pero necesito regresar.»

—¿Y la cita en El Rincón Pacífico?

—Hoy no se pudo. El lunes será… Póngase el cinturón.

La imagen del Renault 21 de Osorio, a toda velocidad por la calle polvorienta, despavimentada e irregular que conduce a la Séptima, bien habría podido confundirse con la de un rally. La migaja de postre que Elsy tenía en la barbilla se cayó gracias a los remezones del carro. El arribo al asfalto tuvo chirrido de llantas y timonazo. Un camión que venía justo detrás tuvo que frenar.

—¡Doctor!

Osorio no contestaba, ni estaba para advertencias o precauciones. En el tramo de Lijacá a Cerro Norte, los niños barrigones, los hombres curtidos por el sol y los perros callejeros que transitaban la calzada estuvieron a punto de morir atropellados. Entre Barrancas y la calle 100 con Séptima hay catorce semáforos, de los cuales ocho estaban en rojo, pero Osorio se las arregló para infringir cuatro de ellos aun frente a los militares del Cantón Norte. Tomó la 100 hacia el Occidente, pasó la mole blanca con rayas horizontales de ventanal que descarada o ingenuamente se llama World Trade Center y tuvo que detenerse en el semáforo de la 100 con Novena, junto a la Universidad Militar. Elsy, con un hilito de voz, anunció que estaba mareada. Osorio no la escuchó, pues en ese momento la luz cambió a amarilla y se había pegado de la bocina. El semáforo de la 100 con 11 estaba cambiando a rojo, pero él consiguió pasar por un pelo. En el semáforo de la 100 con 15, un vendedor se acercó a lavarle el parabrisas, pero Osorio le resopló cuatro cosas. Pasaron el semáforo de la 100 con 19 en rojo, y Osorio formó un pequeño trancón en el que se abrió paso echando putazos y braveándole a dos conductores de bus. En el puente que pasa sobre la Autopista Norte, el carril derecho estaba en reparación, pero por fortuna apenas tenía una cinta amarilla entre un par de postecitos endebles. Osorio miró alrededor, no encontró obreros ni policías, dejó el carro encendido mientras se bajaba y movía los postes, y luego se lanzó por ahí sobre el asfalto que las llantas echaron a perder, mientras unos conductores lo miraban con reproche y otros le decían palabrotas que esta vez Osorio no se molestó en responder. Elsy estuvo muda, pero en el semáforo de la 100 con 33 recuperó el habla para decir «Doctor, me siento mal, ¿podemos ir más despacio?». En el semáforo de la 100 con 38, Osorio pareció salir de su trance para decirle «Ya, ya, Elsy, aguántese un poquito» y apretar un poco más el acelerador. Cuando llegaron a la Avenida Suba, eran las 12:41. Seis semáforos después, Elsy vomitó una babaza blancuzca y rojiza que se extendió por el asiento del copiloto, el piso del carro y parte de los pantalones de Osorio.

—Lo siento —decía, apenada.

Osorio le indicó que en la guantera había pañuelos desechables. La habría consolado, pero el reloj marcaba la una en punto y apenas estaban llegando a la Avenida Eldorado, donde Osorio tendría que desviarse.

—Elsy, le va a tocar bajarse en esta esquina, porque yo necesito ir para otro lado.

—¿No lo puedo acompañar? —su cara había tomado un tono verdoso, los ojos se le habían apagado. El osito de tela estaba teñido de vómito.

—No, Elsy —respondió, y trató de hacer un gesto que lo exculpara—. Mire, tome aquí este billete para que pueda tomar un taxi hasta La Empresa.

—¡Qué me voy a ir a La Empresa!, ¿no vé cómo estoy? —respondió, indignada, y sin recibir el billete se bajó dando un portazo que por poco da vuelta al carro.

Una y seis minutos. Desde ahí hasta el motel ya no había semáforos. Osorio hundió el acelerador como para cumplir o morir, y vivió para llegar a la una y diecisiete minutos. El encargado de la puerta le indicó que «la señorita lo estuvo esperando, pero acaba de salir.» Osorio dio reversa, parqueó en la calzada junto a un muro pintado con paisajes ridículos y se quedó mirando hacia la Avenida Eldorado con ojos vacíos. Tanto, que ni siquiera pudieron llorar.

ALGUNAS PÁGINAS

Refutación zoológica de Esopo

Bien, después del detallado capítulo sobre los artrópodos, pasemos ahora a las aves. La fabulística de Esopo comprende 24 especies de aves diferentes, un repertorio que sólo superan los mamíferos (con 31). Sin embargo, quizá sea el más variado, pues va desde los obesos anátides hasta los mínimos muscicápidos.

Si rastreamos los sitios de residencia (o peregrinaje en el caso de las variedades migratorias) de los especímenes mencionados en las 68 fábulas del *corpus ornitologicum* esópico, descubriremos que todas son comunes en las costas del Egeo y Asia Meridional, lugares donde vivió el autor. Por tanto, si bien existen textos intachables en cuanto a los aspectos fisiológicos y anatómicos del animal al que se alude, sorprende la cantidad de imprecisiones que campean aquí y allá. Algunas fábulas, como por ejemplo *El milano que relinchaba*, aterrizan desde el título mismo en el absurdo.

La primera fábula de la colección Augustana tiene como título *El águila y la zorra*. En las ediciones de Perry, Hausrath y Chambry, ambos animales inauguran la totalidad del bestiario esópico, y desde allí el fabulista ya tiene el primer yerro: afirma que un águila y una zorra se hicieron amigas y «decidieron vivir cerca una de otra, en la idea de que la convivencia consolidaría su amistad». Para nadie es un secreto que las aves falconiformes, y en particular la *Aquila chrysaetos*, incluyen a pequeños cánidos como el zorro en su dieta. Por ello sería imposible que una zorra se prestara a una relación que tarde o temprano la convertiría en presa. Hasta el momento no se ha reseñado ningún caso de interacción biológica entre zorros y águilas diferente a la depredación de los primeros a manos (a garras, diríamos) de las segundas.

Según Esopo, el águila tiene a sus crías en la rama de un árbol mientras que la zorra da a luz en un zarzal que estaba justo debajo, y aquí vale la pena detenerse para examinar una omisión: los machos. Ambas hembras, en la fábula, procuran el alimento para sus crías, cuando es claro que aquélla es función que corresponde a los ejemplares masculinos (ausentes durante todo el texto). El águila macho provee la comida necesaria para los polluelos durante al menos diez semanas; el zorro, a su vez, sigue aportando alimento al hogar incluso después de que los raposuelos han destetado. Pero el autor se hace el de la vista gorda.

Hay que reconocerle a Esopo, eso sí, que el águila procedería como lo hace en la fábula: roba a los zorritos y los engulle en compañía de sus crías. La zorra, cuando advierte lo sucedido, lo lamenta no más por la muerte de sus crías cuanto por su imposibilidad de venganza, «puesto que al ser un animal terrestre no podía perseguir a uno alado». Falso de toda falsedad: aunque el zorro vive principalmente en tierra, se sabe de ejemplares que trepan a los árboles. Se han hallado madrigueras en ramas a 3,5 metros de altura, e incluso si aquella zorra no fuera una zorra común (*Vulpes vulpes*) sino una zorra gris (*Urocyon cinereoargenteus*), podría llegar a mayores alturas.

Relata la fábula que al poco tiempo un grupo de humanos sacrificaba una cabra en el campo, y el águila, viendo la posibilidad de llevar comida a sus polluelos, roba una víscera que estaba en ascuas. De regreso al nido, el viento hace que se encienda una brizna de paja y brote un fuego brillante que abrasa a sus crías. En primer lugar, es bastante inverosímil que un águila arriesgue tal proximidad con los hombres, y menos que descienda hacia el fuego de forma tan temeraria y robe una víscera encendida.

Es posible que Esopo, craso etólogo, haya confundido el comportamiento del águila con el de un grajo (*Corvus frugileus*). Algunos grajos suelen bañarse en humo y picotearlo con frenesí. En ocasiones llevan materiales incandescentes, como ascuas de una hoguera o cigarrillos, y los dejan caer en su nido para incendiarlo y luego envolverse en humo. Un grajo que tenga tal costumbre aprovechará cualquier ocasión en que haya fuego. Este hábito parece estar tan arraigado en ellos como el alcoholismo o las drogas en el hombre.

Esta confusión podría no ser accidental si tenemos en cuenta que la siguiente fábula, titulada *El águila, el grajo y el pastor*, trata de un grajo que se cree águila. El texto indica que en una ocasión un águila baja volando desde una elevada peña y arrebata un cordero. Un grajo que la había visto intenta hacer lo mismo con otro cordero, pero sus garras se enredan en la lana. El pastor lo captura y lo lleva a sus hijos. Cuando éstos le preguntan qué pájaro es ese que les ha traído, él les responde «Según yo sé con certeza, un grajo; según él cree, un águila.»

Teniendo en cuenta que los grajos se alimentan de insectos, granos y lombrices, el pastor podría tener razón. Sin embargo existe un elemento que Esopo pasa por alto: los grajos, por lo general, andan en bandadas. Es posible entonces que el pastor no hubiera apresado un grajo sino una corneja (*Corvus albus*), pariente casi idéntica pero que sí anda en solitario.

Pasemos ahora a la fábula de *El águila y el escarabajo*, ésta relata que un águila iba en persecución de una liebre. Ésta, viéndose acosada, le pidió ayuda a un escarabajo...

· · ·

Bajo el imperio de la ira se había peleado dos veces en la semana, el tedio lo hacía salir temprano y llegar tarde a casa, el desinterés le permitía abstraerse cuando le hablaban, la ansiedad le producía visiones y pesadillas, la falta de voluntad lo llevó a fumar de nuevo, la ternura le había regalado un momento especial con su hijo, y aquella obsesión con Ángela, donde campeaba el deseo pero ya gobernaba el amor, lo condujo a una frenética travesía contra el reloj y el instinto de supervivencia que había terminado mal, como casi todo últimamente. Osorio pasaba de emoción en emoción como una posta entre atletas. Ahora, una infinita tristeza lo había conducido, sin que él comprendiera por qué ni se hiciera demasiadas preguntas, al aeropuerto Eldorado, dos kilómetros adelante del Motel. Ahí, sentado en una banca frente al ventanal que daba a los muelles, con medio pantalón vomitado y la mirada perdida en el lomo frío de los aviones, se declaró una pobre cosa que aparte de respirar era totalmente inservible.

En la vida, como en aquel aeropuerto, todos estaban a punto de despedirse o de encontrarse, algunos regresaban y otros se iban, unos llegaban por primera vez y otros se iban para siempre, unos esperaban a alguien y a otros alguien los esperaba, unos venían por una temporada y otros para quedarse. Él no, él estaba ahí por ninguna razón, su presencia no tenía sentido. Estaba en una sala de espera esperando a nadie.

Tras el ventanal, los aviones en reposo o lentos parecían gigantescos rumiantes en la vasta pradera de asfalto. Algunos tractorcitos y carros que parecían de juguete iban y venían llevando vagones de maletas, aparatos de limpieza y escaleras rodantes. Era un paisaje hipnótico, anodino, sobre el que luego cayó una garúa que abrillantó el suelo y empañó las ventanas. Las personitas que se movían en lontananza desaparecieron, el cielo se oscureció. Poco a poco, Osorio fijó su atención en las cosas que estaban del ventanal hacia dentro: la polvorienta moqueta bajo sus pies, la dureza del asiento, la insustancial velocidad a que giraban los ventiladores, los niños jugando indolentes frente a los viejos, los ejecutivos de maletita cuadrada y gabardina, la jovencita de ojos llorosos, la costra de vómito seco que teñía la bota de su pantalón. Se levantó, caminó hasta uno de los carritos de dulces y compró una cajetilla de Belmont. Bajó al primer piso y, mientras daba furiosas caladas al primer cigarrillo, caminó por los mostradores donde atendían vuelos internacionales: Caracas, Lima, París, Miami, Buenos Aires, Madrid, Aruba, San José, La Habana... Pensó que si hubiera tenido encima su pasaporte, a lo mejor la tristeza lo habría llevado aún más lejos, a Buenos Aires o La Habana, ciudades que siempre había querido conocer. Bueno, aún quedaba la posibilidad de comprar un pasaje nacional, para San Andrés o Cartagena. Llamaría a María Teresa desde allá para decirle que de ahora en adelante iba a dedicarse a vivir sin ella, que se olvidara de la casa propia y que le mandara el niño en vacaciones; llamaría a Ángela para decirle que si acaso se animaba tomara un vuelo para allá. Pero, ¿para qué pensaba en cosas que no tenía el valor de cumplir?

Miró los mostradores como para darse una segunda oportunidad, tiró la colilla al piso y regresó a su mediocre vida de Jefe de Recursos Humanos, padre remiso, esposo apático y amante impuntual.

Hola Ricardo. Llegaste temprano. Pero, ¿qué es esa cara? No te puedes quejar, estuviste de paseo todo el día. Ya quisiera yo…, pero no, todo el día aquí metida cuidando al niño. Ahora está dormido, menos mal. El pobre ha tenido *una* pañalitis que no te puedes imaginar: está todo irritadito. No, no te vayas a asomar porque me lo despiertas, y si eso pasa tú sales corriendo mientras a mí me toca consolarlo, como anoche, por si no te acuerdas. No te hagas… ¡No!, no te quites los zapatos ni te acomodes de a mucho porque necesito que vayas al súper y me traigas unas cosas. Bueno… es … ¿No vas a tomar nota? Mira que *siempre* se te olvida traer algo. Okey, no me hagas caso, como yo estoy loca y me invento las cosas mientras tú eres Don Memorioso… Está bien, como quieras. Ahí va: unos pañales. Pueden ser Huggies o Pequeñín, o en el peor de los casos Winny, claro que sólo si no hay Huggies o Pequeñín. Eso sí: por nada del mundo traigas de unos que se llaman Good Nites porque lo raspan. ¿De cuáles te dije? ¡Viste, eso te pasa por no apuntar! Huggies o Pequeñín, Winny si no hay remedio. Nunca Good Nites… Trae de una vez un paquete de 28 para que rinda. Asegúrate de que digan «Etapa 2» o «M», que son los que le quedan buenos. Claro que si sólo encuentras Winnys, esos le quedan un poquito más grandes, puedes traerle «Etapa 1» o que digan «P». No, espera, que falta más: compra unos pañitos húmedos. Hay varias marcas, pero yo preferiría que fueran Johnson's con aloe vera, porque hay otros que vienen normales. ¡No, señor, no he terminado y no voy a ir porque también es *tu hijo*, deberías acordarte de él, tenerlo en cuenta, hacerte responsable! Mira, Ricardo Osorio Villamarín, ¡no empecemos!... Okey, ahora, necesito que traigas una Crema Cero o, si no, una Crema Número Cuatro. No vayas a creerle a las niñas del supermercado si te dicen que el Desitín es la misma cosa, porque no. Trae además un chupo marca Chicco de los transparentes y una leche S-26. Esas vienen en tarrito dorado o amarillo, trae del amarillo, y ojalá sea de 900 gramos. ¿Prefieres apuntar?... Ya lo decía yo, pero es que contigo no se puede, tú eres Don Terquedad, qué cosita contigo. Ah, se me olvidaba, llamé a tu hermana y los invité a celebrar su cumpleaños aquí, mañana por la noche. Óyeme, ¿no sientes un olor raro, como a vómito?, ¿será el niño? Voy a ver.

• • •

Pasó casi toda la noche revolcándose en la cama, como si existiera una sola posición que le permitiera el sueño pero tuviera que encontrarla por ensayo y error. A las cuatro de la mañana el niño se había levantado y, con él, María Teresa. Osorio fingió que estaba profundamente dormido y, en efecto, terminó soñando que fingía dormir mientras en realidad dormía.

Podía dormir hasta tarde, mientras que su esposa abandonaba las sábanas a más tardar a las siete de la mañana. Durante los primeros años, ella velaba su sueño: se apresuraba a contestar el teléfono y hablar lejos de la habitación, cerraba bien las cortinas y procuraba no hacer ruido en sus trasiegos matutinos. Pero de unos años para acá Osorio notaba un subrepticio reproche ante su capacidad de dormir, una velada envidia de insomne y la calculada ejecución de actividades dirigidas a despertarlo. Cuando Osorio perdía su batalla por conservar el sueño, a veces se quedaba fingiéndolo, entonces María Teresa hacía un poco más de ruido al lavar los platos, agudizaba una carcajada al hablar por teléfono o abría un poco más las cortinas. El turno esa mañana era para la aspiradora, que aunque resonaba en el corredor, sistemáticamente se estrellaba con los zócalos, las patas de los muebles y los marcos de las puertas.

Osorio se metió en la ducha, dejó correr el agua caliente y se masturbó sin convicción, aunque su clímax estuvo acompañado de una imagen: en una de sus primeras citas, cuando ya se tenían que ir del motel, Ángela se había tendido boca abajo para hojear la carta de comidas. «Nunca he pedido nada en un sitio de estos. No sé, me parece que la comida no va a ser muy limpia que digamos», dijo. Sin apartar los ojos del menú, le pidió que le pusiera el calzón y levantó un pie. Él agarró el pedacito de tela blanco y se lo puso mientras ella se contorsionaba para facilitarle la tarea. La imagen de su pie descalzo en el aire mientras él la vestía endulzó aquella paja triste.

A lo lejos se oía la aspiradora, mesurada ahora que él ya estaba despierto.

Se puso la ropa y fue a la habitación de su hijo. En ella, trató de invocar el sentimiento que lo había embargado la última vez que había estado a solas con el niño, pero no pudo: el recuerdo de una emoción no la reemplaza. Salió, porque si seguía ahí le iban a entrar las culpas.

—¡Buenos días, dormilón! —María Teresa se veía contenta, tenía una pañoleta árabe que él le había regalado, blusa negra y pantalón de mezclilla. Apagó la aspiradora—. El problema es que si uno no mueve los asientos se acumula mucho polvo en la…

Bla, bla, bla.

Después de almorzar, fue al lavadero de carros. Cuando regresó a casa se sentó frente al televisor hasta la noche. María Teresa se las arregló para cocinar y atender al niño sin contar con él. A las ocho y media llegaron Mireya y Agustín, su cuñado, y en los brazos de su hermana estaba el otro Agustín, que ya tenía tres años, preguntaba todo, le encantaba llamar la atención y le decía tío Richi. Antes de la comida, Mireya y María Teresa hablaron de bebés, pañales y biberones; Agustín le contó a Osorio un proyecto de energía termoeléctrica en que lo habían contratado, y luego, de a poco se fue interesando y se integró a la conversación de las mujeres. Osorio dijo un par de cosas para no desentonar.

A las diez, oh sorpresa, Ángela y Jorge Abel, que también estaban invitados sin que él lo supiera. Ella llevaba una falda negra hasta los tobillos, un saco negro tejido que le destapaba el hombro y zapatos redondos con hebilla, como los de las muñecas. Tenía un gancho rojo en el pelo, que le despejaba el lado derecho de la cara. Jorge Abel dijo «Hola, hola» con su cara de tonto realzada por los pantalones muy arriba de la cintura, la camisa de cuadros abotonada en el cuello, las manos frías y pequeñas, y ese peinado que hacía vergonzante su calvicie mal disimulada. Saludó a Osorio primero y le entregó una botella de vino blanco. Ángela y María Teresa intercambiaron cumplidos. Los iban a presentar una vez más con Mireya y Agustín, pero no hizo falta porque ellos se acordaron de que habían coincidido en la clínica cuando María Teresa había dado a luz. Al que no conocían era al pequeño Agustín, que se tapaba la cara cuando le decían «Nene, no seas grosero, ven a conocer a unos amigos del tío Richi y la tía Tere.» Por último, como al descuido, Ángela se acercó a Osorio, le dijo «Qui'hubo Ricardo, ¿cómo va todo?» y le dio un beso en la mejilla.

Osorio sintió el discurrir de todos los líquidos que corrían dentro de su cuerpo y también pudo percibir con claridad los movimientos de rotación y traslación que efectuaba el planeta en que vivían él y la mujer que sin duda amaba.

—Amorcito, ¿vas a ir a llevar la botella a la cocina? —preguntó María Teresa.

Le balbució un «gracias» a Jorge Abel y fue a llevar la botella mientras María Teresa ofrecía a los recién llegados las bebidas que estaban en una mesita junto a los vasos y la hielera. Osorio se adosó contra el mesón de la cocina y pudo restablecerse antes de que entrara su esposa.

—Voy a encender el horno ya. ¡Pero no te quedes ahí, Ricardo!, ayúdame a atender a la gente… Mira que se acaba de despertar el niño.

Regresó a la sala. Jorge Abel y Ángela estaban en el sofá grande. Agustín y Mireya ocupaban, apretujados, una de las poltronas. Él acercó una silla del comedor, se sentó, hizo chistes y respondió preguntas como un autómata. Ángela reía con las ocurrencias de Mireya, que se burlaba de la incapacidad masculina para encontrar objetos perdidos dentro de la casa. No lo miraba, para ella él no existía. María Teresa llegó con el bebé en el coche y todos tuvieron que ver con él, hasta su sobrino Agustín, que había despertado la risa general diciendo que él quería tener un hijo el próximo año.

Osorio se tomó cuatro whiskys en media hora. Éstos atemperaron el malestar por la indiferencia de Ángela y le hicieron más soportable la visión de la manita de anfibio de Jorge Abel agarrándola. Afortunadamente eso duró poco, pues Ángela anunció sus ganas de fumar y María Teresa le indicó que podía hacerlo en el balcón.

El balcón estaba más allá del comedor, en un ángulo ciego gracias al ficus que custodiaba el marco del ventanal corredizo. Aunque Osorio pareció muy tranquilo al decir que también necesitaba un cigarrillo, en su cabeza había sismos, maremotos, derrumbes y tornados.

—¿No dizque habías dejado de fumar? —preguntó Mireya.

Se encogió de hombros y dejó que María Teresa respondiera. Jorge Abel, bastante achispado, se puso a contarle a Agustín acerca del montaje teatral de *El brujito Alfajor*, en que había participado cuando tenía siete años.

Encontró a Ángela de espaldas, acodada en el balcón, fumando con los ojos fijos en la avenida. Se recostó igual y, como si hablara a una presencia flotante frente a él, dijo «Llegué y ya te habías ido»

—No importa —respondió ella, aún sin mirarlo.

Osorio encendió su cigarrillo y fumó, giró el cuerpo y quedó más cerca cuando le dijo que no había hecho más que pensar en ella, que necesitaba verla, que hablaran.

—Ya me estás viendo. Si estoy aquí es porque habría sido raro si no venía. Ya no quiero hablar de nada.

—Yo te a…

—¡No lo digas! —lo cortó. A Osorio le pareció que esa agresividad la hacía aún más bella.

Ángela tiró su cigarrillo con rabia, como si se tratara de una piedra. Cuando se iba, Osorio la agarró del brazo. Quedaron muy cerca. Una pequeñísima resistencia de Ángela fue sofocada por el beso violento, casi cruel, que se dieron. Se separaron con la misma violencia. Cinco segundos de arrebatada paranoia precedieron a la confirmación de que no habían sido descubiertos. Se rieron y volvieron a besarse, esta vez restregándose uno al otro, tocándose, diciéndose cosas. La alegría de la impunidad esta vez fue brutalmente mutilada por su sobrino, que desde el flanco opuesto los miraba con curiosidad. A Ángela se le aguaron los ojos. Osorio le dijo «No vayas a decirle…», pero antes de que terminara la frase el niño había salido corriendo hacia la sala.

—Mami, mira, el tío Richi…

Osorio llegó justo a tiempo para atacarlo a cosquillas, lo alzó en los brazos y lo puso boca arriba, la carcajada del niño siguió a otra y a otra. Por fortuna pareció olvidársele lo que iba a decir. Por el rabillo del ojo, Osorio descubrió que estaba encendida la luz del baño, Ángela estaba dentro.

—Yo creo que ya podemos traer el ponqué, Mireya, y que soples las velitas —dijo María Teresa y, camino a la cocina, le pidió a Ángela, recién salida del baño, que le ayudara a servir.

Agustín Jr., en un descuido, escapó de los brazos de Osorio y corrió al regazo de su mamá. Osorio pudo ver al niño decirle algo al oído, y de inmediato recibió sin atenuantes la violenta mirada de su hermana mayor. Luego, con nitidez, registró el momento en que ella le decía al niño que guardara silencio.

María Teresa llamó a todos al comedor. Se reunieron alrededor de la torta, le cantaron el *Happy Birthday* a Mireya, descorcharon el vino y se sirvieron las porciones de lasagna. Ángela y Mireya no tenían mucho apetito, él comió para ver si así bajaba el nudo que tenía en la garganta. A la una de la mañana se fueron todos. María Teresa se quedó acostando al niño. Osorio se tiró en la cama. Aunque sabía que esa noche le estaría negado, quería dormir.

• • •

Después del insomnio culposo del sábado por la noche, un domingo tan lúgubre como la taberna de un centro comercial y las presencias sin rostro en sueños brumosos y repetitivos de la noche anterior, Osorio salió el lunes muy temprano. El relente acuoso de la madrugada empañaba los vidrios y sacaba lustre a las avenidas aún despejadas. El frío restregaba sus aristas invisibles en la piel. En la emisora, un locutor a punto de despertar o de dormirse leía noticias internacionales.

Tendría que esperar a que llegara Elsy, a las nueve, para empezar a trabajar (para saber *qué hacer*). Era la primera vez que salía tan temprano y, si quisiera encontrar una explicación para su conducta, concluiría que, después de permanecer en casa todo el fin de semana, esa mañana lo impulsaba la angustia de quien tiene que abandonar un sitio cuanto antes para sobrevivir. ¿En qué momento se había convertido en eso su matrimonio? ¿Dónde habían quedado los días en que hacían el amor casi a diario?, ¿los días en que era una tortura estar separados durante una tarde? En ese entonces, Osorio sospechaba de aquella felicidad absoluta y se decía a sí mismo que no iba a durar, pero ni en sus predicciones más oscuras estaba ganarse, además, broncas con su hermana ni mucho menos madrugar así para ir a la oficina.

El barrio, salvo algún tinteadero de taxistas, era territorio de fantasmas. Era la hora en que llegaban los proveedores, como lo demostraba el camión que estaba unos metros adelante, descargando insumos frente a la Planta de Detergentes.

El parqueadero ya estaba abierto, aunque vacío. Giraldo, el vigilante de turno, estaba profundamente dormido en su garita junto a la puerta. Osorio apagó el motor antes de llegar, dejó deslizar el carro hacia dentro y se parqueó silenciosamente en su lugar. Luego, con el mismo sigilo fue hasta la puerta. Giraldo parecía desnucado, con las manos sobre el regazo y la gorra en los ojos. El arma de dotación reposaba en el pequeño mostrador, junto a un manojo de llaves y una revista QK abierta en *La hembra del mes*, doble página, tetas bovinas y sonrisa de azafata en liguero. Osorio metió la mano por la puerta entreabierta, agarró el arma y le apuntó.

—¡Quieto, cabrón!

Giraldo pataleó como si la garita estuviera llena de agua y él se estuviera ahogando dentro. Luego sus movimientos cesaron y quedó con los ojos desorbitados y la boca entreabierta en un rictus tembloroso.

Aunque la peor parte la había llevado Giraldo, que a sus sesenta habría podido sufrir un infarto, Osorio también estaba alterado: empuñar un revólver, apuntarlo, vociferar a tal volumen y encontrarse con el miedo del otro le había agudizado los sentidos. En ese estado de alerta, el borde de su pupila detectó una figura humana en las escaleras que conducen al techo del parqueadero. Tuvo un sobresalto que por poco lo hace dispararle al portero. El ligerísimo incremento en la presión de su dedo índice sobre el gatillo llegó con un miedo visceral a lo que se descubrió capaz de hacer sin motivo, sólo por aquella percepción vaga e improbable. Cuando volvió la cara, ésta ya había desaparecido. Miró de nuevo al portero, que no se sacudía el terror todavía.

—¿Vio a alguien allá?

—¿Eh?

—*Allá*, en la escalera. ¿Vio a alguien? —gritó.

—N-no.

Osorio estaba contrariado, pero se relajó cuando le dijo al vigilante que era lógico que no hubiese visto nada, teniendo en cuenta que tampoco lo había visto a él entrar al parqueadero con carro y todo, le gritó que era una mierda de portero, que no servía para nada y que agradeciera que no lo echaba a la calle. Luego puso el revólver en el mostrador tapándole las tetas a *La hembra del mes*, que seguía con sonrisa indiferente todo aquel barullo, y se fue sin mirar a los ojos de Giraldo, con vergüenza de asesino potencial. Apuró el paso, pues quería confirmar la veracidad de aquella visión. Al final del tramo que avanza por el techo, descubrió con alivio la silueta de un hombre que descendió hacia el baño de mujeres, en el área administrativa de la Planta de Dulces.

—¡Ey!

El extraño, sin mirar atrás, apresuró sus zancadas. Osorio echó a correr y llegó sin aire al baño. Cuando salió a los cubículos vacíos de las oficinas, la cabeza del tipo se perdía en el hueco de las escaleras que descienden a la Planta. Osorio, lamentando su físico de fumador, tomó la misma ruta y, aunque no encontró al tipo en el primer piso, estaba seguro de que iba por la rampa de carga hacia los túneles.

Las galerías subterráneas aún estaban apagadas, pero los pasos resonaron en dirección al pasadizo y se llenaron de ecos al entrar en él. Osorio corrió a ciegas tras el sonido y, como un clavadista que cae fuera de la piscina, se estrelló contra la pared. Quedó tirado en el piso, con la brumosa sensación de que algo había salido mal. La correría del otro se detuvo y Osorio lo sintió retomar sus pasos hacia él. Su cara era un contorno negro sobre un fondo negrísimo, y tenues brillos acristalados donde debían estar sus ojos.

—¿Por qué me persigue? —le dijo una voz rasposa, la misma que le había dicho «Buenos días» el martes anterior, cuando se encontraron por primera vez.

Osorio no pudo responder, no tenía nada que decir.

—Se lo ruego, haga de cuenta que no existo, que estoy muerto —dijo, y se perdió en el callejón.

Osorio se ovilló en el piso de cemento irregular y pedregoso. El dolor que le maceraba los sesos se extendió por el resto de su cuerpo y las tinieblas de afuera se metieron en su interior.

· · ·

No. No despertó en su cama. Había sido descubierto a las ocho de la mañana por Buelvas, del montacargas, que le preguntaba atónito qué hacía ahí tirado, doctor Osorio, de dónde venía toda esa sangre, y si estaba bien. Buelvas era un empleado de confianza, pero no quiso darle explicaciones, pues ni siquiera las tenía para sí mismo; además no quería hablar con los labios hinchados y el gusto sangriento que tenía en la boca. Pasó una mano por su frente y comprobó la presencia de un chichón, se acomodó las solapas y la camisa manchadas, se despidió de Buelvas y caminó como un borracho por los túneles ya iluminados, evitando en lo posible las miradas curiosas de los transportistas y bodegueros.

En su oficina se sentó tras el escritorio y, frente al paisaje bobalicón del reloj de pared, encendió un cigarrillo tras otro y dejó que su maltrecha cabeza se preguntara qué había sido todo eso *tic* ¿quién es ese personaje? *tac* ¿por qué no lo vio Giraldo? *tic* ¿Por qué no lo vio nadie más? *tac* ¿qué hace en ese callejón? *tic* ¿será que me estoy volviendo loco? *tac* ¿Será? *tic* Sí demasiada presión *tac* me jodí *tic* uno no puede someterse a tanto sin que se le funda la cabeza *tac* y termine saliendo de la casa a deshoras *tic* viendo visiones *tac* amenazando a los vigilantes con sus propias armas *tic* ¡Casi le disparo a Giraldo! *tac* Casi le disparo *tic* Dios mío *tac* ¿qué tal que lo hubiera matado? *tic* Todo por esa… *tac* ¿eso qué era? *tic* eso no tiene nombre *tac* ese fantasma *tic* ¿por qué me dijo que no lo persiguiera? *tac* ¿por qué me dijo que hiciera de cuenta que no existía? *tic* que estaba muerto *tac* ¿por qué sólo existió para

78

mí? *tic* Giraldo no lo vio *tac* bueno pero él tampoco me vio a mí entrar *tic* eso prueba que a lo mejor no estoy loco *tac* lo que estoy es cansado *tic* mucho estrés *tac* necesito vacaciones *tic* necesito salir de este trabajo de mierda *tac* apenas termine la maldita fiesta pido vacaciones *tic* no lo soporto *tac* no soporto a María Teresa *tic* no podré irme con ella para ningún lado *tac* ni podré mirar a los ojos a Mireya *tic* cuando me regañe por lo de Ángela *tac* a la única que puedo mirar es a Ángela *tic* pero a lo mejor ella también es un espejismo *tac* como el tipo de esta mañana *tic* ¿Será un espejismo? *tac* Pero ahí hay una puerta *tic* necesito abrir esa puerta a ver qué es la vaina *tic* qué es lo que pasa ahí dentro *tac* No lo había admitido *tic* me duele reconocerlo *tac* pero tengo miedo *tic* tengo mucho miedo *tac* Me estoy chiflando *tic* me estoy deschavetando *tac* eso dicen que le pasa a la gente *tic* el estrés *tac* dizque es malísimo *tic* yo que pensaba que era un invento gringo *tac* y resulta que ahora estoy estresado *tic* pero mejor estresado que loco *tac* no puedo más *tic* tengo que hacer algo con mi vida *tac* con esta vida de mierda *tic* necesitaría que me internaran en un manicomio *tac* ¿y si fuera adonde un psiquiatra? *tic* claro y yo *tac* el jefe de Recursos Humanos *tic* me opuse a que hubiera esos sicólogos institucionales en La Empresa *tac* porque me parecía que todas las penas *tic* complejos *tac* traumas *tic* y loqueras *tac* se curaban con media botella de aguardiente *tic* ¿y Ángela? *tac* Es muy temprano para llamarla *tic* habrá que esperar *tac* porque ni siquiera habrá salido de su casa *tic* A lo mejor ni querrá verme *tac* quizá la estoy metiendo en problemas *tic* le estoy enredando la vida *tac* la estoy arrastrando a mi abismo *tic* Por el bien de todos *tac* yo soy el que debería hacer de cuenta que no exis*tic* que es*tac* muerto…

Elsy acababa de asomar su cabeza por la puerta entreabierta. Osorio la invitó a que pasara. Tenía un conjunto gris de pantalón holgado y chaqueta con extensas solapas. Olía a perfume como si hubiera nadado en él.

—Elsy, si sigue así de bonita me voy a volver un jefe acosador.

No hubo rubor. Elsy continuó con su paso de jirafa enferma hasta el escritorio y dejó caer en él un morro de papeles. Osorio, un poco cortado, empezó a revisarlos.

—¿Qué le pasó en la cara, doctor?... Tiene la camisa manchada, ¿eso es sangre?

—Ah, no es nada, Elsy. Tuve una mañana difícil, eso es todo —le restó importancia Osorio, tratando de sacarle a su labio hinchado una sonrisa.

Era evidente que Elsy estaba disgustada. Osorio se apresuró a disculparse por el atropellado regreso del viernes y por haberla dejado tirada en la calle, trató de explicarle que era un asunto urgente y delicado que algún día le contaría en detalle, pero en este...

—Más bien revise los papeles y después hablamos, doctor.

Elsy, más que enojarse, era de las que se ofendían. Y aunque las pocas veces que se había enojado siempre tuvo toda la razón, después asumía toda la culpa y, avergonzada, pedía mil perdones. Pero esta vez no.

—Elsy, yo...

—Están organizados en orden de importancia. Lo más urgente arriba.

Osorio no tuvo más remedio que dedicarse a los documentos que estaban sobre su escritorio. El primero era una citación, para esa tarde, de la Junta Directiva.

—¿Dijeron para qué?

—No, doctor, sólo que no fuera a faltar.

—Mierda, Elsy, debe ser para la fiesta.

—Es al final de la próxima semana, el jueves.

—Todavía no sabemos dónde hacerla. ¿Qué hago si me preguntan?

Elsy se encogió de hombros. Osorio no forzó una mejor respuesta, pues seguramente iba a ser un reproche acerca de la inconclusa pesquisa del viernes. Volvió a mirar los documentos.

—Lozada sigue jodiendo con lo de la fotocopiadora robada.

—Que necesita una respuesta, o si no va a pasar trescientas solicitudes de vacaciones más, para la misma fecha —advirtió Elsy.

Osorio refunfuñó y continuó con una solicitud para reparar la impresora del Departamento de Mercadeo, un par de permisos por asuntos familiares, órdenes para insumos de papelería y luego el cronograma de asuntos para la fiesta.

—No tenemos mucho tiempo.

Elsy asintió. Estaba rígida, y con razón, pues la última hoja era la siguiente carta:

Sr. RICARDO OSORIO VILLAMARÍN
Jefe de Recursos Humanos
E. S.M.

Doctor:
No puedo comenzar esta carta sin antes declarar que le profeso un respeto enorme. Durante los últimos años he trabajado con usted, apoyándolo en todos los problemas logísticos y de personal. Pero desde el episodio del viernes no puedo seguir trabajando un día más a su lado.

Por eso, apreciado doctor Osorio, le presento hoy mi renuncia formal al cargo de secretaria. Sobra decir que no quiero que mi partida vaya a causarle ningún tipo de complicaciones, por eso anexo hoja en Excel con todos los asuntos pendientes.

Respetuosamente,

Elsy Cuartas M.

Osorio se quedó leyéndola más tiempo del necesario, como si la estuviera traduciendo de otro idioma.

—Elsy, usted lleva toda su vida aquí en La Empresa, ya se va a jubilar. Piénselo bien, mire…

—¡No siga, doctor, está decidido!

La primera lágrima, que había partido del ojo con determinación, sucumbió a mitad de su mejilla en un terroso pegote de maquillaje. Las siguientes corrieron igual suerte hasta que, por fin, una pudo rodar hasta la solapa de la chaqueta y dejar en ella una mancha cobriza. Osorio se levantó del escritorio y, cuando iba a ponerle una mano en el hombro, ella se echó para atrás, como un animal apaleado que interpreta en cualquier mano que se acerque la posibilidad de otro golpe.

—Nunca me había sentido tan humillada. Usted no sabe lo difícil que ha sido para mí. Yo fui secretaria del dueño, ¡y tenía apenas diecinueve años!…

Elsy soltó un caudal de palabras. Osorio, que tenía la concentración de un niño de cinco años y suficientes problemas en qué pensar, se encerró en su burbuja durante las siguientes horas, mientras en la antesala y en el buzón telefónico de Elsy se acumulaban las citas, los problemas, los compromisos. No la interrumpió, porque sabía que eso haría efectiva de inmediato la carta de renuncia. Por lo menos mientras hablara no iba a irse, y eso era un alivio para Osorio, pues él era un jefe inútil, laxo, sostenido por su secretaria durante años en un cargo para el que era bastante mediocre. Elsy era su cerebro laboral, mientras él se ocupaba de lidiar con los rancios temperamentos de trabajadores y funcionarios. Entonces la dejó hablar, temiendo que se fuera y lo dejara encargado de cosas que no tenía idea cómo administrar. El tic tac del reloj, como un futbolista que es embestido y, aunque tambalea, logra recuperar el control del balón, había recobrado la capacidad de marcar el compás de sus pensamientos y lo blindaba contra los recuerdos de Elsy, que tenía un lamento retrospectivo, de los épicos primeros tiempos, y que sin reparar en el poco interés de su jefe continuó diciendo «Había terminado el bachillerato en el María Auxiliadora, de las Madres Salesianas. Por esa época a mí mamá le empezó la enfermedad, entonces tuve que conseguir trabajo y encargarme de la casa. Me acuerdo que vi el anuncio en el periódico, y pensé "puedo hacerlo", "puedo hacer esto *mientras tanto*", ¡y *mientras tanto* ha sido toda mi vida!», se lamentó Elsy. Su voz era un puentecito de sonido a punto de ser batido por la ventisca del llanto, pero resistió endeble entre las orillas de la garganta, para continuar: «No tenía ni idea de ser secretaria. Las monjas no nos estaban preparando para trabajar o estudiar, sino para ser amas de casa: nos enseñaban a bordar manteles y fundas de almohadas, a tejer saquitos para bebé y mitones…; veíamos una materia que se llamaba *Economía doméstica*, en la que aprendí a hacer mercado y a preparar conservas caseras; rezábamos el rosario todos los días a las once y media de la mañana, nos enseñaban el catecismo del Padre Astete y otro que se llamaba *La imitación de Cristo*…», aquí Elsy adquirió postura y tono declamatorios, «"aunque tú andes de un lado para otro, no hallarás paz sino en la humilde sujeción de un superior que te guíe" y ese superior no era Dios, no señor: iba a ser nuestro futuro marido. Entonces ahí está la tonta de Elsy Cuartas, esposa en potencia, presentando entrevista con don Milciades Aguayo, dueño de La Empresa».

«Don Milciades podía ser mi papá, tenía cincuenta y cinco años, pero muy bien vividos», aclaró. «Era bien plantado, con su bigote a lo Pedro Infante, el pelo engominado hacia atrás, sus anteojos negros de marco grueso y esa mirada suya, tan fuerte que me ponía nerviosa. Conmigo se presentaron otras dos candidatas, mayores que yo y experimentadas, pero él me escogió a mí, aunque no tenía ni idea de taquigrafía ni sabía ponerle la cinta a una máquina de escribir, porque en ese tiempo usted no se imagina cómo era yo, doctor», dijo Elsy con una sonrisa teñida de rabia. «No era este cascajo viejo y triste que ve aquí.» Hizo un vago recorrido con la mano, alrededor de ella, que pretendía enmarcar el objeto de su descripción. «Yo tenía todo bien puesto, sí señor, era esbelta sin ser huesuda, tenía buena figura y porte de reina. A mí, en las fiestas, era a la que más sacaban a bailar, y los hombres se envalentonaban conmigo, me hacían propuestas», al término de esta frase, Elsy había tenido un paréntesis de alegría, como una cantante que hace tres décadas dejó de cantar pero tararea su único éxito radial. «Usted, doctor, si me hubiera visto en esa época, habría perdido la cabeza por mí.»

Esta frase se coló en un silencio mental de Osorio que no fue llenado por el tic tac. La miró, como para comprobar la veracidad de sus palabras, pero no pudo descifrar el misterio ancestral de Elsy adolescente y volvió a perder el interés y a preocuparse por sus fantasmas cuando ella, con monótonos acentos, continuó diciendo «En el 73 eran apenas veintiún personas: él; doña Rocío, que era su esposa; el hijo mayor, que ahora es presidente de la Junta; y Lucía, la menor, que ahora vive en Estados Unidos; cuatro vendedores; un técnico en manejo de alimentos, don Óscar Recio, el que ahora es dueño de El Rincón Pacífico; cinco empleados en Producción; un chofer del camioncito Dodge 64 que tenían en ese tiempo y el pelado que lo ayudaba a cargar y descargar; una aseadora, un mandadero y una secretaria; pero necesitaban otra secretaria para el contador y el abogado que acababan de contratar, y esa era yo.

»La Planta, que en ese tiempo no era más que la extensión de la cocina, funcionaba en casi todo el primer piso de la Casa Uno: el garaje y el patio de ropas habían sido convertidos en bodegas. La mitad del segundo piso se usaba para guardar bultos y cajas, los vendedores estaban en una salita que tenía un teléfono, y el resto nos apiñábamos en la que había sido alcoba matrimonial en otra época. A mí me pusieron en una mesita como un pupitre, al lado del escritorio de don Milciades, tal vez muy cerca, porque la misma tarde que empecé a trabajar pude darme cuenta de que por el citófono que habían puesto para comunicarse entre la Planta y las oficinas, doña Rocío le montaba una bronca de celos. Ella siempre me tuvo una tirria grandísima. No me podía ni ver, pero don Milciades siempre intervenía para defenderme o tranquilizarla. Yo pensaba que era mucha paranoia de su parte, pero el tiempo le dio la razón cuando don Milciades y yo nos enredamos.»

Elsy miraba hacia un punto lejano en el tapete; Osorio, por un momento, la examinó con curiosidad. ¿Adónde iba tanto recuerdo?, ¿cuándo se iría a callar? Elsy, como si hubiera aguardado que Osorio se hiciera esa pregunta para contradecirlo, continuó:

«A la casa ya le habían hecho toda clase de remiendos y añadidos, los mismos que le fueron haciendo a las casas que fueron comprando y por eso es que ahora uno puede meterse por un montón de lados y llegar al mismo sitio, encontrar corredores ciegos, pasadizos, túneles, puertas que no van a ninguna parte, escaleras que se estrellan contra paredes... Usted, que recorre La Empresa todos los días, sabe de qué le estoy hablando, doctor. El año que yo llegué, demolieron las escaleras interiores para abrirle más espacio a las bodegas, entonces instalaron una escalera exterior que llegaba directamente a una puerta que abrieron en el segundo piso. Gracias a eso yo no tenía mucho contacto con doña Rocío. Menos mal. El hijo mayor, Francisco, el que ahora es presidente, estaba recién casado y además se mantenía haciendo negocios por fuera. Lucía, que era apenas tres años mayor que yo, estaba estudiando en la universidad. Entonces no teníamos mucha vigilancia.

»Don Milciades era muy serio, pero me miraba mucho. Yo a veces le sostenía la mirada un momentito, pero me daban unas picadas en el estómago que eran insoportables, y me ponía rojísima. Cuando llegaba a la casa le hablaba a mi mamá de él: "Que don Milciades me dijo esto", "que me miró", "que me dijo lo otro". La pobre ya no entendía nada, pero hablar con ella me servía para desahogarme: era mejor que conversarle al espejo o a las matas.

»Y aunque no lo reconociera, yo esperaba y esperaba y esperaba que me dijera algo, pero don Milciades era muy discreto. No sabría decir si Gladys, la secretaria de él, ya se había dado cuenta, o si lo habían comentado entre el abogado y el contador, pero yo sí me daba cuenta de que yo le gustaba. Por eso, procuraba irme siempre bien arreglada para él, con mis zapatos tacón muñeca y mis vestidos estilo princesa, los que se usaban en esa época y que, modestia aparte, se me veían muy bien.

»Al año siguiente, La Empresa por fin logró entrar a las cadenas de supermercados, y hubo que conseguir las licencias sanitarias y comerciales que se habían esquivado. Durante ese tiempo, Gladys pidió vacaciones y yo tuve que hacer también de secretaria de don Milciades. Trabajamos hasta tardísimo muchos días, porque había que establecer departamentos muy definidos: de mercadeo, de finanzas, de producción y jurídico, aunque cada departamento era en realidad una persona. Conseguí a una señora que cuidara a mi mamá mientras yo llegaba a la casa y traté de cumplirle en todo. El día antes de que volviera Gladys, don Milciades recibió una llamada del Instituto de Fomento Industrial: le acababan de aprobar un préstamo para comprar la casa de al lado. Se puso feliz y, en un arrebato, me abrazó. Él, que era tan tieso… Me acuerdo que luego quedamos muy apenados, sin hablarnos ni nada, pero a mí el corazón se me iba a salir. Imagínese doctor: yo había sabido la noticia antes que su esposa y sus hijos, ¡y me había abrazado! Pero faltaba más: por la noche, antes de irme a mi casa, así, seco como era, me dijo que le había encantado tenerme como secretaria en esos días y que me iba a extrañar. Aunque me daba lástima regresar al "departamento jurídico" y el "departamento financiero", esa noche estuve feliz, me acordaba de sus palabras, bailaba por toda la casa…»

A Elsy se le escapó una sonrisa amarga, como la que podría aparecer en una cara recién abofeteada. Osorio a duras penas reparaba en ella, pero eso no fue obstáculo para que prosiguiera con «A la casa de al lado trasladaron las oficinas y dejaron la Casa Uno para producción y almacenaje. Contrataron más secretarias, obreros, tecnólogos, administradores, cocineros, conductores y mensajeros. Abrieron una comunicación entre las oficinas y el segundo piso de la planta a través del baño del cuarto matrimonial. Así, uno podía entrar a la ducha y abrir una puerta que lo comunicaba con el pasillo del segundo piso de la Casa Uno. Pero el arreglo más importante fue cuando reforzaron las vigas de la primera casa y construyeron una oficina a manera de tercer piso, la que ahora ocupa Hugo Lozada, del Fondo de Empleados. Ahí se cambió don Milciades con Gladys y a mí me dio una tristeza grandísima porque lo dejé de ver. Fueron como dos meses en que casi no me cruzaba con él, pero cada vez que nos veíamos nos poníamos muy nerviosos. Hasta que un día, él, así, seriote como siempre, bajó a las oficinas de la Casa Dos y nos dijo que de ahora en adelante Gladys iba a trabajar con el contador y el abogado. Luego, me mandó llamar aparte y me echó un discurso muy cortado sobre esos días en los que yo había sido su secretaria, que estaba seguro de que yo podría ayudarlo mucho más, etcétera.

»Me acuerdo de la cara de Gladys cuando yo entré, levitando, por supuesto, a esa oficina con mis cosas. Estaba que me mataba. Era una vieja amargada y solterona como la que soy yo ahora: fíjese cómo es la vida…»

Osorio estaba muy ocupado fijándose cómo era *su* vida para reparar en la de Elsy. La fijeza de sus ojos neutros simulaba atención; un leve asentimiento, que partía de una fugaz certeza atrapada al vuelo en su torbellino interior, alentó la melancolía de su secretaria: «Los primeros días de trabajo fueron de eso, de trabajo. Pero un día él me preguntó, así como quien no quiere la cosa, si tenía novio. Le dije que no;

le conté lo de mi mamá, y que a mi papá no lo había conocido, en fin..., toda la telenovela. Pero yo creo que a él lo que le interesaba saber era si yo estaba ennoviada. Otro día, él se ofreció a llevarme a mi casa. Desde esa vez, siempre que podía, me llevaba. Aparte, se formó una complicidad entre nosotros porque era bien sabido que doña Rocío era celosa conmigo, que no me aguantaba. Él a veces se permitía algún comentario o un chiste, y a mí, aunque me parecía cruel con ella, de todas maneras me hacía gracia, me halagaba.

»A comienzos del 75 la cosa ya iba a reventar entre nosotros. Él me echaba piropos, muy decentes, eso sí, muy caballerosos, como era él. En esa época se hizo otra reorganización del espacio porque el segundo piso de la Casa Uno se estaba cuarteando por el peso de la maquinaria, entonces unieron ambas casas en un gran primer piso dedicado a la producción y un gran segundo piso dedicado a oficinas. Fueron días emocionantes porque don Milciades me pidió ayuda para diseñar reformas que no pararan la producción: decidimos tumbar unas paredes y levantar otras, convertir un clóset en pasadizo, desviamos una escalera, y solucionamos el problema de la chimenea que salía desde el primer piso poniendo un puente exterior para rodearla, diseñamos la Ruta del Horno, en fin..., hasta tarde, varias semanas. El último día, antes de que le entregáramos los dibujos a los albañiles, me dijo "Tengo hambre. ¿No le gustaría comer algo? La invito". A mí me dio una cosa rarísima, como si la piel se me quisiera desprender del cuerpo y salir corriendo hacia él: le dije que sí. Me llevó a Los Cisnes, ahí en el barrio Santa Fe, que en ese entonces era de los mejores restaurantes de la ciudad. A mí, de los nervios, se me había quitado el hambre, pero tomé vino de la botella que don Milciades había pedido.»

Elsy se quedó callada, esperando tal vez una palabra de su jefe. Nada. Entonces continuó, llenándose de dignidad, con «No voy a entrar en detalles, doctor, pero don Milciades, esa noche, me hizo mujer.» Esa frase, tan perentoria como cursi, rompió la cadencia del tic tac que acompasaba los devaneos de Osorio. ¿Don Milciades Aguayo, que en paz descanse, se sabroseaba con Elsy?

«Él ha sido el único hombre en mi vida, y yo le he seguido siendo fiel durante todo este tiempo, aunque ya lleve tanto tiempo muerto», continuó Elsy, mientras Osorio se deslizaba, de nuevo, lentamente, hacia la sonámbula resonancia del reloj de pared, y Ángela y sus angustias segmentadas en golpes de tic tac terminaron por abstraerlo de lo que pasó en el 76, cuando abrieron la línea de dulces en la Casa Tres, y, según Elsy, «todas las decisiones las consultó conmigo. Luego, como él se las tiraba de ingeniero, se encerraba a hacer dibujitos y me los mostraba, cada vez más enredados porque ya eran con túneles, puentes, patios convertidos en baños y casilleros, escaleras que se volvían chimeneas... Se ponía feliz, como un niño chiquito, y yo sentía que lo amaba, que su felicidad era la mía y, aunque él nunca fue muy expresivo y nunca me dijo de frente que me quería, cuando le salían los planos definitivos se ponía más cariñoso, más tierno. Yo lo entendía y había aprendido a aceptarlo así, porque él era muy respetuoso de su familia y a veces le daban unas culpas terribles. Por eso teníamos que escondernos, además, doctor, imagínese en esa época cómo era de mal visto. Mi casa se volvió el refugio donde nos metíamos y nadie podía molestarnos, pues Gladys siempre se las arreglaba para entrar a la oficina del tercer piso a pedir algo, buscar una grapadora, ver qué estábamos haciendo.»

La rabia, la indignación, fueron haciendo lugar en Elsy para la melancolía casi feliz de los buenos recuerdos. «En el 77 compraron la Casa Cuatro, que fue donde pusieron las bodegas grandes. Ese año, Lucía dejó de saludarme; al poquito tiempo se fue para Atlanta, creo, y hasta el sol de hoy... Claro, es que éramos muy evidentes, ya se notaba: yo me ponía roja por cualquier cosa que él me dijera en público, a él siempre le cambiaba la voz cuando me hablaba. Además, ya no nos podíamos separar. Yo era la que lo consolaba en el 79, cuando la viuda Van Buren seguía negándose a vender, y encima estaba molestando con eso de que el puentecito "invadía su espacio aéreo". Conmigo, desnudos en mi cama, él decidió comprar la quinta casa para ampliar más la Planta de Mermeladas y entrar a lo del Pacto Andino». La boca de Osorio dijo «ajá», pero el resto de él no se dio cuenta. Elsy continuó con «Me acuerdo también del día que cerraron el trato para la otra casa esquinera, en donde pusieron el punto de ventas de alimentos. Ese día me dijo, él, que era tan reservado, "Elsy, si yo la hubiera conocido antes de casarme, me habría quedado con usted". No se imagina, doctor: en ese momento fui la más feliz del mundo. Nunca me voy a olvidar, porque él jamás me iba a repetir algo así y jamás me dijo algo parecido. Yo lo sabía muy bien. En el 81, cuando abrieron las oficinas de Lima y Quito, él quería ascenderme a Gerente Comercial, pero Gladys, por fin, un día nos vio besándonos y le fue con el chisme a doña Rocío, que puso el grito en el cielo y dijo que sobre su cadáver. Ese año ella se murió de un infarto, pero, aún sobre su cadáver, él no pudo hacer nada por darme el puesto, pues los hijos le dijeron que iba a pisotear la memoria de su madre por esa aparecida, que su pobre mamá había sufrido por mi culpa, y les faltó poco para decir que yo le había causado el infarto. Pobrecito, cuánto sufría don Milciades, pero él me pagaba comisiones y cosas, velaba por mi mamá y por mí, hacía lo que podía para que no se lo tragaran los remordimientos. A veces me decía que debía buscarme a alguien de mi edad, que yo no estaba para andar con un vejestorio como él, se preocupaba, y yo, ciega, lo seguía esperando, le decía que a él era al único que yo quería. Ese año fue cuando le empezaron a entrar esos dolores en el pecho, y le daban ahogos, además, estaba muy preocupado con los problemas de tránsito, los robos a los carros, la falta de espacio para parqueaderos, y se empezó a poner mal, no se cuidaba. Un día me entregó las escrituras del apartamento, y me dijo que quería dejármelo.

Lloré mucho, lo odié por decirme que se moría, le eché las escrituras encima, pero al final acepté...» Elsy hizo una pausa, lo miró con rabia y le dijo: «Perdóneme doctor, pero por eso es que usted, que es mi jefe, vive en Nicolás de Federmann, y yo, que soy su secretaria, vivo en La Alhambra»

El teléfono de Elsy timbraba en la antesala. Osorio no se atrevió a interrumpirla para decirle que contestara. Ella, erguida en el asiento, envuelta en un manto de dignidad, continuó:

«En el 82, cuando le descubrieron el cáncer de pulmón (a él, que no fumaba, doctor), ya era tarde. Alcanzó a cerrar el trato para la Casa Siete y la Ocho, a ver la obra de los parqueaderos y alcanzó a saber de cuando la viuda Van Buren dejó su casa abandonada, enquistada para siempre, pudriéndose como él. Los últimos meses, cuando quedó en cama, no pude verlo, no me lo dejaron visitar, no le pasaban mis llamadas. Cuando murió, me armé de valor, me vestí de negro y llegué al funeral. Francisco Aguayo me dijo "Váyase, vieja puta, no se meta por aquí". Ese día supe que don Milciades le había hecho prometer que no me iba a botar. Y él cumplió poniéndome en el puesto en que estoy.»

Tras un lapso de silencio, dijo «Por eso he seguido trabajando en La Empresa, rindiéndole tributo a esos años de amor que no se han repetido, ninguneada por los hijos de don Milciades porque yo era *la otra*, enterrada en este cargo y tragándome todos estos años el orgullo y viniendo a trabajar con el mismo ánimo que llevo haciéndolo treinta años, y ahora resulta que el nuevo Jefe de Recursos Humanos (el tercero desde que soy secretaria en el mismo mugroso puesto), es chusco y me empieza a decir piropos...», Elsy, resuelta, afirmativa y enconada, con sus palabras convertidas en espinas, destruyó el tic tac del reloj y absorbió toda la atención de Osorio al decirle «...Y yo me digo, no te lo creas, Elsy, *el doctor* está molestando, pero los piropos se repiten y se repiten, "Elsy, como está de linda", "Elsy, le queda bien ese vestido",

"Elsy, un día de estos la voy a raptar, como Tarzán", y claro, la tonta se termina enamorando.»

La oficina pareció estrecharse hasta la claustrofobia. Osorio estaba aterrado. Elsy volvió a la carga:

«Resulta que *el doctor* me trata de una forma especial, y *el doctor* está cada vez más atrevido con lo que me dice, y resulta que *el doctor* me dice la semana pasada que el viernes me recoge para que vayamos al campo, y la tonta de Elsy piensa "ese es, por fin, el día que *el doctor* escogió para declarárseme". ¿Se da cuenta cómo tengo aprendido el discurso de las Monjas?» preguntó Elsy con mala leche. «Al amor de mi vida le decía *Don Milciades* y usted es *el doctor*: siempre he buscado "la humilde sujeción de un superior que me guíe"... No se imagina todo lo que hice para que usted, *doctor*, me permitiera esa humilde sujeción: ese día por la mañana convencí al señor adonde voy a peluquearme para que me arreglara el cabello a las seis de la mañana para estar preciosa cuando usted me recogiera. La noche anterior, casi no duermo escogiendo la ropa, quería tener una pinta que se ajustara al paseo, pero con la que me sintiera bien y me viera bonita. Saqué de un baúl mis bluyines, que no me ponía desde hacía al menos veinte años, y me sentí preciosa cuando me quedaron buenos, y el jueves por la tarde fui a comprar la blusa del osito, para combinarla con mis tenis desempolvados y embetunados con griffin blanco en el caucho. La noche anterior estaba feliz, puse en el tocadiscos *Toda una vida*, de Estela Raval, y la canté frente al espejo. Había vuelto, gracias a usted, a tener diecinueve años.

»Una hora antes de que usted llegara, doctor, yo ya estaba lista, maquillada y peinada. Me atreví incluso a darle un beso en la mejilla cuando entré al carro, y usted me dijo "Caramba, Elsy, qué lanzada anda hoy." Me dio mucha vergüenza, pero sentí que con el beso le había mandado un mensaje muy claro: "yo también estoy interesada en usted". Luego, no se imagina lo nerviosa que me puse: cuando usted me preguntó lo de la crisis del puentecito, hablé hasta por los codos mientras por dentro me decía "cállate, tonta, que lo vas a echar todo a perder", pero estaba feliz porque me parecía que por fin íbamos a poder decirnos lo que ambos estábamos sintiendo. La señal clara de que eso estaba a punto de suceder vino cuando usted me dijo que paráramos en Endulza tu Paseo. Me temblaban las manos, se me durmió la cara…, imagínese, estábamos a punto de acabar con la espera.»

Osorio, dramaturgo y actor involuntario de la farsa que narraba su secretaria, lamentó que los oídos no tuvieran párpados, pues él los habría cerrado para no escuchar a Elsy decirle «Y no, no hubo besos, ni declaraciones de amor, sólo un "nos vamos ya", luego la carrera de vuelta a Bogotá en que casi nos matamos, y usted diciéndome "Ya, ya, Elsy, aguántese un poquito" cuando le conté que me sentía mal. ¡Ja!, y el final como para enmarcar: yo me vomito y usted me deja tirada en la calle, y, lo que acaba de convertirme en el ser más patético de la tierra, ¡usted trata de darme cinco mil pesos para el taxi!»

Elsy se puso de pie y, luego de un silencio grave como el de un camposanto, fue hasta la puerta, la abrió y le dijo «Lo amo, doctor, y no quiero verlo nunca más.»

···

Sobre aquel paisaje alpino que sufría un inverosímil degradé tropical, la circunferencia del reloj marcaba las doce y media. El tic tac amenazaba con producir deshielos en la nieve plástica de los picos que se recortaban sobre el azul metalizado. Osorio miró durante un rato la cabañita sin cimientos que estaba en el vértice derecho, junto al río de aguas inmóviles, y pensó que de buena gana se mudaría allí, adonde no había secretaria enamorada, ni juntas directivas dispuestas a crucificarle, ni escaramuzas como la de esa mañana, ni esposa, ni hijo, ni amante. El último eslabón de aquel pensamiento lo hizo levantar el teléfono y marcar a la oficina de Ángela.

—Aló.

—Hola, preciosa.

—…Ricardo…, hola… Ya salía a almorzar —su voz era el último madero del naufragio.

—Necesito verte.

—Mira, Ricardo, es mejor que dejemos las cosas así. De verdad. Tu sobrinito nos vio, tu hermana se dio cuenta… No podemos seguir así, no es justo con Jorge Abel ni con María Teresa.

—Encontrémonos esta tarde —la cortó Osorio.

—No podemos seguir…

—Esta tarde —insistió Osorio—, así sea para despedirnos.

—No puedo, Jorge Abel viene por mí.

—Mañana, entonces —suplicó Osorio.

—Mañana, a las tres y media, donde siempre —cedió Ángela.

—Te quiero.

No hubo respuesta, sólo el clic del teléfono. Miró de nuevo el reloj. 1:07. A las dos era la citación con la Junta. No tenía hambre, pero antes le vendría bien un café y tal vez un desinflamatorio: sentía la cabeza como un globo aerostático, el chichón de la frente había empezado a palpitarle (*tic tac tic…*), su labio inferior estaba como un langostino y, aunque las costras de la cara ya se le habían endurecido, sentía escozores en el pómulo derecho. Las rodillas, un hombro y el pecho también le dolían, pero este último por otras razones. Otros golpes.

. . .

En la Casa Quince, que se anexó el mismo año de la reingeniería, Osorio se sentía como un intruso. Estaba acostumbrado a la iluminación irregular del resto de La Empresa, no al resplandor de neón omnipresente que lo cobijó mientras bordeaba la antesala de Presidencia, pasaba frente al despacho de Distribuciones y se internaba en el Centro de Cableado para Internet y extensiones telefónicas, que tenía mil puntos de conexión y un manglar de cables sin principio ni fin.

—Doctor Osorio, tanto gusto —lo saludó un técnico que apodaban Microchibcha y que estaba desarmando una caja de terminales con un destornillador.

—Tenga cuidado al cruzar ahí, que si desconecta un cable nos pone a parir —recomendó el ingeniero Tascón, sentado sobre un taburete en medio de unas pantallas desarmadas, sin muchas ganas de sonreír.

No se quedó a conversar. Tomó una puerta lateral y desembocó en un pasillo. La Sala de Juntas quedaba al fondo; caminó hacia allá como un condenado a muerte se dirige al paredón. Sabía que el tiempo para la fiesta se agotaba, que los progresos habían sido mínimos y que ahora sin Elsy sus posibilidades de fracasar iban en aumento. Pero cuando franqueó la entrada supo que los problemas festivos, triviales en comparación, podían esperar.

Fonseca estaba muy serio. Arana, bodeguero, poeta y chocolatógrafo, estaba a su lado. El resto eran los miembros de la Junta, todos oídos y nadie sonrisas.

—Osorio, cómo le va. Siéntese, bien pueda.

—Gracias, doctor Aguayo. Me alegra mucho estar aquí —respondió Osorio con suficiencia— y encontrarme otra vez con estos cafres... —Luego miró a Fonseca y Arana y les dijo—: ¡Creían que se iban a escapar!

—...No entiendo, ellos... —dijo uno de los accionistas.

—¡Son unos delincuentes, son unos matones! Pero menos mal que los encontraron —interrumpió Osorio.

Fonseca y Arana estaban desconcertados. No era esa la reacción que esperaban. El bodeguero se mosqueó y le gritó «¿Está loco?» y Fonseca lo secundó con «No se haga el pendejo, que usted sabe para qué lo citaron.» Osorio ni siquiera los miró y, como si no existiera nadie más en la sala, dijo «No se preocupe, doctor Aguayo, no voy a presentar cargos. Suficiente será con que los echen a la calle.»

—¿Eh? —se oyó en uno y otro lugar de la mesa.

—¿Ya hablaron con Giraldo? —preguntó Osorio, y luego, como pensando en voz alta—: Y yo que no pensaba decir nada... Pero mejor así, uno los perdona una vez y ellos vuelven a hacer lo mismo.

—¿Giraldo? —preguntó otro, uno de apellido Benítez con el que Osorio se había cruzado un par de veces.

—Llámenlo, está en la portería del parqueadero —respondió Osorio.

—¿Qué es lo que está diciendo? —preguntó Fonseca.

—¿Cuál Giraldo? —dijo Arana.

Benítez hizo un vago ademán y salió del recinto, pero no tardó en regresar.

Osorio hizo una pausa, miró a su alrededor como si acabara de materializarse en ese lugar y debiera reconocerlo todo, abrió los ojos hasta que parecieron huevos fritos y con cada pliegue, montículo y hendidura de su rostro compuso una expresión de desconcierto perfecta, una verdadera obra maestra, que acompañó con «Un momento... ¿si no es por lo de esta mañana, para qué diablos estoy aquí?»

Mientras algunos casi se apiadaban de él, uno de los presentes deslizó a través de la mesa un manojo de papeles. Osorio, que continuaba de pie, los levantó y les echó una ojeada. Luego, apretando los dientes dijo «Con perdón de los aquí presentes; con perdón de usted, doctor Aguayo, lo que voy a decir...» anunció Osorio y con un decibel más en cada sílaba continuó con «¡pero se necesita ser un canalla para inventarse esta infamia!», y le tiró a la cara el mail a Fonseca, el mismo que él le había escrito amenazándolo con su influencia sobre la Junta en el lenguaje que había aprendido durante sus años de vecindario malo, colegio público y universidad distrital.

Fonseca, rojo de la ira, tartamudeaba. Arana había empezado a decir algo de los abusos de autoridad, a decir que le había caído a golpes, pero la puerta se abrió y dejó entrar a Giraldo, traído como un niño por una secretaria. El pobre era la encarnación del miedo: ahí estaba el doctor Osorio, que esa mañana por poco lo mata de un susto o de un balazo, y los señores dueños, pero ¿qué le pasaba en la cara al doctor?

Osorio se acercó a Giraldo, le echó una mirada de «Si la cagas, te cago» y le dijo en voz altisonante: «Aquí está, señores, el tipo que me salvó de que ese par», señaló a Arana y Fonseca sin mirarlos, «me mataran a golpes.»

—¿Quéééé? —dijo Arana.

Osorio le echó a Giraldo otra mirada, más discreta pero igual de fuerte, y le dijo, amigable: «De paso, Giraldo, gracias, si no es por usted, este par de cafres me despedazan», y se señaló el chichón de la frente, el labio hinchado, las costras del pómulo. «Este hombre, señores, es un héroe.»

—...N-n-no, doctor, usté sabe que ese es mi trabajo.

Arana y Fonseca, aterrados, quisieron defenderse, pero entre los dos produjeron un amasijo de palabras que pronto fue acallado por el doctor Aguayo, Presidente de la Junta.

—Tranquilo, hable, que ellos no le pueden hacer...

—Cállese usted también, Osorio —ordenó otro de los jefes.

—Señor Jiménez…

—Giraldo —aclaró el portero.

—…cuéntenos qué fue lo que pasó.

Osorio, inexpresivo, lo miró a los ojos. No era una súplica sino una orden.

—No tiene nada que…

—¡Cállese, Fonseca, déjelo hablar! —Aguayo perdía la paciencia.

—Ellos le pegaron al doctor —dijo el portero.

Los ojos de Osorio tuvieron un ínfimo vibrato, era un asentimiento rayano en la telepatía que el portero pudo entender. «Esta mañana, bien temprano, serían las seis, seis y piquito…», continuó, fabricando una mentira que fue creyéndose a medida que su protagonismo en salvar al doctor Osorio crecía. Arana y Fonseca, erráticos, terminaron por hacerse sacar de la sala. Giraldo quedó a sus anchas y por poco lo echa todo a perder cuando empezó a agregar detalles peliculeros. Osorio intervino a tiempo con «Bueno, en resumen, doctores, eso fue lo que pasó. Yo acepto que tuve un problema con Arana y otro con Fonseca la semana pasada, pero, con perdón, éramos uno y uno, no dos contra mí. Eso es un comportamiento pandillero, criminal. Además mi temperamento es ese y gracias a él he podido controlar muchas situaciones. Ustedes saben que yo hablo de frente, no me pongo a mandar mails ni a insultar. Es que la intriga y la mentira de esos dos…» Giraldo se fue y, al final, volvieron a entrar Fonseca y Arana; Osorio los dejó hablar, no chistó, no alegó, no interrumpió: ya las dudas estaban sembradas y las versiones dichas. Al final, los hicieron retirarse de nuevo.

—¿Qué van a hacer con ellos?

—No sabemos ni siquiera qué hacer con usted —le respondió Aguayo con aspereza—. Pero también lo citamos para hablar de la fiesta.

Osorio, de una partida que estaba prácticamente perdida, había sacado tablas. Era suficiente para sentirse satisfecho, pero al mismo tiempo asustado por el tema que acababa de surgir.

—¿Dónde va a ser? —preguntó Benítez.

—Estábamos esperando ese dato para hoy —dijo otro.

—En El Rincón Pacífico —respondió Osorio.

• • •

Salió de la Sala de Juntas acosado por la inminencia de la
fiesta y esperando que El Rincón Pacífico fuera el sitio ade-
cuado. En la antesala de su oficina, el escritorio vacío de Elsy
le produjo una irrefrenable sensación de orfandad. Encendió
un cigarrillo, se armó de valor y entró en su despacho. Del reloj salía una ráfaga contra la que su escritorio era una exigua
trinchera. Miró el cronograma: fal*tac*ban los recreadores para
diver*tic* a los niños, contra*tac* un mago era muy importan*tic*;
el conjun*tac* musical; los pendones que anunciaban la fies*tic*
y avisarle al propie*tac*rio… ¿cómo se llamaba? Óscar Recio,
avisarle que la fies*tac* se haría allá, ul*tic*mar de*tac*lles, decirle
*tic*do lo que se necesi*tac*ba, *tic*r a verlo o ci*tac*rlo en la oficina,
mirar si El Rincón Pacífico era mejor que lo que su nombre
va*tic*cinaba. Y salir precipi*tac*damente de la ofi*tic*na, antes de
que el maldito reloj lo enloqueciera.

Mierda, se le habían quedado los cigarrillos y el cronograma de Elsy dentro de la oficina. Tuvo que abrir la puer*tac* correr has*tic* el escri*tac*rio, recogerlos y sal*tic* luego a la an*tac*sala,
uf, donde al menos estaba a salvo del segundero. Se sentó en
el puesto de Elsy. En la pared ya no estaba la imagen del Mi-
lagroso de Buga ni la foto de su mamá, ni siquiera la postalita
motivadora. Abrió los cajones: tan sólo algunos suministros
de papelería y un tarro de perfume casi vacío. Osorio se lo
llevó a la nariz y aspiró; la señal olfativa que corrió por sus
neurotransmisores le mató algunos recuerdos de infancia.
Luego miró la diadema con micrófono que estaba conectada
al teléfono. Se la puso en la cabeza. Hundió botones hasta

que aprendió cómo hacer y contestar llamadas. Revisó la lista de teléfonos y, luego de cotizar aquí y allá, concertó seis citas para el día siguiente, todas seguidas, sin intervalo para almorzar. Luego hizo otras averiguaciones. Terminó a las seis y media de la tarde, sintiéndose un poco mejor, aunque la diadema le había oprimido el chichón hasta causarle un dolor de cabeza insoportable. No podía fumar más, pues algo similar habían hecho los cigarrillos con sus labios. Entró a la oficina y soportó una descarga de tic tac enemigo mientras agarraba su saco, apagaba la luz, regresaba a la antesala y salía al corredor.

Diagonal a su oficina había una puerta que era de otro estilo, más grande que las demás, blanca, gruesa, maciza, con pomo y aldabón, y un marco grueso tallado en madera de roble. Era la puerta principal de una casa, sólo que afuera de ella no había antejardín ni escalinatas, sino el corredor ordinario y mal iluminado en que estaba, entre otros, el Departamento de Recursos Humanos.

La historia de esa puerta se remontaba a 1977, cuando La Empresa compró la Casa Cuatro, en la esquina junto a la Planta de Dulces, del lado opuesto de la manzana. Ante el exceso de entradas y salidas que ya tenía La Empresa, y la amenaza de seguridad que esto traía, lo primero que se hizo allí fue quitar todas la puertas y ventanas. La puerta principal y el marco de la fachada se guardaron en algún lugar de la enigmática Casa Cuatro hasta 1979, cuando en las reformas que se hicieron en la recién adquirida Casa Cinco se añadió la Oficina de Patentes como resultado de subdividir una de las antiguas alcobas. El reciclaje de materiales a veces tenía espacios pintorescos, como ese corredor con puerta principal.

Abrió la puerta, esquivó silenciosamente el botellón de agua, la greca y un par de sofás hasta la ventana sin que nadie lo mirara, pues los funcionarios de la Oficina de Patentes estaban acostumbrados a que ésta fuera también un anodino corredor. Valencia, el Director de Patentes, estaba al teléfono y apenas lo saludó con una inclinación de cabeza. Osorio llegó a la ventana, sacó una pierna, luego la otra, y se impulsó hacia fuera.

No cayó al vacío. Desembocó en un puente que era el balcón de la Casa Uno prolongado hasta aquella ventana. Afuera, la noche se anunciaba en el rojo del cielo replegándose tras los chatos edificios de enfrente, la calle estaba animada y las tiendas cercanas ya se habían convertido en improvisadas tabernas.

Osorio se permitió un par de bocanadas de aire frío, cargado de gases fabriles, y continuó su camino. El puente bordeaba por fuera la Oficina de Patentes y llegaba a una puerta en el corredor de la Casa Uno. Osorio atravesó este corredor hasta el fondo y abrió la puerta a su derecha. Del otro lado estaba la ducha de un baño en la Casa Dos. Abrió la puerta original y quedó frente a las escaleras que dan al primer piso, en la Planta de Mermeladas. Ahí caminó hasta la Oficina de Seguridad.

Según le había contado Elsy, el gringo ese que vino a reestructurar La Empresa había recomendado continuar con la Oficina de Seguridad cuando ya todas las empresas subcontrataban la vigilancia. Algunos rumores decían que el Director de Seguridad había intimidado al gringo, pero Osorio sabía que Molano era gordo, tonto e inofensivo como una foca. El gringo era un chambón y por eso existía aún la Oficina de Seguridad.

—Doctor Osorio, ¿qué…

—No, no se pare, Molano. Quédese ahí nomás.

—…le pasó en la cara?

—Gajes del oficio, Molano —respondió Osorio.

—Doctor, estaba por llamarlo. Necesitaba hablar con usted.

—Yo también. Pero hágale, empiece.

—Mire, doctor Osorio, yo francamente no entiendo. Como a las once de la mañana me llamó Giraldo por el radioteléfono y me dijo que la había cagado con usted, que usted lo había agarrado durmiendo. El pobre estaba muy mal, muy congestionado diciéndome que tenía esposa e hijos, que le faltaba poco para jubilarse, que por favor intercediera por él frente a usted, que él me lo agradecería toda la vida. Usted sabe, doctor Osorio, que yo conozco a Giraldo hace mucho tiempo, y pues… somos amigos.

—Ajá…

—Entonces yo, esta tarde, como a las cuatro, me voy a buscarlo a su puesto allá en el parqueadero, a ver qué podía hacer por él…

—Siga con el cuento, no le eche tanto suspenso, Molano, que no tengo todo el día.

—Todavía usted no me ha comentado nada, y no sé qué pasó, doctor Osorio, pero resulta que me encuentro a Giraldo con el doctor Benítez felicitándolo porque había sido un héroe, y que usted debía de estar muy agradecido con él, además de muy orgulloso de su valor, etcétera.

—Hmm… —asintió Osorio.

—Y cuando el doctor Benítez se fue —siguió Molano, con los ojos muy abiertos—, Giraldo me echó una historia completamente diferente: que lo había salvado a usted y no sé qué más…

—Me salvó de que Fonseca y el bodeguero ese que estaba pintando las paredes con chocolate…

—Arana —precisó, sabihondo, Molano.

—…me mataran a golpes —continuó, sin señalarse la cara, pero luego, por si las moscas y teniendo en cuenta que Molano era bastante ahuevado, finalmente lo hizo.

—¿Y la historia de por la mañana…? —preguntó Molano, intrigado. Osorio ya se estaba cansando.

—A lo mejor es que Giraldo está teniendo alucinaciones, doble personalidad o algo, y ahí si me tocaría echarlo inmediatamente —respondió.

Molano se olvidó para siempre del tema con «¿y usted, qué me necesitaba decir, doctor?» Osorio le pidió las llaves de la Casa Cuatro.

—¿Todas? —preguntó Molano.

—Sí, todas. Se las devuelvo mañana.

Para nadie era secreto que esas llaves sólo podían pedirse con autorización de la Junta, entonces la pregunta de Molano no era para saber si se trataba o no de la totalidad de las llaves, sino si Osorio estaba seguro de lo que le estaba pidiendo. Pero una vez confirmó que sí, que estaba pidiéndole justamente eso, las llaves, se las entregó. Molano no era de los que llevaban la contraria.

Osorio recibió un amasijo de llaves sin nombre ni número, se despidió de Molano y atravesó la Planta de Mermeladas hasta una de las bodegas, la que tenía una puerta que daba a los casilleros de la Planta de Dulces. Salió a la planta y bajó por la rampa de carga hasta las galerías subterráneas. A la izquierda del túnel que le interesaba, y a la altura de su boca, había un pequeño manchón de sangre. Osorio la miró con pesar de sí mismo y entró al pasadizo. Llegó al vestíbulo y agarró el pomo de la puerta. Estaba asegurada. Osorio, ansioso, agarró una llave al azar y la probó en la cerradura. Nada, pero de todas maneras había que descartar el golpe de suerte y, ahora que no había ocurrido, tendría que probarlas en orden.

Metió la segunda llave y luego la tercera. Al cuarto intento escuchó un ruido del otro lado, como si alguien se hubiera acercado a la puerta.

—¡Te jodiste! —reía Osorio—. ¡Te cogí cagando! —y continuó diciendo palabrotas y metiendo llaves enloquecido, diez llaves, treinta llaves, cincuenta llaves sin pausa, haciéndose daño en las manos, pateando la puerta, que era de metal y resonaba como un gong. Luego tuvo que detenerse para tomar aire, secarse el sudor y aplacar su corazón que le rebotaba iracundo contra el pecho. En el interior, un trasiego de objetos y entrechocar de cosas se aproximaba. ¿Qué era lo que estaba haciendo ese cabrón? Osorio esperó en silencio a que se normalizara su respiración, calculó que le faltaba la mitad de las llaves y continuó gritando y tratando de abrir, pegándole patadas a la puerta que ya no reverberaba, como si su material de repente se hubiera endurecido. Por fin, una de las llaves giró e hizo saltar el seguro, pero cuando Osorio empujó, la puerta siguió allí: el maldito acababa de apuntalarla desde dentro.

—Me voy a quedar aquí. Me voy a quedar aquí a vivir si es necesario… ¿Oíste?... ¡¿Oíííste?! —amenazó, y luego empujó con todas sus fuerzas.

Nada.

Osorio, cansado, se despatarró en el piso y recostó en la pared. Sacó un cigarrillo y lo encendió. Descubrió que aún le dolían los labios. Tiró el cigarrillo hacia el abismo negro que se abría en la parte trasera del pasillo, el mismo lugar por donde había llegado el día que descubrió aquel vestíbulo y al tipo que estaba tras la puerta, el lugar de donde salió la rata que caracoleó ese día a sus pies cuando él hizo un pataleo expulsador para que no se le fuera a trepar, la misma que ahora lo miraba con sus ojitos rojos feroces y le saltaba al regazo y lo hacía gritar jueputa y revolcarse y dar un salto para quedar de pie y correr sacudiéndose y brincoteando hasta la boca del pasillo donde remató con una inverosímil cabriola salpicada de putazos que se transformó en epiléptico baile frente a un grupo de bodegueros.

—¿Qué le pasó, doctor? —preguntó Buelvas, por segunda vez en el día, esta vez sin bajarse del montacargas.

Osorio se calmó, miró de nuevo hacia el pasillo, vaciló, avergonzado, y luego de aclararse la garganta le dijo que nada, que no se preocupara, que siguiera trabajando, «¡que se vayan a trabajar de una puta vez, que para eso es que les pagan, carajo!», y se quedó mirándolos mal hasta que el montacargas siguió su camino y los demás se dispersaron.

Regresó al vestíbulo. Las llaves, que habían quedado pegadas a la chapa de la puerta, ya no estaban. Giró el pomo: volvía a estar asegurada. Había perdido aquella batalla. Pero la guerra, se dijo Osorio, apenas comenzaba.

Por Dios, Ricardo, ¿qué te pasó en la cara?, ¿te volviste a pelear?... Ven, déjame verte..., uy, tienes un chichón. Qué barbaridad, ¿pared?, ¿pero en qué venías pensando?, ¿cómo te estrellaste con una pared? Ten más cuidado, mira nada más..., además echaste a perder la camisa que estaba nueva. ¿Quieres que te eche mertiolate o algo?, ven, uy, pobrecito, tienes unas carachas aquí, ¿te duele? No seas terco, Ricardo, déjate que después se te infecta y te quedan cicatrices, ven, quédate quieto, sí, así, y no te quejes tan alto, que se despierta el niño... ¿Adivina qué estuve haciendo hoy? ¡Viendo apartamentos! Caminé por todos lados, miré apartamentos modelo, hablé con vendedores... Hay unos en Ciudad Salitre que me parecieron muy bonitos: dos alcobas, un baño central, garaje y depósito; es un conjunto que acaban de construir. Voltea la cara para allá... eso, bueno, cuestan ochenta y ocho millones en el primer piso, que son más baratos, ¿no te importaría vivir en un primer piso, verdad? Tendríamos que entregar treinta y un millones de contado y el resto nos lo difiere a quince años el Banco de Crédito... Bueno, pero sí nos alcanza, ¿no? Quítate el pelo de la frente, eeeso, así. ¿Viste que están construyendo un barrio detrás de Modelia?..., uno agarra como quien va para Fontibón y voltea a la izquierda antes de llegar..., se llama Baleares. Lindo. Ahí estuve en otros apartamentos que tienen sala comedor, zona de lavandería, alcoba principal con baño y alcoba auxiliar; esos están más caros, pero es que tienen un parquecito buenísimo para que el niño juegue, y hay que pensar en eso, ¿no? Aparte, por ahí está el colegio Agustiniano Occidente, que es de curas; podemos meterlo ahí. No, no es mixto, pero Luisa Gil tiene los niños allá y me dice que la educación es muy buena. ¿Te acuerdas de María Bernal?, la del pelito así, que el marido tiene una papelería…, bueno, ¿pero yo para qué te pregunto, si tú no te acuerdas de nadie? Espérame cambio este algodón por otro nuevo. También estuve en un edificio aquí cerca, sobre la cincuenta y tres abajito de Galerías, se llama Rozález, pero ambas con zeta; yo me reía de pensar que nos preguntaran dónde vamos a comprar y nosotros respondiendo «en Rozalez», ¡y claro!, todo el mundo convencido de que nos ganamos la lotería o algo, pensando que es Rosales y no el Edificio Rozález. Menos mal que no somos españoles. Ja.

• • •

La noche anterior soñó que avanzaba por un pasillo sombrío que terminaba en un vestíbulo con una única puerta entornada. Al empujarla veía otro pasillo por el que avanzaba hasta otro vestíbulo con la misma puerta entornada, que a su vez daba a un pasillo mal iluminado hasta el mismo vestíbulo. Recorrió infinitos pasillos y vestíbulos antes de despertarse. Esa mañana el espejo le había devuelto un rostro cansado y golpeado que no mejoró después de la afeitada.

Acababa de abrir la puerta del Departamento de Recursos Humanos y en la antesala encontró a seis hombres vestidos de negro, de diferentes edades, muy circunspectos, todos de corbatín excepto uno que tenía pechera, todos con sombreros de copa y capas. En un rincón, seis cofres negros como ataúdes. Se le acercaron y empezaron a saludarlo.

—Mucho gusto, doctor Osorio, yo soy Fabrizzio.

—Yo, Gracián.

—Amílkar, a sus órdenes.

—Joselo, para servirle.

—Encantado, mi nombre es Zoroastro.

—Belfegor —le estrechó la mano el restante, y cuando cesó el apretón, una docena de mariposas salieron volando.

—Es trampa, usted llegó de último y ya empezó a hacer demostraciones —protestó Joselo, que enfatizaba su pinta de mago con un bigotito enroscado en las puntas.

—Sí, amigo, respete su turno —le amonestó Zoroastro, a quien la pechera daba cierta autoridad moral.

Osorio entró en su oficina. Todo igual, incluso el reloj de pared. Fabrizzio, Gracián, Amílkar, Joselo, Zoroastro y Belfegor se quedaron en el umbral, expectantes. Osorio gastó su más recóndita reserva de humor cuando se dijo «El que me haga aparecer a Elsy en este momento, lo contrato», y después les hizo una seña para que aguardaran en la antesala y, por favor, le cerraran la puer*tac…tic…tac…tic*, cada golpe era un martillazo en un clavo al rojo vivo que se clavaba en su cabeza. Osorio se convirtió en la cuarta manecilla del reloj: el horario, el minutero, el segundero y el Osorio, y así, después de hacerse a la idea, caminó hasta la puerta, asomó la cabeza a la antesala y dijo «Que venga el primero.»

—Vamos a necesitar una mesa —dijo Zoroastro.

—Pueden traer ese escritorio —respondió Osorio, mientras señalaba el puesto de Elsy.

Amílkar ayudó a Fabrizzio, que tenía el primer turno, cerró la puerta y lo dejó con Osorio. Fabrizzio tenía un rostro imberbe y pálido, pelo grasoso y ojos glaucos; parecía una figura de cera que hubiera cobrado vida.

—Quisiera empezar con unos juegos de cartas —aclaró, como pidiendo perdón de antemano por lo que pudiera salir mal.

—Hágale.

Barajó un mazo y le pidió a Osorio que escogiera una carta y se la mostrara al público.

—¿Cuál público?

—Bueno, el que va a estar ese día en mi presentación —respondió Fabrizzio con un optimismo que a Osorio le pareció irritante.

Escogió el as de diamantes y lo puso boca abajo en su escritorio. Fabrizzio barajó de nuevo y luego le entregó las cartas mirando a otro lado con teatralidad.

—Póngala en el sitio que quiera.

Osorio refundió el as de diamantes en el mazo de cartas y luego se lo entregó. Fabrizzio se agarró los parietales, como si le hubiera dado una terrible migraña y luego, con la vista fija en un punto impreciso de la pared sobre Osorio, dijo:

—¡Señoras y señores, voy a usar mis poderes telepáticos para averiguar la carta…! —y sostuvo el mazo vertical, de cara a Osorio, con una sola mano.

El as de diamantes, como alguien que se empina para mirar por encima de una multitud, se asomó sobre todas las demás cartas. Fabrizzio esbozó una triunfal sonrisa de maniquí.

—Esa no es la carta —respondió Osorio, con toda gravedad.

—¿Eh?... ejem… uhm… ¿Está seguro?

—Claro que sí, pregúntele al público —dijo Osorio con mala leche—, yo escogí el diez de picas.

Fabrizzio estaba descompuesto, no lo podía creer, no entendía qué había salido mal.

—Si me permite, voy a realizar otra magia de cartas, una que se llama «La reina de corazones está celosa.»

No importaba qué hiciera Fabrizzio en adelante, ya Osorio había decidido que no lo iba a contratar. Sin embargo, lo dejó hacer esa magia y otras más, sin entenderlas, pensando en que tal vez ésa sería la última vez que se iba a encontrar con Ángela. Lamentaba haberle dicho «encontrémonos, aunque sea para despedirnos», pues le parecía que él mismo estaba sembrándole ideas, él mismo, en su desesperación, estaba echando mano de los recursos equivocados. ¿Y si Ángela había accedido a verlo precisamente por eso, para despedirse? Aquella frase, «aunque sea para despedirnos» se cinceló a golpes de tic tac en una lápida que le crecía dentro, mientras el mago sacaba cosas del baúl como un vendedor de aparatos para adelgazar en un televisor sin volumen.

—¡Y eso es todo, amigos, se despide de ustedes el inigualableee, el únicooo, Fa-aaa-brizziooo! —remató el mago con una venia para el público hipotético que nunca lo iba a ver.

—Dígale al siguiente que pase.

—Bueno, pero ¿qué le pareció? —preguntó Fabrizzio con sus facciones de caucho y su sonrisa de dientes postizos.

—Lástima por la primera magia. Si eso le llega a pasar en la presentación, ya no lo van a tomar en serio.

—Le juro que nunca me había pasado —se disculpó Fabrizzio.

—Dígale al siguiente que siga, ¿sí?

Las piernas de Gracián eran cónicas. Se ensanchaban a partir de unos pies de bailarina hasta unirse en el tronco, que parecía albergar demasiados órganos. Sus brazos eran cortos y le daban la apariencia de un avestruz con alas de pollo. Tenía doble papada, nariz de breva y ojos pequeños. Para él era suficiente cargar consigo mismo para, además, arrastrar su baúl hasta la oficina. Al final estaba bañado en sudor y tuvo que sentarse en él mientras reponía fuerzas. Pidió disculpas con una sonrisa de gordo y, tras una pausa contrapunteada por el latido del reloj y su respiración de fuelle roto, sacó una pañoleta amarilla, una azul y una roja.

—Doctor Osorio, revise estas pañoletas y dígame si hay algo raro en ellas.

«Por lo menos este no tiene *público*», pensó Osorio, y con un ademán le indicó que no perdieran tiempo, que continuara. Gracián se quitó la chistera dejando al descubierto una calva perfecta y, luego de mostrarle el interior a Osorio, metió allí las tres pañoletas. Todas salieron amarillas. Luego las volvió a meter y sacó una grande del mismo color, luego reversó el proceso hasta tener tres, luego volvieron a ser de colores diferentes y luego tres rojas, y luego una roja grande, y luego tres azules… Al final sacó una bandera de Colombia e hizo una genuflexión orgullosa.

—Ahora voy a hacer una magia con cuerdas que se llama «Salud, dinero y amor» —anunció Gracián.

La palabra «amor» atrapó al vuelo la escurridiza atención de Osorio.

—En la vida todos buscamos la salud —dijo Gracián, mientras mostraba una cuerda que sujetó por los extremos—, el dinero —sacó una cuerda más corta— y el amor —una cuerda más corta que las dos anteriores.

Osorio no parpadeaba.

—Como usted puede ver, casi siempre tenemos más salud que dinero y más dinero que amor.

Osorio asintió, estaba de acuerdo. El mago metió las cuerdas en el sombrero, le dio unos golpes con su varita mágica y continuó:

—Lo ideal sería tener la misma cantidad de salud —sacó una cuerda—, de dinero —sacó otra cuerda del mismo largo que la anterior— y de amor —sacó la tercera, igual que las demás.

Osorio estaba pensando en contratarlo.

—Pero todos sabemos que la vida no es perfecta —dijo el mago, mientras metía las cuerdas de nuevo en el sombrero y le daba golpes con la varita—: siempre vamos a tener más salud —cuerda larga—, menos dinero —cuerda mediana— y, claro, lo más escaso es el amor —cuerda pequeña.

No, mejor no. Si Gracián hubiera dejado su magia en el final optimista, sin duda se habría quedado con el contrato. Pero ahora no, porque sería de mal agüero darle la razón. Por lo tanto dejó que hiciera otra magia con un cucurucho de papel periódico y una jarra de leche y luego le dijo que gracias, que llamara al siguiente.

Amílkar entró sin presentaciones y puso una grabadora con música circense. La piel sobre la cara de Amílkar se curvaba en el mentón y los pómulos como una manta extendida sobre estacas. Su nariz era una hoz de carne a punto de partirle en dos el labio superior. Sus orejas se doblaban contra el ala del sombrero y se veían un poco hinchadas. En la solapa de su frac había una mancha grasosa. Cuando sus ojos lo miraron, en el fondo de ellos titiló la desesperación y, si juzgaba por su extrema delgadez, el hambre. Lo primero que salió de su boca no fueron palabras sino una kilométrica ristra de papel multicolor. Luego ya no salió nada, pues continuó haciendo magias que no requerían explicación hablada sino gestual, mientras la fanfarria emanaba desde los bafles y, para alivio de Osorio, barría el tic tac como un tifón. Amílkar tomó un globo desinflado y se lo mostró, llevándose el índice al ojo desorbitado y luego señalándolo, estirándolo, mostrando que no había nada en él, que era un globo común y corriente. Rojo. Lo infló, lo anudó y lo puso a flotar en el aire. Luego sacó una aguja larga como un antebrazo, sujetó el globo con una mano y con la otra le atravesó el punzón. El globo estalló, pero la paloma que debía salir volando había recibido un estoque mortal, como un toro de lidia. El mago habría obtenido rabo y dos orejas, pues la paloma, después de unos pocos estertores, murió.

—Ahh, ¡yo por qué tengo que ser tan salado! —afirmaba preguntando—. ¿A mí por qué me sale todo mal? —preguntaba afirmando Amílkar, la piel de su cara a punto de reventarse en el ángulo de los pómulos.

Con la mano libre apagó la grabadora, puso la paloma muerta en el escritorio de Elsy y dijo: «Yo lo que soy es mimo, pero ya no me alcanzaba imitando a la gente en la calle, entonces puse un aviso en el periódico la semana pasada, adapté este vestido de mesero, me hice este sombrero que me maltrata las orejas, fabriqué el equipo con cosas recogidas de la calle y practiqué apenas tres días con un libro, porque no encontré quién me enseñara. Pero veo que no aprendí.»

—No me vaya a contar su vida ni sus desgracias —Osorio toleraba letanías sentimentales sólo cuando venían de Elsy o de su mujer—. Hagamos una cosa: enséñeme una magia chévere para descrestar a mi novia, y le doy diez mil pesos para que se compre lo que quiera.

—¿Eh?

—Mmm, por ejemplo, ¿sabe aparecer un ramo de flores? Si se sabe ésa y me la enseña, se lleva la plata.

—Listo —respondió Amílkar.

—¿Qué se necesita?

—Unas flores con resorte, como estas —mostró un ramo de astromelias plásticas—, una pañoleta —sacó una— y aprender un movimiento de manos.

Amílkar se metió bajo el escritorio de Elsy, emergió cinco segundos después y realizó el truco, que consistía en enroscar la pañoleta, hacerle un nudo en la punta y luego, al latigarse con el nudo en la mano abierta, la pañoleta se transformaba en el ramillete de astromelias. No le salía mal.

—Enséñemelo.

—Pero en el precio no están incluidas las flores ni la pañoleta.

—Le doy quince por todo —respondió Osorio, mostrándole un billete de diez y uno de cinco.

Amílkar asintió, Osorio rodeó su escritorio y fue hacia él, que empezó a doblar el ramillete y a explicarle. En un momento, Osorio le pidió que se detuviera, miró hacia la esquina donde estaba el reloj de pared y luego fue a la grabadora. La encendió. Amílkar lo miró intrigado.

—Me ayuda a concentrar.

La fanfarria ocupaba el lado B de un *Sony* rojo, de sesenta minutos, que oyeron tres veces mientras Osorio se perfeccionaba. Cuando se abrió la puerta de la oficina, a la salida esperaban Joselo, Zoroastro y Belfegor.

—No se preocupen, todavía no hay mago para la fiesta —les dijo Amílkar en el umbral, y se fue.

Joselo tenía ojos saltones, rizos que desbordaban su sombrero, mofletes de perro flaco, nariz puntiaguda. Había algo en su expresión que no encajaba, tal vez fuera el bigote. Dejó su baúl tras el escritorio de Elsy, se acercó y le entregó un casete de VHS.

—Aquí está el video de mi show...

—¿Y ya? ¿Así nomás?

—No, doctor, ¡ni más faltaba! Lo que pasa es que, como usted comprenderá, hay trucos que no se pueden hacer en esta oficina. Yo le voy a mostrar uno, pero no quiero que usted se quede sin ver los demás… Yo soy escapista —continuó Joselo—, es mi especialidad.

—Empecemos pues —propuso Osorio.

El mago acercó una silla y la puso delante del escritorio de Elsy. Sacó una cuerda y se la entregó.

—Necesito que me amarre las manos al respaldo de la silla.

Osorio comprobó con precisión científica que la cuerda no tuviera nada extraño. «Si no se puede soltar, lo dejo aquí hasta mañana, por chicanero», pensó. El mago puso las manos en el respaldo de la silla (era la de Elsy, seguro que no tenía trucos) y Osorio lo amarró con saña, como si se dispusiera a torturarlo. Luego se retiró y se sentó tras su escritorio a esperar el fracaso.

El mago, de repente, sacó una mano del respaldo y consultó la hora en su reloj de pulsera. Luego la volvió a poner detrás. Osorio dio un salto y fue corriendo hasta la silla, Joselo seguía con las manos fuertemente amarradas.

—No joda —dijo. Comprobó de nuevo la autenticidad de la cuerda y los nudos, regresó a su escritorio. Se quedó de pie, más cerca que la vez anterior.

Joselo lo miró, sonrió, sacó ambas manos del respaldo y las volvió a poner detrás. Osorio dio un salto hasta ver las manos de nuevo amarradas. El mago, sin ocultar nada, hizo un sutil movimiento y la cuerda, como una serpiente, se desató.

—Bueno, ¿qué más sabe hacer? —preguntó Osorio, interesado.

Joselo le dijo que él era el único en el país capaz de hacer el famoso escape de Houdini: meterse de cabeza en un tanque lleno de agua, atado de los pies, esposado y con la cara cubierta por una capucha, para desaparecer y salir luego de una silla entre el público. También era capaz de escapar de cajas suspendidas en el aire, de huevos gigantes, de cajas chinas…

—¿Cuánto cobra?

—Bueno, vamos por partes —dijo el mago—, yo tengo unas especificaciones técnicas: necesito una grúa de siete metros.

—...Ajá.

—También un set de luces robóticas, dos seguidores supertrooper de dos mil quinientos vatios, una motobomba para llenar el tanque, mangueras, dos andamios con ciento ochenta pares de luces, dos tarimas: una para los escapes grandes y otra para los escapes pequeños... —los requisitos del escapista, sin embargo, no pudieron escapar al tic tac del reloj. Osorio se entregó al sonsonete incomprensible del mago; luego, con una sonrisa de hiena le dijo que no había presupuesto.

Hubo un silencio sacramental.

—Le va a tocar escaparse de aquí —remató Osorio.

Zoroastro era el que tenía más cara de mago. Infundía respeto. Tanto, como para que el reloj callara en su presencia. Así Osorio podía atender a la magia y, cómo no, pensar en Ángela.

—Si necesita grúas, dos tarimas, ciento ochenta luces, una motobomba..., estamos perdiendo el tiempo —advirtió.

—Nada de eso —contestó Zoroastro, luego sacó un conejo blanco del sombrero.

Un clásico. Punto a favor. A continuación, puso una pañoleta blanca a bailar sobre su hombro; le daba órdenes que ella obedecía como si entendiera. Luego sacó una vela, la encendió y la multiplicó en sus dedos. Sacó una cuerda, le prendió fuego y la convirtió en varita mágica. Hizo un malabarismo con bolas de espuma que fueron creciendo en número... Cinco trucos después, Osorio le dijo que todo estaba bien, pero no había nada espectacular.

Por toda respuesta, Zoroastro quitó a su baúl un recubrimiento y lo convirtió en una gran pecera de cristal. Vacía. Se quitó la capa y la cubrió con ella. Cuando la retiró, una mujer en bikini dorado, con adornos de lentejuelas, lo saludó.

—¡Un aplauso para Cindy!

Tenía ojos claros, era culoncita, sonreía como si en realidad fuera una aparición. Osorio no pudo más que aplaudir. Cindy hizo una venia y volvió a meterse en la urna de cristal. Zoroastro la cubrió y, al destaparla, al lado de Cindy había otra mujer.

—¡Un aplauso para Isadora!...

«A lo mejor éste sí me hace aparecer a Elsy» pensó Osorio, risueño.

—Y en mi show también hay un tigre —remató Zoroastro con una venia—, uno de verdad.

Zoroastro salió escoltado por sus mujeres. Belfegor le preguntó si todo ese tiempo las había tenido en el baúl.

—Un mago nunca revela sus secretos, colega —respondió Zoroastro, guiñándole un ojo. Cindy e Isadora sonrieron al tiempo y los tres abandonaron la antesala.

Osorio se quedó mirando a Belfegor.

—¿Y?... ¿No va a seguir?

Belfegor puso a levitar billetes, los atravesó con lapiceros, los picó con tijeras y luego los volvió a aparecer intactos. Sacó llamaradas de sus manos, hizo trucos de cartas, vertió leche en un cucurucho de papel y luego la desapareció como ya lo había hecho Gracián, transformó esferas de espuma en cubos. Por último le dijo a Osorio:

—Escriba un nombre, una palabra o una frase en este papel y luego dóblelo.

Osorio obedeció.

Belfegor quemó el papel, luego se descubrió el antebrazo y se frotó la ceniza en él. Las palabras que Osorio había escrito en el papel se trasladaron a la piel del mago:

YA CONTRATÉ A SOROASTRO

Las facciones de Belfegor tomaron un aspecto luciferino. Se llenó de ira, le temblaba la voz

—¿Y para qué le hice toda esta presentación?

A Osorio el reloj sobre el paisaje de nubes quietas y colinas moldeadas en plástico le indicó que debía irse ya. Dobló el resorte de las flores que le había comprado a Amílkar y las guardó en el bolsillo interior de su saco, la pañoleta la guardó en el de su pantalón. Abrió la puerta de la oficina. Se encogió de hombros y le respondió:

—Necesitaba hacer tiempo, tengo una cita a las tres y media.

ALGUNAS PÁGINAS

Manual del nefelista

...deben tener prolongaciones en forma de pulgar, índice, medio, anular y meñique. Las nubes maniformes, por tanto, son muy escasas. El observador debe estar muy atento, para no perdérselas. Además, a diferencia de las zapatiformes (Ver 12), que pueden permanecer en el cielo hasta por veintisiete minutos, las maniformes apenas duran pocos segundos.

En enero y febrero, meses secos y despejados, diríase que es imposible encontrarlas. Quizá ello se deba al efecto de los vientos débiles que vienen del Sureste y soplan de mala manera sobre las nubes que planean en el cielo bogotano.

Marzo, mes previo al arribo de la Zona de Confluencia Intertropical, es también un mes árido en manos nubosas.

En abril hay ráfagas de viento que giran sobre la Sabana y se rizan en las faldas de Monserrate. Si tienen una velocidad de quince nudos y coinciden con el cruce del teleférico y el funicular que van al santuario, se produce un pequeño remolino. El choque de esta trenza de viento sobre un cúmulo le da forma de mano. Las probabilidades de que este fenómeno suceda son aproximadamente del 3,58%.

Existe una constante que se da el tercer año después de la llegada del Fenómeno del Niño. En los meses de mayo y la primera mitad de junio, en el municipio de Puente Quetame, a dos horas de Bogotá, se registra aparición constante de nubes maniformes entre las 4 y las 7:30 a.m.

Durante los primeros días de junio aún están sobre la capital las opacas y abstractas nubes estratiformes. Acaso por ahí una fácil nube vertical con forma de yunque. Pero entre los últimos días de junio, cuando llega el veranillo de mitad de año, es posible encontrar un fenómeno que bautizaremos «La mano melgareña».

Tres horas de carretera hacia el noroeste de Bogotá, en los bordes del valle del Magdalena, está la ciudad balneario de Melgar, sitio al que afluyen muchedumbres capitalinas en la segunda mitad del mes, debido a la temporada de vacaciones. Según datos del Departamento de Planeación Distrital, seccional Melgar, en el sitio hay una concentración mayor a las cinco mil piscinas. Cuando los bañistas saturan las aguas y las enriquecen con sus secreciones, el sol veraniego de las tardes produce una evaporación que, debido a las características especiales del agua, se condensa en un tenue cúmulo violeta con estilizada forma de mano, sólo apreciable en las noches de luna llena.

Durante julio y agosto soplan los vientos Alisios del Sudeste y aplanan las nubes. El cielo se llena de estratos. También es época en la que se multiplican las nubes con forma de conejos (89) y canguros (89.b)

En medio de la profusión nubosa septembrina, muchas nubes podrán parecer manos, pero casi siempre les faltará el anular. Son manos imperfectas que en proporción de 1 a 475 tendrán la forma adecuada (ver *pseudoformaciones* en el glosario).

Octubre es el mes más lluvioso del año. Durante las primeras semanas el cielo se llena de cúmulos con monótona forma de coliflor, pero en la segunda mitad aparecen 833 de las mil formas descritas en este manual. Justamente una de las ausentes es la que estamos explicando.

Durante noviembre el cielo continúa encapotado. El comportamiento de las nubes maniformes no se ha podido establecer con certeza, pues apenas se tiene registro de la aparición de una el 17 de enero de 1995, a las 4:46 p.m., en las inmediaciones de la Torre Colpatria, del lado del Planetario Distrital. Además, la investigación en noviembre se dificulta, pues las tormentas, vendavales, crecientes, avalanchas y demás catástrofes hidrometeorológicas dificultan el trabajo de campo en los alrededores.

Durante la primera quincena de diciembre aparece una nube que por apenas dos segundos tiene forma de mano, entre las 6:16 y las 6:19 p.m., sobre los arrebolados ocasos santafereños: apenas un suspiro blanco en las lejanías de Soacha que el viento se apresura en deshacer. El resto del mes está poblado de amorfas pompas de algodón y nubes con forma de Dinamarca (745).

17. Oldsmobiliformes

La Sabana de Bogotá, por estar 2.600 metros sobre el nivel del mar, es un lugar privilegiado para la observación de nubes. Pero aun así, para reconocer las oldsmobiliformes se necesita un telescopio de más o menos 36 aumentos, pues se forman en cirrocúmulos que flotan a 12.000 metros, durante los meses secos.

Existe un método para verlas:

La primera parte del proceso implica encontrar un sitio donde haya caído un rayo. Es importante valerse de la prensa y la televisión, que en el caso de accidentes o víctimas es posible que digan dónde cayó. Pero si no se tiene paciencia para aguardar un rayo famoso, existe una forma de localizarlos:

- Situarse en un observatorio privilegiado y silencioso como una colina, con un cronómetro y una brújula.
- Ya que la luz viaja más rápido que el sonido, se cuentan los segundos entre el rayo y el trueno, y se dividen entre 3 para hallar la distancia en kilómetros. Por ejemplo, si tarda 5 segundos en llegar el sonido, el rayo habrá caído a 1,66 kilómetros (1.666 metros).
- La brújula servirá para hallar la dirección correcta.

El nefelista dispone de algún tiempo para localizar el punto exacto, para lo cual tendrá que buscar indicios: un árbol quemado, un perro muerto, una marca en el suelo, etc... Los testimonios de los vecinos del sector pueden ser de mucha ayuda. Es bueno hacer una equis, poner un banderín o una gran piedra, para no perderlo de vista.

Durante el verano de fin de año, es necesario poner el telescopio en ese punto, completamente vertical (90°) y aguardar con paciencia. Los que tengan suerte podrán ver oldsmóbiles 1962 en perspectiva frontal. Más detallados y apreciables son los Rocket V-8 del 49, que casi siempre aparecen de lado, al final de la tarde.

Tratemos de no confundir las oldsmobiliformes con una serie de *floccus* y *castellanus* que aparecen en noviembre, pues...

Llegó primero y la esperó de cara a la puerta, sentado en una esquina de la cama. Era extraño: casi todos los recuerdos que tenía de Ángela se habían fraguado en las habitaciones de ese motel. Orgasmos, risas, olores, arrunches, piel, besos, fluidos, duchas, coqueteos de cama..., nunca una cena con vino y candelabros, jamás una noche de copas, ni un picnic, ni un cine, ni un paseo cogidos de la mano. Pero el amor echa raíces en los terrenos más áridos: en cuartos con espejos cenitales, en baños con jabones chiquitos, en ventanucos por donde entregan la cuenta, en recepciones donde nadie mira a los ojos. Osorio supo que estaba enamorado de ella cuando se descubrió capaz de cambiar tantos encuentros clandestinos por una tarde de domingo frente al televisor o una visita conjunta al supermercado. Su ansiedad era tan fuerte como el retrueno de los aviones que aterrizaron en el aeropuerto vecino y homónimo: tres para ser más exactos, pues Osorio, animal de costumbres, había aprendido a segmentar el tiempo en sonidos.

Ángela llevaba medias negras, tacones, falda corta de cuadros verdes a la escocesa y camisa blanca desabotonoda hasta mostrar unos centímetros de brasier. Se había maquillado y se había arreglado el pelo, «seguro que también se hizo la cera y se cortó los pelitos», pensó Osorio. Sus ojos miraban con una vivacidad indiscernible, su boca estaba entreabierta en la misma actitud; o tal vez estaba sorprendida del moretón que Osorio tenía en la cara. Se quedó inmóvil en la puerta, parecía que estaba a punto de disculparse como quien abre una puerta equivocada, cerrar y salir corriendo. «Si viene para despedirse así como está de bonita, de buena, al menos será porque quiere que nunca me olvide de ella», pensó Osorio, y tuvo una rabia temerosa.

Se levantó de la cama, caminó hacia ella, compuso una sonrisa indulgente consigo mismo y sin ambages le dijo «vengo dispuesto a que me digas lo que sea.» Tuvo que abrir los ojos bastante, porque se le aguaron y esperaba que la fuente de aire acondicionado junto al marco de la puerta se los secara. Le dolió la cara. Se quedó callado: podía quebrársele la voz. Ángela lo tomó de la mano, lo miró directamente con una emoción que Osorio no pudo descifrar.

—Ven, sentémonos —propuso.

Quedaron de lado en la cama, aún tomados de la mano, en un silencio que Osorio no se atrevió a romper, pues él ya había dicho todo, había dicho te amo y había hecho la propuesta de que se fueran. Entonces, aguardó la respuesta de Ángela como una moneda cuyas caras eran la felicidad y la desgracia. Una moneda que ella dejó suspendida en el aire cuando dijo:

—Hagamos el amor.

Se desvistieron sin dejar de besarse. Osorio le mordisqueó el cuello y el lóbulo de la oreja, la lamió alrededor del ombligo, le acarició las piernas recién depiladas y el triángulo del pubis perfectamente delineado, le agarró las nalgas, la penetró lentamente. Se movieron como si estuvieran bajo el agua y sin dejar de mirarse a los ojos. Los de Ángela tuvieron un temblor cristalino que desbordó en lágrimas. Osorio embistió con firmeza. Ángela se aferró en un abrazo que abarcaba todo el placer, el dolor y el miedo.

La calma siguiente era igual a la que resulta tras un temblor de tierra. De ese mismo material estaba hecha la voz de ella cuando dijo «Yo vine hoy a decirte adiós, pero no pude.

No puedo. Me duele hacerle esto a Jorge Abel porque es un hombre bueno. Pero qué carajo: te amo. Me voy contigo.»

Osorio sintió que por fin había caído la moneda de su destino. Se abrazó a Ángela y esta vez no pudo reprimir las lágrimas.

Pagaron y salieron al garaje contiguo, idéntico al de una casa de familia acomodada como las que se construyeron entre los sesenta y setenta en la ciudad. Se besaron antes de montarse al carro. Una muchacha les abrió la puerta, Osorio dio reversa y quedó al principio de una calle flanqueada por puertas de garaje idénticas; si uno forzaba un poco la mirada, podía parecer una calle de barrio. Además, había un detalle especial en el Motel Eldorado: plantas. Begonias, orquídeas, araucarias y veraneras puestas a la entrada, en materas sobre la pared circundante y sobre los techos, que a Osorio le dieron una molífica sensación de hogar. Ángela sonreía, le ponía la mano en la pierna, se le recostaba, lo besaba. Salieron a la Avenida Eldorado. Había un avión que despegaba y otro que llegaba al aeropuerto, las nubes parecían de granito. Aún no llovía.

Fueron a la Surtidora de Aves 22, un asadero de pollo cerca de Corferias cuyo segundo piso permitía cierta intimidad. Osorio pidió medio pollo y cervezas. Ahí, con alegría de niños que planean una travesura, ultimaron detalles del plan. La idea era arreglar todo para viajar a finales de la semana entrante. Ninguno anunciaría su retiro en el trabajo, ya habría tiempo de mandar un mail o llamar desde donde estuvieran para explicarlo todo; así tampoco corrían el riesgo de que María Teresa o Jorge Abel pudieran enterarse. De las averiguaciones se encargaría Osorio y luego, de acuerdo con las tarifas aéreas y los requisitos para entrar a cada país, decidirían adónde irse. Aquella incertidumbre inspiraba a

Ángela para imaginarse una nueva vida emocionante, fugitiva, colorida. Nada que ver con la rutina de su trabajo ni su matrimonio escorado en la bahía del aburrimiento.

—Podría montar una academia de baile. Siempre quise ser bailarina.

—¿En serio?

—Seguro. Yo hice ballet en el colegio y luego, en la universidad, me metí al grupo de danza —respondió sonriente, haciendo una figura de flamenco con las manos—. Puedo ser profesora de salsa, de bachata, de tango, de merengue, de lambada…

—¿Vas a enseñar tango en Buenos Aires o lambada en Brasil? —preguntó Osorio, divertido.

—Primero aprendo, ¿sabes por qué?

—¿Por qué?

—Porque tú me vas a llevar a bailar *todos* los fines de semana.

Ángela estaba mimosa, sabía invocar a su lolita interior. Osorio, con fingida alarma romanticona, le preguntó si estaba hablando en serio.

—Mira, querido: llevo catorce años sin ir a una discoteca. Tú bien sabes que Jorge Abel no es de ese plan. Pero ahora voy a ser bailarina y… ¡Actriz!

—¿Actriz también? —preguntó Osorio, querendón.

—Claro… Aunque, ¿sabes que yo siempre quise pintar?

Artista plástica en Costa Rica, relacionista pública en Panamá, voluntaria de la Cruz Roja en algún país africano, joyera en Miami, diseñadora de interiores en Santiago de Chile, cabaretera en Barcelona… Ángela se inventó a sí misma cien veces en cien lugares diferentes, se puso alias y nombres artísticos, asumió roles y personalidades. Osorio enriqueció aquella cadena de hipótesis y metamorfosis con sus preguntas, hasta que Ángela miró su reloj, hizo un mohín y le dijo «Ay, bueno, mi amorcito, tengo que volver al trabajo».

—Yo también.

—Pero tú aún no me has dicho a qué te vas a dedicar.

—Mago.

—¿Mago?

Osorio se levantó de la mesa, sacó una pañoleta del bolsillo de su pantalón y se la mostró, la anudó en la punta, se golpeó con el nudo en el canto de la mano y ¡zas!, apareció un ramo de astromelias.

Después de dejar a Ángela en su oficina, Osorio manejó a La Empresa con una sonrisa labrada en el rostro. Se proclamó amo y señor de todo lo que huye, gime, rueda, canta y habla. Creyó saber de memoria nueve millones de poemas. Inventó una máquina de manivela para fabricar luciérnagas. Hizo llover. Se llenó los bolsillos de carcajadas. En el lapso de una luz roja pudo notar el crecimiento de los árboles. Compuso melodías para un arpa fabricada con hilos de araña. Intuyó un método para domesticar volcanes. Descifró la prisa de los cometas. Entendió el idioma de los pájaros. Olvidó cómo deprimirse. Trazó un recorrido estándar para salir de cualquier laberinto. Silbó un vals. Le regaló veinte mil pesos a un vendedor de dulces. Gritó como un fauno. Prometió obedecer las leyes de la física. Le dio vacaciones a su ángel de la guarda. Pescó un rayo al vuelo y lo dejó caer en el abrevadero de sus miedos. Se arrancó de cuajo un racimo de furia que le había crecido en el pecho. Hincó los colmillos en el lomo del viento. Le sobrevino su cumpleaños aunque faltaban ciento veintinueve días para la fecha acostumbrada. Entró en el barrio por la Avenida 68. Desató un nudo gordiano ayudándose con los dientes. Habló en lenguas. Hizo un atadijo de culpas y lo tiró por la ventana. Clavó una lanza en el corazón de su mala suerte. Perdonó al mar por tener tanta agua y tantos hombres ahogados dentro. Escuchó el fragor de los ácaros. Se pronunció en contra de las enfermedades mortales. Descubrió el cuarto color primario en el atardecer nocturnal. Llegó al parqueadero. Saludó a Giraldo con tanta efusividad, que logró asustarlo. Fue a las oficinas del Área Administrativa de Dulces y tomó el puentecito.

Antes de quedar encallado en el ajedrez de tejados y cubiertas planas que conformaban La Empresa, el puentecito había surcado los siete mares y había estado en muchos puertos alrededor del mundo. Era el puente que tendía una modesta fragata de bandera hondureña para embarcar y desembarcar hombres y mercancías. Nadie estaba muy seguro de cómo había terminado uniendo las oficinas de la Casa Dos y el Área Administrativa de Dulces, pero ahí estaba. El puentecito era, además, el punto de mira más cercano al interior de la casa abandonada, de donde brotaba un aura fúnebre y maldita, y también un balcón hacia el Departamento Jurídico, en el primer piso. Pero Osorio esta vez no miró a babor ni a estribor y continuó su camino, procurando no mojarse, hasta el dédalo de pasillos que lo condujo al Departamento de Recursos Humanos. Allí, fue a la esquina vacía de la antesala, recogió del piso el intercomunicador y trató de llegar hasta el sofá. No alcanzaba el cable. Volvió a la esquina, se acuclilló sobre el teclado del conmutador, sacó del bolsillo trasero del pantalón la lista de Elsy, cada vez más arrugada, doblada en cuatro partes, la extendió sobre la alfombra y marcó a El Rincón Pacífico.

—¿Señor Recio?

—Sí, ¿quién lo necesita? —preguntó una voz que a Osorio le pareció de patrón. Del dueño.

—Cómo le va, Ricardo Osorio.

A Osorio empezaba a parecerle incómoda la posición en que estaba. Antes de que empezaran a darle calambres, se sentó contra el vértice, al lado del computador, que estaba allí como si hubiera sido degradado y su función ahora fuera trancar la puerta.

—¿Usted es el jefe de Elsy?

Osorio le dijo que sí.

—Ah, bueno, vengan mañana temprano.

Osorio desmintió el plural: Elsy no podía ir, por eso llamaba para pedirle de nuevo la dirección.

—¿Les pasó algo el viernes? Me quedé esperándolos. Elsy me dijo que venían a almorzar.

—Sí, una emergencia. Pero Elsy está bien. Sólo que no me puede acompañar —«Este güevón está con ganas de charlar», pensaba Osorio.

Se abrió la puerta. Molano asomó la jeta.

—Ah bueno, entonces, ¿tiene con qué apuntar? —preguntó Recio.

Osorio dobló la lista de Elsy para escribir por detrás. Se empezó a tocar los bolsillos. Molano, en la puerta, parecía divertido de verlo ahí tirado; Osorio se quiso parar, pero no alcanzaba el cable del teléfono.

—¿Tiene un lapicero, Molano?

Molano se atrevió a entrar, le entregó un *kilométrico* viejo y masticado.

—Véngase derechito por la Autopista Norte, cuando llegue a La Caro, voltee a la derecha, ahí ya hay un letrero…

Osorio apoyó la lista en la alfombra, alcanzó a romperla un poco con el lapicero mientras copiaba las indicaciones de Recio. Se despidió, colgó, se quitó el intercomunicador. Molano estaba sentado en el sofá, tenía una medio sonrisita. Osorio lo dejó pasar, pues al fin y al cabo no iba a durarle.

—¿Viene por sus llaves, Molano? Imagínese que no se va a poder. Mire, se robaron el escritorio de Elsy —le dijo Osorio.

Molano mudó la expresión, como si hubiera estado de frente y luego de espaldas en un túnel de viento.

—¿Y las llaves estaban dentro?

Osorio ladeó la cabeza: obvio.

—¿Usté se da cuenta del lío en que me acaba de meter? —la voz de Molano adquirió un arpegio lacrimoso.

Osorio empezó a sonreír, amigable.

—¡Ah, se la iba creyendo! —le dio palmaditas en la espalda.

El túnel de viento se había apagado, los rasgos de Molano parecieron sufrir una arremetida de la Ley de Gravedad. Osorio le mantuvo la sonrisa hasta que lo hizo sonreír, Molano no era de los que llevaban la contraria.

—Entonces, ¿las tiene ahí?

—Claro.

—Ahh, bueeno —suspiró Molano.

—Pero no se las puedo dar ahorita.

—¿Eh?

—Mire —le dijo Osorio, y abrió su oficina.

Molano se asomó. Había pedazos de papel periódico, velas por ahí tiradas, una ristra kilométrica de papel de colores por todo el piso, una cuerda, confeti que habían esparcido Isadora y Cindy.

—Mañana, cuando organice este chochal, le llevo sus llaves. No se preocupe.

Molano asintió, seguía contento. Salió con Osorio, que le preguntaba por la esposa, por los hijos (no tenía ni idea de quiénes eran, nunca le había preguntado nada). Molano le contó que bien, que el mayor ya estaba organizado, que se había casado jovencito porque la embarró, pero estaba saliendo adelante, y la niña, «pues usté sabe que a ella le faltó aire en el parto y nos salió bobita…». «Como el papá», pensó Osorio, mientras Molano se explayaba en explicaciones. Lo dejó en la Oficina de Seguridad, continuó hasta la Planta de Mermeladas, salió a las bodegas, ingresó a los casilleros de la Planta de Dulces, salió a la red de túneles, caminó hasta el pasadizo y, una vez en el vestíbulo, le dio un golpe a la puerta con los nudillos, después otro golpe con la palma de la mano, luego dos golpecitos con los nudillos, uno con la palma, dos con los nudillos, tácate tan, tácate tan… como Tito Puente. Remató con un par de patadas a la puerta y una risotada, y se fue al carro.

· · ·

Con la misma lógica de quien construye una casa para su perro con lo que le sobró de una remodelación, esa noche tuvo sexo con su mujer. No pensó en Ángela para excitarse: la certeza de su partida lo invadió de nostalgia prematura y le infundió cariño a aquel encuentro que, dada la escasa frecuencia con que solía suceder, era desde ya una despedida. María Teresa le producía sentimientos que siempre bordeaban el amor sin serlo: hoy cariño, mañana solidaridad, pasado mañana ternura y al día siguiente otro o alguno de ésos. Pero qué carajo: se durmió con una sobredosis de sentimientos tangenciales, abrazado a ella.

Al alba, el llanto del niño cimbró contra el tabique que separaba ambas habitaciones.

—Tranquila, yo voy.

—¿Tú?, juepucha, debe ser un sueño.

Recibió la ironía sin acusar recibo. Se puso los bóxers que estaban a la vera de la cama, una camiseta que sacó del clóset, y fue a la cuna. El niño se había cagado, hedía. Lo cargó y lo acostó en una mesa acolchada, especial para cambiar pañales. Reprimió las arcadas mientras le quitaba el pañal y lo botaba en una basura cercana. Lo limpió con pañitos húmedos, le untó crema para la irritación y le puso un pañal nuevo. No estaba seguro de haberlo hecho bien. Quedó con la sensación de estar untado de mierda hasta las orejas, tenía náuseas, el niño no se callaba y María Teresa había empezado a preguntarle desde el cuarto si necesitaba ayuda.

—Deja, yo puedo.

—Seguro que tiene hambre.

Lo cargó de nuevo, lo meció y le dijo «ya, ya bebé» con cierta prudencia. Lo envolvió en una manta y lo llevó hasta la cocina. Liberó una mano y con ella puso a hervir agua, sacó la leche en polvo y, sin dejar de mecerlo, preparó el tetero haciendo todo tipo de torpezas. Dejó al bebé en el mesón de la cocina mientras probaba la temperatura de la leche en el dorso de la mano. Lo levantó y lo llevó al cuarto. Ya no lloraba.

Con María Teresa y el bebé en silencio, sus náuseas fueron amainando. Se sentó en un sillón junto a la cuna, con él en su regazo, y le dio el tetero. No estaba seguro de las emociones que lo embargaron. Sólo sabía que también aquélla era una despedida.

ALGUNAS PÁGINAS

Análisis empírico de refranes, máximas y adagios

...para dar a entender que en todos los lugares hay problemas más o menos parecidos, se sirve de una leguminosa cuyas flores ornan los páramos nacionales, particularmente en los departamentos de Boyacá, Cundinamarca, Nariño, Cauca y Santander. Llegó al país traída por los conquistadores y halló sus pares en un grupo de tubérculos autóctonos como la chugua, la hibia y el cubio, en cocimientos de farinácea contundencia e ingrata digestión.

Podríamos decir que esta papilionoidea es a la agricultura lo que las tablillas de Tell Brak son a la escritura, pues su domesticación data del Neolítico. Fue conocida por egipcios, griegos y romanos, se extendió a través de la Ruta de la Seda hasta China y llegó a América desde muelles portugueses y españoles. En Japón se cultiva desde el siglo VIII; allá es parte integral de una sopa llamada *himono*. En Afganistán es la base del plato nacional: el *ful medame*. Francia tiene en el *cassoulet occitan* un plato representativo, así como las *fabas negri* italianas, la *bauernsuppe* alemana, el codillo aragonés, el chairo paceño y nuestro mute santandereano.

El Centro de Documentación del Programa Nacional de Investigaciones Alimenticias CDPNIA tiene en su haber una compilación de 612.113 recetas. En dicho archivo, las *Vicia faba* tienen una aparición del 2,18%, seguidas de cerca por sus parientes, las *Vicia sativa*, con 1,97% (ver tablas y diagramas anexos). En el Caribe prácticamente no existen. En Oceanía y Australia son desconocidas. En Estados Unidos se les llama indistintamente *broad-beans*, *Windsor-beans*, *coffee-beans* y *horse-*

beans; generalmente se utilizan para alimentar al ganado en las granjas. En México los aztecas fueron reacios al legado gastronómico español, por tanto las habas no figuran en la dieta popular. En tierras australes, tan debajo de las elevaciones donde sus semillas suelen engordar las vainas, tampoco se ven junto a una punta de anca o un bife. Si a esto se suma que además de la cocción pueden secarse o freírse, las probabilidades de que estemos lidiando con una hipótesis verdadera se verán reducidas.

Es importante anotar que existen razones culturales para rechazarla, pues de suyo es una planta que siempre ha inspirado recelos y paranoias. El padre Enrique Pérez Arbeláez, en su libro *Plantas útiles de Colombia*, dice que a los sacerdotes egipcios les era prohibido mirarlas y que los romanos veían en su flor caracteres infernales. A su vez, el volumen *Ingredienzen*, de Werle y Cox, aduce que las clases altas romana y griega no las consumían porque «causaban confusión».

Existen, además, impedimentos alergénicos para su consumo. Algunas personas desarrollan dermatitis al contacto con la planta, mientras la ingestión puede provocarles hemólisis agudas (destrucción masiva de glóbulos rojos) que desatan dolores estomacales, vértigos, anemia, insuficiencia cardio-respiratoria, coma y muerte. Este tipo de enfermedad se llama *favismo*, es hereditaria y al parecer se da entre ciertos grupos humanos mediterráneos.

No tenemos más remedio que reiterar las falencias epistemológicas de la máxima «En todas partes se cuecen habas» y recomendar para el futuro, en aras de la claridad argumental, una sentencia más ceñida a la realidad.

814. «Estar en un berenjenal»

La expresión significa «ponerse en una situación complicada, en medio de una lucha entre distintas personas o grupos enfrentados sin tener una clara idea de las consecuencias de esta situación, en una situación desventajosa de la cual es muy difícil salir». Parece que no hay relación clara entre el hecho de meterse en un lugar donde hay plantadas muchas berenjenas (berenjenal) y verse inmiscuido en un alboroto, si bien es cierto que según el *Diccionario Etimológico* de Joan Corominas (1987) esta acepción se encuentra ya documentada en 1438, por ejemplo en *El Corbacho*: «Pero ¡cómo se te ocurrió decirle a Pedro que ofreciera ese puesto! ¿No sabes que andan detrás de él como lobos los demás miembros del departamento? En menudo berenjenal le has metido al pobre hombre!»

Los tallos de berenjena (*Solanum melongena*) presentan tejidos lignificados que le dan un aspecto arbustivo, y están cubiertos de espinas. El fruto es una baya que puede tener forma globosa, piriforme u ovoide, provista de un largo pedúnculo consistente, a veces algo leñoso y también cubierto de espinas. Además, la planta de berenjena tiene numerosas y superficiales raíces que dificultarían el desplazamiento de la manera que lo señala el refrán. Es importante anotar también que en su cultivo existen formas de tutoraje como mallas metálicas y estacas hincadas en el suelo. Claro que existirían diferencias de grado en lo que respecta a las variedades hortícolas de la planta. No es lo mismo meterse en un berenjenal de la variedad *melongema esculentum* que en uno de la variedad *melongema ovigerum*, pues el primero es mucho más enmarañado. Los berenjenales de la variedad *insanum*, por su parte, casi invalidarían la expresión, pues su baja productividad es...

• • •

Pepe Gómez había sido un compañero de su universidad. Tenía un ojo de vidrio y, cuando sentía sueño, ponía una mano contra su frente en actitud pensativa, se tapaba el ojo bueno y se dormía en clase. El ojo de vidrio quedaba muerto, inservible, apuntando al tablero donde el profesor se sentía atendido. Todos los profesores, sin excepción, se creyeron la farsa. Al final siempre le ayudaban, premiaban sus siestas. A Pepe Gómez siempre le había ido bien, y se había pasado la carrera durmiendo. Hace como cinco años se lo había vuelto a encontrar: administraba una oficina de Quejas y Reclamos en la Empresa Telefónica. Osorio se lo imaginó utilizando en su despacho la misma técnica que usaba en clase. Estaba gordo, tenía mujer y un hijo, se veía fiel, contento; hasta le brillaba el ojo de vidrio. Estaban comiendo paleta. Venían de la ciclovía.

Osorio, mientras caminaba desde el supermercado hacia su casa con pan y la edición dominical de *El Tiempo,* pensó en cuál había sido el secreto de Pepe Gómez para mantener baja su línea de flotación, y últimamente lo había aplicado. Había logrado abstraerse, había logrado el autismo, pues al fin y al cabo estaba la posibilidad, no descartable, de que todo saliera bien. Así había asistido al derrumbe de su amor por María Teresa, así le entregó su corazón a Ángela y así manejó por la ciudad y salió de ella hasta El Rincón Pacífico: sus manos, sus piernas y sus ojos de vidrio puestos en las funciones del carro, pues el resto de él estaba en la conversación telefónica con Ángela. Ella, a su vez, iba camino a la oficina. Se morbosearon, se dijeron cosas lindas, ella le dijo *«papi»*, así, en seudocubano, y también le dijo que lo amaba. Osorio le dijo que después de encontrar un sitio donde les guardaran las maletas buscarían una botella de vino para celebrar. Ella estuvo de acuerdo, le dijo que donde vivieran iba a colgar muchos móviles de campanitas, para abrir las ventanas y que el viento las hiciera sonar. Él dijo que quería encontrar algo cerca de alguna cancha de fútbol, para organizar partiditos con los del barrio. Ella le dijo que eso no debía existir en Nueva York, por ejemplo. Él no tenía visa para Estados Unidos, pero la dejó hablar de Nueva York. Igual, qué más daba, había un montón de ciudades latinoamericanas bonitas, y estaba Canadá: parece que daban la visa como en tres días...

Cuando vio la valla que anunciaba El Rincón Pacífico, sintió todo lo contrario de lo que ésta prometía. Era blanca y tenía la foto de una gaviota sobre un fondo dorado. Abajo, en letras azul celeste, decía «Spa, baños de luna, comida naturista, termales, clases de yoga y tai chi chuan, terapias de relajación, aromaterapia.» Osorio se detuvo para leer bien: «El Rincón Pacífico.» Hasta entonces había creído que se trataba de un sitio de negros chocoanos, para él, *pacífico* era el océano, no la paz espiritual.

Sí, no había duda, allí era. Sería imposible hacer una fiesta en un lugar como aquel. Pero él había conquistado su autismo y contra toda lógica, utilizando el método Pepe Gómez, hundió el acelerador y llegó al portón. Éste era el broche de una pulsera gigante hecha de cipreses, en cuyo interior aguardaba a Osorio un inmenso quiosco hexagonal cuyo voladizo desbordaba el planchón que le servía de base. A la distancia parecía un sombrero chino. En él se veían unas figuras humanas retorciéndose. Parqueó su carro junto a un pequeño bus y un par de carros particulares. Un tipo se acercó. Traía unos pantalones de lienzo crudo, de amarrar al cinto, un poncho, el cuello lleno de collares con plumas y semillas que cascabeleaban con el viento. Tenía una sonrisa beatífica y estaba al filo de la vejez, era de los que probablemente ya le temen a los infartos, les molesta la ciática, tienen várices. «Si a éste me le pongo irónico le voy a decir "abuelo"», pensó Osorio. Su atención, sin embargo, estaba trescientos metros más allá, cautivada por las siluetas contra el sol raquítico de la Sabana. Había algunos vomitando en las inmediaciones del quiosco, otros estaban esparcidos en el pasto, otros caminando como sonámbulos.

—¿Ricardo Osorio?

Asintió.

—Óscar Recio. ¿Cómo le va? ¿Llegó fácil? —el tipo le dio una mano de labriego.

—¿Qué están haciendo allá?

—Una toma de yagé. Es una variante muy bonita que se llama el «yagé solar», la hace un chamán que traemos del Putumayo dos veces al mes.

—¿Y por qué están vomitando?

—Limpia el estómago, purifica.

—No joda. Es como un purgante.

—…Bueno, … sí.

Empezaron a caminar, rodeando el quiosco.

—¿Y quiénes están un martes por la mañana en el yagé solar?

—El elenco de «Te quiero a lo ñero» y unas modelos. Está la Conejita Playboy colombiana. La primera —aclaró Recio.

—¿Una mona, tetona, que se parece a la de Guardianes de la Bahía?

—Ella, sí.

Osorio hizo una visera con su mano, dio dos pasos hacia el quiosco.

—Oiga, ¿y el yagé se fuma o qué?

—Se toma. Es una totumadita que se hace con ayahuasca, la planta sagrada.

—¿Usted tomó?

—Yo sí, pero un poquitico. Sólo para contagiarme de la energía del ritual. Es que yo he tomado tantas veces —explicó Recio—, que esa cantidad ya no me hace viajar.

Osorio no había dado media vuelta y se había largado inmediatamente porque a simple vista en el quiosco podría caber, a sus anchas, todo el personal administrativo y buena parte de los que trabajaban en las Plantas. Además, había suficiente zona verde para poner la tarima del mago y los juegos para niños. También se podrían instalar unos parasoles gigantes y alquilar comedores plásticos.

—Lo invito a que nos sentemos aquí, en el pasto. Y le cuento de nuestros servicios.

Lo hicieron. Recio, con ojos llenos de certeza y entonación pontifical, continuó.

—Yo estoy convencido de que el estrés laboral, la competencia, la rutina, acaban con el ser humano. Aquí tenemos dinámicas para devolver la tranquilidad, la estabilidad y el balance de energías. Déjeme hacerle una pregunta ¿En su trabajo sufre de estrés?

«Hace poco me di puños con dos empleados, renunció mi secretaria, me estrellé de frente contra una pared, amenacé a un vigilante con su arma, descubrí a alguien atrincherado en uno de los túneles y le declaré la guerra, perdí las llaves de la Casa Cuatro en la última escaramuza, no duermo bien desde hace meses, la Junta Directiva me tiene entre ojos, cuando preguntaron por la fiesta les dije que iba a ser aquí…»

—No, estrés no.

Recio lo miró. Tenía los ojos vidriosos, como el de Pepe Gómez, su cara parecía haberse redondeado un poco. Estaba lívido.

—Perdón —dijo, y empezó a vomitar.

Osorio se apartó a tiempo, aunque el jarabe negro y espeso que salió de Recio alcanzó a mojarle la bota del pantalón.

—Uy, creo que me agarró el yagé. Está fuerte, sabe —continuó Recio mientras se limpiaba la boca con el poncho.

Se quedó mirando un buen rato hacia un punto que parecía estar cerca de él y al mismo tiempo muy lejano, o que se multiplicaba en miles de puntos sin dejar de ser uno solo.

—¿Aquí hay luz eléctrica? —preguntó, al fin, Osorio.

—Sí —la pregunta lo había sacado del trance. Lo miró a los ojos—. No se estrese. Venga, descálcese, sienta la hierba.

Osorio, animado por la respuesta de Recio, se quitó medias y zapatos. Procuró no pisar el pasto vomitado. Un tipo con físico de atleta grecolatino salió corriendo del quiosco. Su única prenda era un pañal.

—*La planta* también puede actuar de modo laxante —explicó Recio.

Osorio recordó el cambio de pañales, la mierda pegajosa, hedionda, el llanto del niño y sus ganas de vomitar. Los ecos de la noche anterior, presentes esa mañana en El Rincón Pacífico, le dieron una sensación de irrealidad. A lo lejos se escuchó un cascabeleo y una letanía. Pudo ver que dentro del quiosco otras personas tenían pañales.

Recio se acodó en la yerba, cerró los ojos y dejó caer la cabeza hacia atrás. Soltó un mugido que se prolongó hasta volverse grito de horror. En la cima de aquel grito empezó a patalear. Luego se fue apagando y quedó como dormido, tirado boca abajo en el pasto.

Osorio, que se había alejado para que Recio no lo golpeara, pensaba que el parqueadero era bastante amplio y podrían instalarse unos baños portátiles al lado izquierdo; pero la realidad se imponía y le decía a gritos que iba a ser imposible hacer la fiesta allí. Además Recio, inerte, ya empezaba a preocuparle. Puso una mano sobre su hombro. Recio, como un resorte, quedó en pie.

—¿Usted es detergentista o deshidratador?

—¿Qué?

—¡¿Es detergentista o deshidratador?! —preguntó de nuevo Recio, acercando su cara a la de él, escupiéndole cada palabra, mirándolo con ferocidad.

—…Eh, yo…

—No. No me importa ya, je je je —Recio convirtió su risita en carcajada y ésta en arcadas. Vomitó.

Osorio miró hacia el cielo: esa mañana el sol era un resplandor difuminado por la neblina. Miró hacia el quiosco: un par de muchachas, entre ellas la Conejita Playboy, lloraban y se abrazaban, el tipo en pañales daba botes en las inmediaciones. Recio tosió, se limpió unos hilos de babas que le colgaban hasta el piso.

—No me importa porque estamos solos. No hay nadie allá fuera, ¿me entiende? —y señalaba hacia el cielo—. Ya se fueron.

Osorio, a falta de una mejor respuesta, asintió.

—¡Nadie!, ¡naaadieeee!...uhm…nadie…nadie —sus párpados cayeron un poco, sus palabras escalaron la tráquea, se arrastraron por su garganta y salieron muy cansadas—. Esencia de lavanda seis cuarenta y siete, ácido sulfónico, carnaúba, ya no vienen más…ya no.

—Don Óscar.

—¿Eh?... ¿Qué quiere de mí? —su pregunta era una súplica.

—¿Tiene disponible El Rincón Pacífico para el jueves de la próxima semana?

Sí. Sí estaba disponible, o al menos eso dijo antes de gritar en un susurro ante alguna imagen, ante alguna visión; gritó dos veces; su grito no era más que un susurro:

—¡El olor, el olor!

HISTORIA EMPRESARIAL

Deshidratadores, detergentistas y Siervos de Brahma Shinto Ixca

El trato para la séptima casa se cerró en febrero y para la octava a finales de abril de 1982. Como la manzana constaba de dieciséis casas, cuatro de ellas esquineras, oficialmente la empresa era dueña de la mitad de la manzana, así:

Casa Van Buren

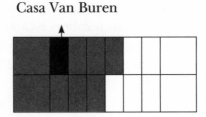

De las nuevas casas sólo quedaron el cascarón y las vigas. En su lugar se construyó el parqueadero para los camiones y los carros particulares. Entre los dueños de carros, motos y bicicletas todo era felicidad, aun a pesar de que tenían que parquear y darle la vuelta a la cuadra para entrar a las oficinas, pues en ese entonces se pensaba que la estructura no aguantaba un solo puente, un solo pasadizo más. El único lunar aún era aquella casa que nunca consiguieron comprar, enquistada en la mitad de sus dominios. Pero la vieja Van Buren, además de intransigente, ahora estaba desaparecida. Un par de meses atrás había amenazado con irse adonde su hijo en México «y dejarles ahí el problema», y al parecer había cumplido. Poco después había muerto don Milciades, y sus hijos habían asumido el mando de una recién conformada Junta Directiva.

Al inicio de 1983, de un día para otro y sin previo aviso, la casa esquinera noroccidental amaneció rodeada por un cerco de láminas de zinc, tablones de madera prensada y alambre de púas. No se podía ver hacia el interior, pero el arribo de mezcladoras, volquetas cargadas de arena y camiones con ladrillos presagiaba una inmensa remodelación; más grande aún que cualquiera de las que La Empresa había realizado. Un pelotón de obreros uniformados de blanco, que no jugaba fútbol a mediodía ni tomaba cerveza en las tiendas del barrio, trabajaba silenciosamente en el lugar. La Junta Directiva pasó rápidamente de la perplejidad a la paranoia ¿Quiénes eran esos tipos?, ¿por qué tanto secreto?, ¿era una estrategia de otra empresa?, ¿pretendían extenderse a otras casas?, ¿por qué rechazaron a los falsos obreros que habían mandado a pedir trabajo en la obra? Tras todo tipo de fallidas investigaciones y meses de construcción, los directivos montaron un telescopio encima del tercer piso que se había añadido en el 73, sobre la antigua oficina de Presidencia, y pusieron a vigilar a uno de los mensajeros, con tan mala suerte que veinte minutos después de su debut el pobre pisó mal y fue a dar al primer piso. Las descripciones que el espía malherido hizo desde la clínica indicaban una contusión cerebral: cúpulas, vitrales, gárgolas, arcos y torres. En junio, sin embargo, algunos elementos que se elevaban sobre el cerco hicieron ver que el muchacho no había alucinado, y en agosto, cuando se abrió el Templo de los Siervos de Brahma Shinto Ixca, confirmaron que el mensajero tenía toda la razón. Los nuevos vecinos, de momento, no parecían problemáticos: entonaban cánticos, saludaban con una ligera reverencia de cabeza y celebraban oficios religiosos dos veces al día; pero de todas maneras el grotesco templo era una amenaza a la hegemonía territorial. Para septiembre, el propietario de la casa aledaña a los parqueaderos y cuyo patio daba a la Planta de Mermeladas, decidió vender. Aunque La Empresa no tenía un destino inmediato para dicho predio, lo compró, pues no quería que los Siervos de Brahma Shinto Ixca ganaran más terreno en la manzana. Ya se le encontraría una función, por ahora lo importante era colonizar.

En enero del 84, un grupo de ejecutivos, químicos y administradores de la Planta de Dulces presentó su propuesta para la nueva casa: una línea de detergentes. Por medio de acuarelas, fotografías, planos de la planta, dibujos a mano alzada y estudios de mercadeo, dieron a conocer sus argumentos a favor: la preparación de detergentes era rentable y sencilla; además, se podrían utilizar para consumo interno, lo que significaba un ahorro considerable en insumos para limpieza de maquinarias, instalaciones y oficinas del resto de La Empresa. Cuando se encendieron las luces hubo aplausos, abrazos, promesas de ascensos y hasta de vinculación a la Junta Directiva. Los proponentes de la Planta de Dulces se paseaban por las instalaciones saboreando su triunfo, sintiéndose ya dueños de la nueva línea, almorzando con los jefes e invitándolos a sus fiestas familiares. Pero su felicidad duró poco, pues a principios de febrero un grupo de la Planta de Mermeladas presentó otra idea: deshidratar alimentos. Apagaron las luces de la Sala de Juntas y proyectaron diapositivas con acuarelas más detalladas, planos más complejos, estudios de mercado que abarcaban otros países y, además, diseño de empaques y logotipos. Su argumento era que las frutas demasiado verdes o maduras para ser utilizadas en mermeladas podrían deshidratarse y venderse como saborizantes; además, algunas partes de frutas que usualmente se desechaban, como semillas o cáscaras, podrían aprovecharse. En marzo los partidarios del detergente demostraron que deshidratar alimentos era siete veces más costoso; los deshidratadores, por su parte, señalaron que el detergente se tendría que almacenar y transportar aparte de los otros productos que fabricaba La Empresa, mientras que los alimentos deshidratados no. En abril, los partidarios del detergente presentaron un estudio acusando a los deshidratadores de inflar las cifras positivas de su informe; el bando contrario denunció que la soda cáustica y el hipoclorito de sodio, necesarios para la fabricación de detergentes, podían causar explosiones, dato que maliciosamente se había omitido en la propuesta rival. En mayo empezó la guerra sucia: una noche, el líder de los detergentes encontró el interior de su Toyota Lancer nuevo —cabina, tanque de gasolina y motor— anegado en mermelada de pera; días después, el líder de los alimentos deshidratados y su pareja fueron víctimas de un inclemente bombardeo de chocoflanitos a la salida de una función de zarzuela en el Teatro Colón. Junio transcurrió en un repliegue táctico mientras los partidarios del detergente hacían proselitismo en la Planta de Dulces y los de los alimentos deshidratados hacían lo propio entre los obreros de la Planta de Mermeladas. En julio se reanudaron los combates: secuestraron a uno de los detergentistas y lo encerraron durante dos horas en los cuartos refrigerados, para abandonarlo luego a su suerte, tiritando y sin poder hablar, en la zona de carga; los deshidratadores se cuidaron la espalda el resto del mes, pero en agosto uno de ellos fue secuestrado y obligado a engullir 312 masmelos antes de desmayarse. En septiembre, a pesar de que el Departamento de Recursos Humanos amenazó con despidos masivos, reprimendas y memorandos, no pudo detener la espiral de violencia que se apoderó de La Empresa, y la *Jornada de la Amistad* que organizaron en Cafalandia terminó en una batalla campal. En noviembre, después de estudiar propuestas y contrapropuestas, por fin, la Junta llegó a una conclusión: La Empresa siempre había fabricado alimentos, por tanto, los detergentes estaban fuera de su jurisdicción. Ese día la Planta de Mermeladas fue todo jolgorio mientras la Planta de Dulces tuvo su jornada más aciaga. El líder de los detergentistas renunció y se convirtió a los Siervos de Brahma Shinto Ixca.

Después de buscar sin éxito en Santiago de Chile, Ciudad de México y Miami, la nueva gerencia de producto compró en Bolonia un horno deshidratador por bandejas de la *Asciu-gatrice Industriale Consonni*, en Munich un molino de martillos fabricado por *Scholz Maschinen zum zerpulvern* y en París unas marmitas para escaldar *Caruel Frigidaires*. Mientras llegaba la maquinaria, empezaron a acondicionar la nueva planta de acuerdo con las medidas y características de cada aparato: en el techo pusieron un domo de vidrio para aprovechar la iluminación solar, instalaron un tanque con capacidad de 250 galones para el ACPM que haría funcionar el horno, una estufa industrial, una banda transportadora y una empacadora de bolsas termoencogibles; también construyeron tres pozos de lavado para desinfectar la materia prima. Pero cuando llegaron los barcos de Europa con el horno, el molino y las marmitas, aún no estaban listas las reparaciones locativas. La Empresa arrendó una bodega en el puerto para guardarlos mientras tanto. En marzo del 85, cuando se concluyeron los arreglos, llegaron las marmitas y el molino de martillos hasta Bogotá; el horno debió quedarse un mes más, pues habían surgido problemas en la aduana. El 8 de abril de 1985, un lunes, llegó por fin el horno a la planta, donde aguardaban el resto de máquinas en silencio, como músicos atentos al arribo de su director de orquesta. La Gerencia de Alimentos Des-hidratados, hasta entonces, tenía una aproximación teórica y obsoleta del proceso industrial; los dibujos a mano alza-da y las perspectivas que constituyeron su convincente pro-puesta no coincidían con los modernos equipos adquiridos. Así, trataron de echarlos a andar basándose en sus exiguos conocimientos del italiano, el alemán y el francés en que es-taban escritos los manuales. El resultado: un corto fundió el termostato del horno deshidratador. Corría el mes de mayo, los directivos estaban desesperados y los partidarios del deter-gente saboreaban una incipiente victoria moral; no se podían dar el lujo de esperar a que llegara un nuevo termostato de Bolonia y lo reemplazaron por uno de fabricación nacional. En el debut del horno, los primerizos técnicos deshidratadores redujeron nueve toneladas de mora a cenizas. Tras el incidente, la planta se detuvo quince días, mientras llegaba esta vez el termostato original. El 17 de junio, el horno se puso de nuevo en *on*, pero esta vez la falla no fue mecánica sino humana. Los ingenieros ignoraban que cada fruta requiere unas temperaturas especiales, no es lo mismo deshidratar moras que mangos, y por ello una tonelada de mangos quedó convertida en piedrecillas lunares. Los partidarios del detergente explotaron la situación y propusieron de nuevo su proyecto, pero la inversión de La Empresa había sido muy alta y no se podía echar atrás antes de dar todas las batallas: el detergente tendría que esperar. A principios de julio, cuando arreciaban las presiones, consiguieron elaborar un volumen considerable de uvas pasas que se aprovecharon en la fabricación de dulces. Ese día los ingenieros trajeron mariachis e hicieron un brindis en la planta. Un segundo lote de uvas pasas logró venderse como insumos para repostería, pero el margen de ganancias fue pequeñísimo. Para completar los males, antes de que se hubiera echado a andar el molino de martillos por primera vez, la Gerencia de Mercadeo descubrió que los saborizantes a base de fruta pulverizada no tenían demanda: «Preferimos los artificiales, son más baratos y rinden más», respondían los posibles compradores. En agosto, después de una reunión a puerta cerrada en la Sala de Juntas, se definió a gritos una nueva estrategia: deshidratar hierbas y verduras para fabricación de condimentos. A la semana siguiente, una tractomula descargó ocho toneladas de espinacas en la bodega de insumos. El personal trabajó dos días deshojándolas y lavándolas. Las espinacas no deben dejarse escurriendo al natural; se necesita sacudirlas en canastillas, pues entre las hojas no circularía el aire caliente del horno y si allí queda agua se sancochan formando pegotes. De las bandejas rotativas salieron 533 coágulos verdes como moldes de lasaña, imposibles de deshidratar o de comer. De ellos, 531 fueron a dar al desagüe, los dos restantes un empleado de la Planta se los vendió a los Siervos de Brahma Shinto Ixca, que al día siguiente sufrieron una devastadora crisis de diarrea y muchos de ellos terminaron en el hospital. En la Planta rodaron cabezas: la mitad de la Gerencia de Deshidratados fue despedida y reemplazada por partidarios del detergente que vendrían a renovar y a hacerse cargo de algunas cosas. Se desataron intrigas palaciegas que retrasaron el acople del nuevo grupo de trabajo, hubo renuncias, chismes y enconados debates que se prolongaron hasta el año siguiente. Mientras tanto el horno, como carro de bomberos que acude a bajar un gatito de un árbol, fabricaba uvas pasas.

El 86 fue un año agitado para los Siervos de Brahma Shinto Ixca. El primero de enero los encontró a 3.100 metros sobre el nivel del mar, en la Peña de Juaica, montaña al norte de la capital donde los iba a recoger la nave nodriza cuando se completaran las Siete Señales. Esa noche y en ese lugar, la energía que envió el gran Brahma Shinto Ixca desde Ganímedes se derramó sobre todos sus siervos e incluso se extiendió hacia la Madre Tierra, que durante el resto del mes rindió constantemente sus frutos. La superproducción de acelgas en la Sabana de Bogotá hizo que el producto se consiguiera a muy buen precio; sin embargo, en la planta deshidratadora dejaron pasar la oportunidad, pues se trataba de un vegetal demasiado parecido a las espinacas. La demanda de ponqués navideños había terminado y el último lote de uvas pasas estaba pudriéndose en bodega, por ello era inexplicable que días después dejaran pasar la bonanza de zanahoria que vino de la frontera con Ecuador. Presidencia mandó un lacónico ultimátum, «O deshidratan o se van». La Gerencia de Deshidratados no vaciló en comprar doce toneladas de tomate milano que llegaron desde el Pacífico. El único tomate que puede deshidratarse con éxito es el tomate chonto o tomate estilo italiano, que es menos jugoso y tiene cáscara más dura que el tomate milano o tomate riñón. El lote completo salió del horno convertido en millones de quebradizos papelitos rojos, traslúcidos como el celofán. Pese a todo, el resultado era pulverizable, lo que constituyó un pequeñísimo alivio en medio de tanto fracaso y, además, la oportunidad de poner en funcionamiento el molino de martillos por primera vez. Se trataba del tan anunciado modelo *Panzer* de la *Sholtz Maschinen*, que en el campo de la pulverización se igualaba al más popular y efectivo carro de combate que participara en la II Guerra Mundial; capaz de pulverizar cargas de dos toneladas en un minuto y con un sistema de reflujo que recoge las partículas en suspensión y las lleva de nuevo al comienzo del proceso, evitando así la saturación del interior; este sistema consiste en un tubo que debe conectarse a un lado de la tolva, el embudo gigante que recoge el producto pulverizado. En la espera, este tubo se había perdido y los ingenieros decidieron tapar el orificio del sistema de reflujo antes de pulverizar. La vibración del molino era tal, que el domo de vidrio se astilló en mil pedazos que cayeron dentro del molino, y por cuenta del tubo perdido poco más de una tonelada de tomate y vidrio pulverizado volaron por los aires formando una nube que tapó el sol y quedó suspendida sobre toda la manzana. Algunos empleados que respiraron polvo de tomate y vidrio terminaron en el hospital. Al día siguiente se atendieron diecisiete pacientes con lesiones oculares. Para los Siervos de Brahma Shinto Ixca no había duda alguna, se trataba de la penúltima Señal, la que marca la entrada de la nave nodriza a la Vía Láctea y el comienzo del fin del mundo: «Vendrá una cegadora niebla roja sobre los Siervos de Brahma, y ellos sabrán que la cita está cerca». Esa semana, los Siervos de Brahma Shinto Ixca hicieron oraciones, ayunaron y purificaron su alma en espera del gran día. Entre el 7 y el 11 de marzo, los Siervos acamparon en la Peña de Juaica otra vez y unieron sus energías mentales para comunicarse con la Gran Protoforma Ígnea; al resto de los mortales se les había dicho que se trataba del Cometa Halley para no sembrar en ellos el pánico. El pastor reveló el mensaje de la Gran Protoforma Ígnea: «el fin de los tiempos está cerca, sólo resta esperar la

Séptima Señal: el dulce olor de la corteza sagrada.» En mayo, fieles a la creencia de que los lugares mueren cuando dejan de habitarse, los Siervos hicieron un ritual en el antejardín de la casa abandonada, bajo la mirada atónita de los oficinistas y los trabajadores de la Planta de Mermeladas. Habían pasado cuatro años desde que la vieja Van Buren partió. La verja exterior se desprendía en escamas de óxido que se llevaba el viento. El robusto ciruelo que florecía en abril y septiembre, ahora era la garra inerte de un monstruo gigante sepultado en el antejardín. Hierbajos musgosos flotaban en los miasmas que rodeaban el tronco. Las ventanas de celosías incompletas daban a un interior sombrío cuyo mobiliario se adivinaba bajo cenicientas sábanas blancas. De allí brotaba un viento fétido que levantaba hojarascas de insectos muertos y mierda de rata. La casa había muerto, las parcas se acercaban al Templo. El primero de julio llegó el Anticristo a Colombia, el resto de los mortales pensó que se trataba de Juan Pablo II, pero los Siervos de Brahma Shinto Ixca no se dejaron engañar y por eso se agruparon en la Catedral Primada, el Templete Eucarístico y el Estadio El Campín para contrarrestar su diabólica influencia. Según el pastor, el Anticristo regresó a Roma vencido por la oposición telepática que los Siervos ejercieron desde la primera fila. Ese año, La Empresa no hizo su usual oferta de comprarles el Templo. Debían de estar mal de plata, pues el hermano Vishnu Tao Inti les contó que estaban desmantelando la Planta de Deshidratados. Dos semanas más tarde uno de los trabajadores de La Empresa interrumpió el servicio matutino y, llamando al hermano Vishnu por su nombre anterior, le dijo «Doctor Recio, autorizaron la Planta de Detergentes, la Junta Directiva me mandó a buscarlo», al hermano Vishnu Tao Inti se le salieron las lágrimas y, sin mirar a nadie, se sacó la túnica y abandonó el Templo para siempre.

···

Aún aturdido por su visita a El Rincón Pacífico, Osorio almorzó sin ganas un triángulo de pizza con coca cola tibia en el Jeno's de Cedritos. Se acercó al mostrador, le sonrió a la señorita que atendía, metió la mano y sacó un manojo de papeles para las bandejas. Por el lado que estaba en blanco dibujó varios mapas con un lapicero de plástico. La cuarta fue la vencida, un mapa bastante esquemático pero muy claro. Luego utilizó otra hoja para hacer la lista de cosas que debían tener tanto los afiches como las invitaciones a la fiesta. Pidió prestadas las páginas amarillas y, mientras tomaba un café y fumaba un cigarrillo, buscó las agencias de viajes. Recio Turismo Limitada le causó escalofríos, Happy Travels y Touréxito le parecieron de falso buen agüero, Viajes Punto de Partida le llamó la atención, La Viajadera de Gus le dio curiosidad y se prometió nunca olvidar que existía una llamada La Tourtuga, pero definitivamente se decidió por Viajes Eskape, que se ajustaba más a la esencia de sus motivaciones.

Condujo sin prisa, haciendo tiempo para que pasara la hora del almuerzo y la oficina estuviera abierta. Viajes Eskape estaba en el barrio El Nogal, en la calle de los anticuarios, frente a un escobo saludable y altanero cuyas ramas amenazaban los cables de energía. Osorio entró y se sentó frente a una gordis chévere y segura de sí misma, ojos verdes y pelo muy liso.

—Buenas tardes, mi nombre es Mónica, ¿en qué puedo servirlo? —preguntó, acomodándose una chaqueta azul muy

estrecha para ella, enderezándose en la silla tras un mostrador que iba de lado a lado.

—Quiero averiguar un viaje al exterior.

—Claro, sí señor, ¿para cuántas personas?

—Mi esposa y yo.

—Cuénteme, señor…

—Osorio, Ricardo Osorio.

—¿Adónde quieren ir, señor Osorio? —preguntó Mónica
mientras tomaba cuatro folletos del mesón que estaba bajo el
mostrador y hacía las veces de escritorio.

—La verdad, lo único claro que tenemos es la fecha.
Sería para el próximo jueves. Pero estamos mirando a ver
para dónde nos vamos.

—El jueves —repitió Mónica justo antes de que timbrara
su celular—. Permítame un momentico —le dijo, haciéndole
una seña con la mano libre.

—¿Aló?, qui'hubo Sebas, qui'habido. En un ratico le tim-
bro, que es que estoy, ay, jé —se dio media vuelta en la silla
giratoria, susurró algunas palabras y mandó un discreto beso,
sonrió, colgó y giró para regresar al tema, seria, pero con una
curvita feliz en los labios.

—Internacional —insistió Osorio.

—¿Tienen visa para Estados Unidos, o la Schengen?

—No, ninguna —al menos él no tenía.

—Entonces… —Mónica hizo una pausa para revisar un lis-
tado amarillento, forrado en plástico transparente— pueden
viajar a Perú, Argentina, Ecuador, Panamá, Brasil…, mejor
dicho: con excepción de Canadá, Estados Unidos, México y
Honduras, pueden irse al país de América que quieran.

—¿No se necesita visa?

—Para unos países, nada; para otros se necesita vacuna de
fiebre amarilla o sarampión; y los que piden visa la entregan
antes del jueves de la próxima semana sin mucho problema.
Nosotros mismos hacemos los trámites. ¿Quiere saber de
otros destinos?

Osorio asintió. Mónica frunció la nariz como una ardilla y continuó:

—Aruba, Curazao, San Martín, Cuba… A Puerto Rico, no.

—Claro.

—Y están los países más lejanos. Pero llegar allá es más caro, depende del presupuesto.

—Eso no es problema.

—Puede solicitar visa para Gran Bretaña, dicen que la comida es muy fea pero que Londres es muy bonita. O Suiza, ¿le gusta la *fondue*?

—Pues… nunca he estado allí.

—Es delicioso. ¿Qué tal Polonia? Chopin, Roman Polanski, Juan Pablo II… Hay buena vida cultural por allá.

Osorio permaneció en silencio.

—También podría viajar a Tailandia: la comida es, uhm, muy buena. O Taiwan. El Líbano no pone mucho problema, pero hay mucha gente. Egipto o Irán son otra posibilidad, pero el Medio Oriente anda muy peligroso en estos tiempos, ¿no le parece?

—Ya —asintió Osorio—, pues, lo voy a consultar y cuando decidamos le cuento. ¿A España se puede?

Timbró el teléfono que estaba junto a los folletos. Le hizo una nueva seña a Osorio y contestó:

—¿Viajes Eskape, buenas tardes? Ah, hola —sonrisa—. Ja, mijito, ¡ya quisiera! —se reía Mónica—. No, mentiras, un beso, nos vemos ahorita, chao —se giró en la silla—. No, para España la cosa se demora como dos o tres meses. Aquí está la lista de destinos desde mañana hasta el jueves siguiente —le extendió dos fotocopias grapadas—. Tienen que decidirse rápido porque se van llenando los vuelos —le advirtió Mónica.

—Lo sé. Sí. Apenas tenga el dato la llamo o venimos. Chao, gracias.

Mónica le hizo *adiosito* con la mano.

Veinte cuadras al sur dejó su carro parqueado en una gasolinera y cruzó la Avenida Séptima hacia el andén que da a los cerros. Pídeme Pendón (ganó por cara y sello, pues estaba empatado en las páginas amarillas con Vallas Bellas) funcionaba en el centro de un edificio que tenía a lado y lado un bar de rancheras y otro de rock. Tenía un letrero tosco, de metal, sobre una puerta abierta y resguardada por nadie. El primer piso no existía, el segundo era un descansillo grande sin puertas, en el tercero estaba el taller, una terraza con tejas plásticas casi del mismo material que las botellas verdes de cerveza que estaban por ahí tiradas. Tres tipos trabajaban con tapabocas, el piso era de todos los colores que ofrece el catálogo de pinturas nacionales, como un arcoiris de pacotilla. El aire estaba cargado de olor a solvente.

Un tipo gordo, con pliegues de carne deformándole una camiseta verde anegada en sudor, lo invitó a tomar asiento en una silla plástica tras un escritorio de fórmica vinotinto. Le mostró diferentes estilos de letra y tamaños. Osorio le dijo que, además de los pendones para la fiesta, necesitaba uno especial, aparte. Calculó para ése otras medidas y unas letras fluorescentes. Y un estandarte de madera con pie, para ponerlo en cualquier lado sin necesidad de postes, puntillas ni árboles.

—¿Está seguro de que quiere hacer un pendón que diga eso, patrón? —preguntó el gordo, incrédulo.

—Revise la ortografía en todo caso —respondió Osorio, antes de salir de Pídeme Pendón.

Bajó las escaleras y salió a la Séptima. Siguió caminando hacia la esquina opuesta y entró en una licorera. Compró una cerveza, cruzó la calle y entró al Parque Hippies. Encendió un cigarrillo frente al busto sin nombre que adorna la esquina y mira hacia la Universidad de la Salle. Bajó hasta las bancas. Se sentó de cara a la fuente: un chorro de manguera que emergía de un túmulo de piedras. Abrió la cerveza, sacó su celular, marcó el teléfono de Ángela.

—Hola, mi amor —le dijo.

—Hola lindo, ¿cómo te fue?

—Bien.

—¿Averiguaste?

—Sí. Hay varias opciones.

—Te quiero.

—Quiero verte. Me muero por verte.

—Hoy no puedo, Ricardo.

—Vuélate.

—No puedo —le dio una risa nerviosa, encantadora.

—¿Mañana?

—Claro —respondió, coqueta—. A la misma hora de ayer.

—¿Qué tienes puesto debajo?

—Uhm… La aguamarina, de estrellita.

—¿La tanga?

—Ésa.

—Bandida —le dijo—. Ponte mañana esa misma.

—Ricardo, va a estar sucia —objetó, maliciosa.

—Por eso —le susurró él.

—Hasta mañana. Te amo —clic.

Esperó un rato sentado en la banca. Se quedó inmóvil mientras su alma tiritaba. Bebió en paz su cerveza. Caminó en busca del carro. Aún le faltaba mandar a hacer los volantes, los afiches y las invitaciones en ImpresionArte, no muy lejos de ahí.

. . .

Qui'hubo mi vida. Besito, *chuic*. A ver cómo seguiste de la cara... uy, muuucho mejor, ya en dos días no se va a notar... Mira a quién tengo aquí dormidito. ¿No es hermoso nuestro nené?... Dale un besito, así. Shs, no me lo vayas a despertar. Hueles a cerveza, ¿dónde andabas?... Ah... No, no estoy brava contigo. Ven, acompáñame al balcón y te muestro algo... Mira, asómate al bloque C, que del lado derecho hay una casa, mira la antena de televisión que está en el borde de la pared café... ¿Qué hay ahí?... Sí, condones, algún gamín del bloque C los tira desde su balcón. Voy a mandar una carta al administrador... Yo sé que ya nos vamos a ir, Ricardo, no soy boba; pero es que bien cara que sale la cuota de administración, y esta gente no hace nada... Espérame, que el niño me está pesando. Cárgalo un momentico mientras yo estiro los brazos... Agárralo bien, que no es una guitarra... Eso. ¿Sabes qué?, le dejaste muy apretados los pañales anoche. Lloraba y lloraba. Se los desabroché y tenía un par de marcas. Eres muy tosco, Ricardo. Ya sabía yo que no podía dejarte hacerlo solo. Además, le echaste una cucharada de más a la leche. Pobrecito, está suelto del estómago. ¡Ya, ya, bebé, no llores! Ven, dámelo. Cuidado con la cabecita. ¡Ya, yaaa, be-bééé!, ya eshtá con la mami, ya eshtá con la maaaami, bebé, ya... Ven, acompáñame a la cuna... Ah, llamó tu hermana, que te ha estado llamando a la oficina y no le contestan. Óyeme, ¿Elsy está de vacaciones?... Que también te marcó al celular esta mañana y estaba en buzón. Yo también te marqué, ¿no viste mi llamada? Te dejó dicho que la llames, que va a estar despierta hasta tarde… Hablé con mi papá, dice que definitivamente deberíamos comprar apartamento para estrenar, que revisáramos los edificios que están vendiendo en planos. Antes de que los construyan son más baratos. El asunto es asegurarse de que sea una constructora seria, averiguar el registro de Cámara y Comercio, porque a mucha gente le ha pasado que se le vuelan con la plata… Mmm… mmm… mmm… mmm… mmm… shht, que lo despiertas. Míralo, cómo se quedó dormidito… Ven, pasito, apaga la luz. Espera, espera, prende otra vez… Es que me pareció que había olido a vómito, y me da miedo porque hay historias de bebés que se han ahogado por eso… Ah, eres tú, ¿qué estuviste haciendo?

· · ·

Se hizo el dormido para no llamar a Mireya. Velaron su insomnio las incertidumbres y certezas que se habían galvanizado en él durante las anteriores cuarenta y ocho horas. En el grupo de las primeras estaba adónde iba a terminar viviendo; en el de las segundas, que su corazón latía al compás de otra mujer y que igual no le importaba ser un extranjero en cualquier punto del planeta si ya lo era en aquella cama. A las cuatro y doce salió a fumarse un cigarrillo a la terraza. El tipo que había tirado los condones a la antena de televisión tenía buen sentido del humor, buena puntería y seguramente una vida sexual hogareña más agitada que la suya. Le cayó bien.

Hubo un tiempo en que María Teresa y él eran felices. Durante los primeros años sintió que la amaba, pero ahora ese amor era un fruto seco. Acercó la llama al cigarrillo y le dio dos pitadas, como encendiendo una pira sobre el cadáver de aquel sentimiento. Una brisa rasposa le llegó hasta los huesos. Qué mierda de frío. Le iba a decir Ángela que buscaran un sitio más caliente; una playa, por ejemplo. Echó una ojeada a la avenida moribunda y al multifamiliar de mediocre arquitectura que quedaba del otro lado, con ropa colgando en las terrazas y remates ennegrecidos por el smog. Pensó en Ángela, se acordó de una vez que ella lo había llamado inusualmente un sábado a las dos de la tarde. Ellos sólo hablaban entre semana.

Jorge Abel había salido y regresaría a las siete de la noche, le dijo ella, y le preguntó si podían verse; estaba en el carro, lo podría recoger. Osorio le dijo a María Teresa que saldría a caminar. En la esquina de la casa descubrió que su teléfono se había quedado sin batería. No tenía nada en la billetera, tuvo que caminar hasta la gasolinera para sacar plata en el cajero automático y llamar. No, ahí no había teléfono público. El de la esquina que le indicaron funcionaba con monedas, él había comprado una tarjeta. Se devolvió a la gasolinera y compró unos cigarrillos para cambiar el billete. Volvió al teléfono y descubrió que la alcancía estaba tapada. Desesperado, se metió en el barrio para buscar una tienda con teléfono de pared. Después de dar vueltas en redondo sin ninguna suerte, por fin encontró uno en una panadería. Había pasado casi una hora. Ángela estaba de nuevo en su casa. Le contestó con voz como de dejar las cosas así, pero aun le preguntó qué horas eran. Él le respondió que las tres y cuarto de la tarde, ella le dijo que igual podía salir otra vez y recogerlo, que tenían el tiempo justo para ir al Motel Eldorado y volver. Eso hicieron. Osorio calculó que a partir de ese día se había empezado a enamorar. Ahora vivía estos días anteriores al viaje con la misma ansiedad de aquella tarde sin teléfonos.

Tiró la colilla, se arregló y manejó hacia La Empresa mientras rompía el alba. Desde el lunes, más o menos a la misma hora, Giraldo lo miraba con temor. Osorio, con el mismo espíritu que lo motivaba a coquetearle a Elsy o a negarle el aumento a Fonseca, decidió alimentarle el mito de su peligrosidad. Dio una curva abierta al entrar al parqueadero y rozó por milímetros la cabina de vigilancia a una velocidad que no parecía la de alguien dispuesto a estacionarse. Al otro lado del vidrio, pudo ver a Giraldo llevar los brazos adelante, en un acto reflejo de protección. Cuando lo encaró, antes de tomar las escaleras, aún estaba lívido. Osorio desorbitó los ojos, se llenó de tics, masticó el aire con cierta violencia mientras lo saludaba, luego tomó las escaleras.

No tenía muy claro qué había ido a hacer a La Empresa de nuevo a esas horas. Pero en él, que tenía sus momentos de inspiración, se cerró una idea como un puño. Una buena idea. Sonrió. Continuó subiendo con mayor seguridad hasta el techo. Durante los últimos días sólo había transitado entre el parqueadero y la Planta de Dulces; el camino, sin embargo, continuaba hacia el lado contrario y sufría ramificaciones: a la izquierda, por ejemplo, había un desvío más estrecho que iba a dar a un hoyo redondo delimitado por un barandal y cruzado por un tubo de bomberos.

Por allí se deslizó Osorio hasta un vestíbulo con tres puertas, una para el Templo de la Limpieza, otra para la Planta de Detergentes y la tercera para una salita frente a la Gerencia Financiera. La puerta de esa sala suele permanecer sin llave, pues tiene una puerta del otro lado que conduce al Departamento Jurídico donde, como Osorio previó, aún no había un alma. Entró por la ventana que habían abierto para que no se recalentara la fotocopiadora. Fue al cubículo de Fonseca y tomó la manija del primer cajón, nada, el segundo, nada, el tercero abrió. Osorio se bajó los pantalones, se sentó en el borde del cajón abierto y relajó su esfínter. Después de comprobar la envergadura y el fuselaje de sus detritus, se limpió con la certificación de la Oficina Antinarcóticos, un trámite complicadísimo en un país donde cualquiera que maneje ácidos puede ser narcotraficante. Utilizó cada una de las nueve páginas de la certificación. Luego cerró el cajón, se subió los pantalones, y salió muy orondo por la puerta principal del despacho hacia las bodegas de la Planta de Dulces, y de ahí al sistema de túneles, hasta el pasillo por donde se acercó como un gato. Desde el umbral podía percibirse una minúscula aguja de sonido que se hundía en el aire desde el vestíbulo. Unos pasos más adelante ya se develaba un compás. A mitad de camino ya se percibían los matices de altos y bajos. Un poco más cerca se discernían los vientos de un danzón. En el trayecto oscuro hacia la penúltima bombilla, Osorio pateó una pirámide de latas que se recostaba endeble contra la pared. Después del estruendo, se apagó la música y se oyó el chirrido y el golpe de una puerta cerrándose. Todo quedó en silencio. El factor sorpresa había sido contrarrestado.

—¡La próxima vez me cago acá, ¿oíste?! —amenazó Osorio.

El Departamento de Recursos Humanos, y en particular su despacho, apestaba a carne descompuesta. Era un olor que apenas permitía escuchar el tic tac del reloj. Osorio abrió el ventanuco que estaba sobre el archivador, abrió la puerta de la oficina, abrió y cerró la puerta del pasillo varias veces para ventear hacia dentro. Un puñado de moscas trazaba garabatos en el aire. Buscó la paloma muerta encima del escritorio de Elsy, pero ésta había desaparecido. Tampoco estaba en la caneca de basura ni entre el estropicio que habían dejado los magos. Además, era imposible rastrearla, pues el olor lo inundaba todo. El mago Belfegor, que había sido el último en salir de la oficina, se había vengado.

Elsy siempre se había encargado de avisarle a las muchachas de limpieza que vinieran. Osorio no tenía idea de cuál era el número para llamarlas ni tenía ánimo para ir en su búsqueda. Respiró el aire malsano del despacho durante horas, hasta que se acostumbró a él. Entre las 8:53 y las 9:33 llegaron los de las empresas de recreación. Osorio los hizo pasar de a uno en uno. Los vio padecer los rigores de la cadaverina, azogarse a medida que pasaban los minutos, palidecer, reprimir las náuseas. Recostó el escritorio de Elsy contra la pared y los hizo simular juegos de recreación, recitar, cantar rondas y hacer piruetas en el espacio frente a su escritorio. Contrató al que pareció más resistente, de tripas más firmes.

Almorzó en el restaurante de La Empresa. Martha Yaneth, cuando le estaba sirviendo comida en la bandeja, le dijo «Ojalá le haga daño, doctor». Osorio le respondió que tranquila, que verla ya le había quitado el apetito. Al otro lado del comedor, Fonseca almorzaba con una ejecutiva del Departamento Financiero. Se le veía bastante amargado. Osorio estaba divertido. Cuando fue a dejar su bandeja, pasó al lado de la mesa de Fonseca sólo para verle la cara. A las tres de la tarde salió a su encuentro con Ángela.

Se había puesto la tanga aguamarina, no se había bañado. Osorio aspiró el bouquet de madreselva, brisa marina, vinagre y miel que emanaba de su sexo y empezó a saborearlo con la punta de la lengua, por el borde hasta el vértice y de vuelta por la otra orilla, y en el centro, como asediándolo. Le acarició el vientre y los pezones mientras cobijaba con su boca esa otra boca donde sintió el clítoris desperezarse. Ángela gimoteó suavemente, lo agarró del pelo, le dijo «¡así, así!», abrió las piernas y se dejó hacer hasta venirse unos minutos más tarde.

Luego, tirados en la cama, mirándose entre sí y a sí mismos en el espejo de techo, hablaron sobre las opciones que le habían dado a Osorio en Viajes Eskape. Esta vez la decisión no tuvo momentos lúdicos ni humorísticos, acaso un tinte de ensoñación. En Costa Rica vivía la prima de Ángela, una prima de confianza, amigas desde niñas, pero con la que no hablaba desde hacía algunos años. Ángela le pondría un correo electrónico pidiéndole que los ayudara durante al menos dos semanas a instalarse. «Bueno, eso sería una ventaja», admitió Osorio, y propuso además Buenos Aires. Quedaron en que, si la prima de Ángela contestaba el mail y se mostraba dispuesta, entonces viajarían a San José. Si era al contrario, Buenos Aires. Celebraron haciendo el amor.

Cuando Osorio se aproximaba a su oficina, encontró que junto a la puerta lo esperaba Fonseca con el Gerente Financiero, el Gerente Jurídico y tres miembros de la Junta Directiva.

—Qué bueno que llegó, doctor Osorio, lo estábamos esperando —se adelantó Fonseca, con mal contenida indignación.

—Fonseca, ¿dígame qué se le ofrece? —respondió Osorio, mirando a la corte que estaba detrás.

Fonseca levantó una bolsa plástica en la que había un amasijo de hojas membreteadas y llenas de sellos, embarradas de mierda. La mano le temblaba.

—Pues quería que habláramos de esto.

El documento, aun a pesar de la bolsa, apestaba. Osorio se abrió paso hasta la puerta. Cuando metió la llave en la cerradura y abrió, el hedor de la paloma muerta, escondida en algún lugar del despacho por Belfegor, se desperdigó por el pasillo.

—Quizá, entonces, usted podría explicarme esto, Fonseca.

Osorio, para cubrirse de toda culpa, dijo «Anoche no vine a trabajar, esta mañana me encontré la oficina oliendo así». Beltrán, uno de la junta que estaba entre los presentes, dijo a Fonseca que tenía que aceptar que ambos habían sido víctimas de un tercero. «Manuel, creo le debe una disculpa a Osorio, fíjese que usted estaba convencido de que era él.» Fonseca dijo que aún estaba convencido y se retiró muy enojado. Se dispersó el tumulto a las puertas de su oficina, todos se fueron sin atreverse a entrar. Osorio echó una mirada a su despacho. El computador de Elsy estaba apilado contra la pared como un robot desmembrado. El teléfono era una barca a la deriva en el mar ocre de alfombra. En la esquina, la marca horizontal del escritorio de Elsy, recostado durante años contra la pared. Abrió su despacho. Los recreadores habían dispersado la basura de los magos. La cantidad de moscas se había duplicado, el olor también. El reloj era una pica de minero desgajando la piedra del tiempo y los pensamientos de Osorio, que se preguntaba por qué seguía luchando por hacer la fiesta *tic* si me voy a largar en una semana de este trabajo *tac* de esta vida *tic* y no voy a tener que lidiar con imbéciles como Fonseca *tac* ni lunáticos como Recio *tic* ni secretarias enamoradas como Elsy *tac* ni magos vengativos *tic* ni recreadores *tac* ni María Teresa *tic* ni palomas muer*tac*. A propósi*tic*, cómo apes*tac*…

Sacó la lista de tareas pendientes, que ya se parecía en todo a un billete gastado e indiscernible, y marcó un número desde el teléfono de Elsy.

—¿Aló? —contestó una niña.

—Estoy buscando a Belfegor.

—¡Paaapiii, teléfonooo!

Osorio esperó, ansioso.

—Aló —masculló el mago.

—Qui'hubo, Belfegor, quiero decirle que últimamente estoy bajo mucha presión, no sabe cuánta, entonces —dijo, muy diplomático, antes de tomar aire y reventarle los tímpanos—: ¡...dígame dónde escondió la puta paloma, o voy a ir adondequiera que esté y le rompo la trompa!

Del otro lado de la línea, Belfegor lo mandó a comer mierda y cortó la comunicación.

Osorio regresó a su oficina. Arremetió contra el archivador *tic* que fue a dar al suelo *tac* desperdigó todo lo que estaba en los cajones *tic* Deshojó cada fólder *tac* las carpetas terminaron floreadas *tic* tiradas por toda la oficina *tac* Tumbó las cosas que estaban en las repisas *tic* también derribó el escritorio de Elsy *tac* levantó la alfombra de esquina a esquina *tic* y ahí la encontró *tac* bajo un arrume de informes *tic* que se habían venido amontonando en el suelo *tac* en un rincón *tic* Estaba llena de gusanos *tac* una linfa asquerosa le escurría por los bordes *tac* La envolvió en un informe de gestión *tic* y salió de su oficina *tac* llevándose la paloma y el tic tac consigo *tic* a través de los pasillos de La Empresa *tac* el tic tac ahora portátil *tic* que lo acompañó mientras descubría *tac* que estaba organizando la fiesta *tic* porque había algo dentro de él *tac* que no se iba a dejar joder *tic* algo parecido al honor *tac* que lo había mantenido en pie de guerra *tic* le había infundido el coraje para continuar sin Elsy *tac* y le hacía emprender el plan de fuga y la fiesta como dos empeños complementarios *tic* dos puntales de su victoria final *tac* sobre todos los obstáculos *tic* y todos los enemigos *tac* incluido el más misterioso de todos *tic* el que se ocultaba en el pasadizo adonde había llegado *tac* y donde murió el tic tac sin que Osorio se percatara de que había sido mental. Descubrió con cuidado el pecho de la paloma y la embadurnó con todo y gusanos en la puerta. Luego la tiró en la oscuridad y se fue silbando el mismo danzón que había escuchado por la mañana, antes de que la pirámide de latas lo delatara.

En las galerías subterráneas saludó a un trabajador aindiado, trozudo, de bozo incipiente y ojos hundidos que manejaba un montacargas. Era Buelvas.

—¿A qué hora termina su turno?

—En una hora y media, doctor —respondió.

—Cuando salga, encuéntrese conmigo en la fonda de la esquina.

—Allá nos vemos, doctor.

Subió a las oficinas y tomó el puentecito hasta la Casa Dos, entró al baño, se metió en la ducha y abrió la puerta que comunica con la Casa Uno, fue hasta el fondo del corredor, dobló a la derecha y salió a una escalera de metal que lo condujo hasta el tercer piso, donde estaba la oficina de Hugo Lozada, director del Fondo de Empleados.

—Mire nada más, si es el mismísimo Ricardo Osorio en persona. ¿A qué debo el honor? —lo recibió Lozada, atusándose el bigote de mariachi.

—Vengo a arreglar la joda de la huelga —explicó Osorio, dejándose caer en una silla frente al escritorio.

—No es una huelga, es una solicitud de vacaciones.

—No se haga el huevón, Lozada —protestó Osorio.

—Le advierto que tengo cómo paralizar la producción. Nomás cuente las solicitudes de vacaciones que le he mandado —amenazó Lozada, en el más puro estilo sindicalista.

Osorio hizo un chasquido con la boca, meneó la cabeza con reprobación y le dijo, como quien explica algo elemental a un niño:

—No se ponga en ésas, Lozada, porque si se trata de ver quién mea más lejos, no vamos a llegar a ningún lado.

—Borrás y Mercado son incapaces de robar nada. Esa fotocopiadora se la tumbó alguien más, ¿por qué no investiga?

—Mire, yo hasta le creo que no fueron ellos; pero Manuel Fonseca, del Departamento Jurídico, fue el que más insistió en que los despidieran.

—¿Eh? ¿Y qué tiene que ver Fonseca? Cuidado con echarme cuentos, Osorio...

Los argumentos para convencerlo del complot que Fonseca había urdido para echar a los sospechosos eran bastante ramplones, pero qué más daba: Lozada tenía un delirio de persecución que no reparaba en los detalles, sólo en los enemigos.

—Déjeme terminar con lo de la fiesta de aniversario, que ya está encima, y le prometo que el lunes siguiente ya ellos vuelven a trabajar, no importa lo que opine Fonseca —prometió Osorio, convincente.

Cumplidas las intrigas, y pospuesta la amenaza de Lozada, Osorio bajó al segundo piso y salió al balcón que se alarga hasta la ventana de la Oficina de Patentes, a espaldas de Valencia, el director.

—Osorio, ¿cómo le va? ¿Tiene un cadáver escondido en su oficina? Fíjese, hasta tuvimos que cerrar la puerta.

—Ya me deshice de él, pero ahora estoy buscando a mi próxima víctima —contestó Osorio, mientras pasaba a través de la ventana.

—Pues ahí tiene a Molano, que acaba de pasar por aquí buscándolo —intervino uno de los practicantes.

Osorio se acercó a la puerta principal y observó a través de la mirilla. La imagen de Molano, como reflejada en el reverso de una cuchara, estaba del otro lado, llamando a la puerta del Departamento de Recursos Humanos.

—Ah, entonces voy a buscar un hacha y regreso —bromeó Osorio, pero se apresuró a escapar de nuevo por donde había llegado.

Tomó la escalera que está Junto al Departamento de Mercadeo y llegó a las bodegas de la Planta de Mermeladas, y de ahí fue hasta una puerta que da a los casilleros de la Planta de Dulces, en donde tomó un corredor hasta la Casa Cuatro.

Las bodegas de la Casa Cuatro estaban construidas a la medida, y por ello todas y cada una tenían dimensiones particulares. Las había estrechas, en forma de callejón sin salida, otras eran cubos perfectos, otras eran supremamente bajas, como para caminar agachado, y otras tenían techos lejanos con bombillas fundidas desde hacía décadas porque era casi imposible maniobrar bien para meter una escalera. Estas engorrosas diferencias de tamaño hace tiempos eran ventajas de almacenamiento, pues cada bodega se destinó para almacenar un producto diferente y así apilar cajas sin que sobrara un milímetro. Tres o cuatro años después, la producción y el empaque de productos se estandarizó, quedando obsoletas las calculadas proporciones de cada bodega, y la Casa Cuatro convertida en un impredecible y estrambótico panal, pues las bodegas estaban comunicadas entre sí de todas las formas posibles.

Osorio abrió y cerró puertas entre una y otra bodega, hasta dar con Arana, que estaba en una de las bodegas más altas, apilando cajas. Se acercó, de frente, y le dio con la mano abierta en la cara, luego lo tiró al piso y le dio una patadita suave, humilladora nomás.

—Párese, güevón, y arreglamos esta vaina a los puños, que quedó incompleta en la Sala de Juntas. ¿O es que sólo sirve pa' pintar maricadas en las paredes?

Arana se quedó en un rincón, balbuceando que no, que tranquilo, mientras se ponía de pie recostado a la pared. Luego se recompuso y empuñó las manos, pero las mantuvo abajo. Vacilaba. Por primera vez, Osorio reparó en su edad: era casi un niño, mucho más joven que Martha Yaneth. Osorio le hizo un amague, Arana se cubrió. Osorio se echó a reír.

—Lo perdono, chino, porque usted lo que es, es un cagón.

···

La fonda donde lo esperaba Buelvas tenía letreros de sabiduría popular con metáforas aguardienteras y símiles agrarios, paredes forradas en fique y mesas de tabla. Una rocola nueva despachaba melodías arrieras. Osorio entró en mangas de camisa. Había dejado su saco en la oficina cuando se escabulló de Molano, que seguramente había venido a preguntar por las llaves. Fumaba un Belmont con impaciencia, tenía frío. Pidió una ronda de cervezas.

—Buelvas, voy a ir al grano: necesito que me ayude para un trabajito esta noche. ¿Usted tiene confianza con alguno de los transportadores?

—Sí, tengo un par de amigos —respondió Buelvas, intrigado, y le dio un sorbo a su cerveza.

Osorio se gastó cinco rondas de cerveza exponiéndole su plan, minimizando los peligros, hasta que logró convencerlo. «No piense que es un favor para mí, hágalo por La Empresa», dijo Osorio, levantándose. Puso unos billetes de cincuenta en la mesa «Hable con su amigo. Nos vemos mañana, ahí donde acordamos», remató, y fue a buscar su saco.

Cuando llegó a Pídeme Pendón ya anochecía. El gordo le mostró los pendones que decían «Gran fiesta de aniversario», el nombre de La Empresa y los eslóganes de algunos productos.

—¿Y el otro pendón, el del pedestal? —reclamó Osorio.

—Wilson, hágame el favor y trae el otro pendón, el especial —ordenó el gordo a uno de sus ayudantes.

Wilson lo trajo y lo puso frente a ellos.

Los tres se quedaron mirándolo.

—Lo redacté yo mismo —dijo Osorio. Estaba orgulloso.

ALGUNAS PÁGINAS

Desperfectos eléctricos y reparaciones locativas en la literatura contemporánea

...*sul honorario*, de Graham Greene, novela ambientada en una ciudad de Argentina a orillas del Paraná, por ejemplo, se cumple esta característica a cabalidad. En las últimas líneas del primer capítulo, el doctor Plarr le dice a su amigo y rival de ajedrez, el doctor Saavedra:

«Esa maldita ducha. Gotea, gotea, gotea. ¿Por qué no la hace arreglar?»

y Saavedra le contesta:

«¿Qué daño le hace? Es relajante. Me ayuda a dormir. Esa ducha ha estado dañada por seis meses. Esa no es excusa para haber perdido tan fácil».

El goteo de un grifo como algo benéfico, en este caso no relajante sino inspirador, está en *Memorias de un nómada* (*Without Stopping*), de Paul Bowles:

«[la melodía] se me ocurrió una mañana después de preparar un baño y cerrar el agua. Los grifos siguieron goteando y el tema estaba en la sucesión de gotas de agua que caían en la bañera».

Ese sería el preludio para los problemas de plomería que aparecen en su primer viaje al Sahara:

«En Fez, nada más instalarse en su habitación del hotel, el inodoro del cuarto de baño empezó a vomitar todos sus contenidos en el suelo. Le dieron otra habitación. Cuando abrió el grifo del baño, se quedó con él en la mano y el agua llegó hasta la pared de enfrente de la habitación».

Lo que resulta interesante es que, transcurrido un desperfecto de índole fontaneril, ambos autores incluyan subsiguientes problemas y desperfectos eléctricos. En la novela de Greene, durante la última visita de Plarr al apartamento de Savedra, éste se excusa diciéndole:

«Perdóneme por no ofrecerle hielo, pero esta mañana mi nevera se dañó y el electricista todavía no ha venido.»

A su vez, Bowles cuenta que durante su viaje a Marruecos

«el Ampex sólo funcionaba con corriente alterna de 110 voltios y no tenía pilas. Con frecuencia nos encontrábamos con que ni la corriente ni el voltaje nos servían, y teníamos que marcharnos al día siguiente sin haber podido grabar nada».

En la gran literatura anglosajona del siglo XX es muy común encontrar ambos desperfectos, incluso presentados en el mismo orden: primero un problema de plomería y luego otro eléctrico. Basta leer con cuidado las obras de Chatwin y de Hemingway, o las de Kerouac y Burroughs, para hacerse a una idea de la tradición que los ha cobijado…

Quizá la novela pionera haya sido *Yates el fontanero* (*Yates the plumber*), de Paul Burleigh, publicada en 1905:

«"Me va a tener que perdonar, Lord Dunnsany, pero, en esta mínima habitación sólo hallará asiento sobre el radiador" dijo Yates con voz cansina. El noble asintió y miró hacia el rincón con desconfianza. "No se preocupe, está descompuesto desde el otoño pasado", añadió Yates».

Este es un rasgo definitivo del carácter del personaje, pues Yates, que vive de destapar los ductos sanitarios, es incapaz de corregir la calefacción (en ese tiempo no había calefacción eléctrica, por tanto era un problema de fontanería) y, para mayores penurias, la pequeña vitrola, que era su más preciado tesoro, sufre un cortocircuito que incendia el edificio y genera el trágico desenlace.

La trilogía U.S.A., de Dos Passos, sin embargo, va mucho más allá, pues es en ella que se le da un papel protagónico a los desperfectos eléctricos. Un pasaje representativo se halla en *Paralelo 42* (1930), el primer volumen de la trilogía; se trata del capítulo titulado «El mago de la electricidad». Son cuatro páginas muy intensas donde el autor narra la vida de Tomás Alva Edison. En la época más desesperada de su existencia, al aún desconocido inventor le sucede el milagro:

«Edison, sin dinero, sin trabajo y sin techo, se había pasado el día dando vueltas por la oficina central y charlando con los operadores cuando, en medio de un día agitadísimo, el transmisor central se detuvo con una explosión; todo el mundo perdió la cabeza. Edison se coló, reparó la máquina y se alzó con un trabajo de trescientos dólares al mes».

En ese momento triunfal, Edison actúa como un electricista. A lo largo de los tomos siguientes, *1919* (1932) y *El gran dinero* (1936), Dos Passos dejaría de lado los problemas eléctricos y se ocuparía de los desperfectos en el drenado de materiales. Ello se debe a que las fábricas son un paisaje frecuente en U.S.A. (tanto la trilogía como el país). Es importante, además, anotar que el mismo Alva Edison fue el inventor del fonógrafo, el aparato que acabara con la vida de Yates. Se trata, sin duda, de un velado homenaje a Burleigh.

Luego el tema se abordaría de la manera más chabacana y burda, sin la finura y consistencia de los prosistas anteriores, en *El diario del Ron*. Ambientada en San Juan de Puerto Rico a finales de los cincuenta, es quizá el inicio de la decadencia. Cuando el personaje principal llega tarde al periódico, se encuentra al neurótico jefe Lotterman vociferando contra el Moberg:

«—¡Maldito borracho! ¡Tiene los días contados! ¡Como se haya estropeado algo en este teletipo voy a arreglarlo con su liquidación por despido!

(...)

Más tarde supe que a eso de la medianoche había entrado en la redacción, borracho como una cuba, y se había meado encima del teletipo».

Hunter S. Thompson luego se olvida del episodio y nunca cuenta qué pasó. Valga decir que, según el estudio de las características de los teletipos fabricados con anterioridad a 1960, es posible que éste no haya sufrido un corto. Pero no debemos olvidar que, por los orines contener amoníaco y urea, a mediano plazo los mecanismos del teletipo se oxidarían.

El caso latinoamericano:

Sería injusto decir que las novelas latinoamericanas, desde México hasta la Patagonia, no se nutrieron de la tradición anglosajona. Fueron, sin embargo, muy tardías las inclusiones de aparatos eléctricos dañados (1927) y, a diferencia de lo acostumbrado, ya no se contrapuso el electricismo a la fontanería. El fragor de los movimientos sociales latinoamericanos imprimió un giro inesperado al establecer una simbiosis entre la reparación eléctrica y los trabajos de cerrajería.

Pero entremos en materia y analicemos este párrafo de *Un bel morir*.

«El ventilador del camarote estaba descompuesto, a pesar de su aspecto reluciente. Tampoco los instalados en el techo del comedor funcionaban. Sus paralizadas aspas, llenas de adornos de dudoso gusto fin de siglo, constituían una especie de burla cruel para los agobiados comensales quienes, al intentar abrir las ventanas en busca de alguna brisa, se encontraban con la sorpresa de que el complejo picaporte estaba descompuesto, posiblemente desde el instante en que fue colocado».

Es posible que cuando Mutis se refiere al «complejo picaporte» esté aludiendo al sistema de doble pestillo cruzado, que aparece también en un texto de Salvador Garmendia publicado en el único número de la revista *Faro* (Caracas, agosto de 1978). Para entonces, casi todas las ventanas de navío se cerraban con la convencional manija de giro, pero la empresa Yale había…

• • •

Acááá, mi vida, en el cuarto… Mira. Me queda bien, ¿no?,
¿y el color? ¿Te gusta? Había una rosada más clara, pero al
final me gustó esta fucsia. Pasé por un almacén en Galerías y
las encontré baratísimas, son de la colección del año pasado,
pero no se nota, ¿no? ¿Te parece que se me ven mucho los
gorditos debajo de los brazos? Ay, tonto, eso lo dices porque
me quieres, pero la verdad es que me he engordado: mira
nomás por aquí, esta celulitis. ¿Sabes qué talla era yo?... Antes
del embarazo era ocho. Ahora soy doce, qué barbaridad. Y de
brasier subí de 32B a 34A. Si nos sobra plata del apartamento,
me gustaría que compráramos una bicicleta estática. O hasta
una de verdad, si encontramos una casa donde se pueda salir
y pedalear un rato. Además es bueno para la circulación, mira
cómo se me marcan las venas aquí en el tobillo. Pero bueno…
¿Cómo te fue en la oficina? Estás trabajando hasta muy tarde,
pobrecito. El niño está dormido, no vayas a entrar que me lo
despiertas. Ricardo, no seas terco, cierra ya… Pero, ven, no
te quedes ahí, dame un beso. Uy, cepíllate los dientes. Es que
hueles demasiado a cigarrillo y tú sabes que no me gusta. Bah,
para qué tenías que agarrar ese vicio otra vez, si ya lo habías
dejado… Okey, no me meto, pero la boca te huele a cenicero,
¿oíste? Mireya llamó, que no la llamaste ayer, que necesita
hablar contigo. Llámala, no seas mal hermano. Hablando de
llamadas, no hablo con Ángela desde el cumpleaños de Mireya, hoy la llamé y me dijo que estaba ocupada, que me llamaba
luego; pero no ha llamado. ¿Será que está brava por algo? Ah,
no, yo no sé, pero tú sabes que como ella es tan rara…, uno
nunca sabe bien lo que está pensando.

A las tres de la mañana lo despertó un solitario tañido brillante y seco. Abrió los ojos de golpe. Se levantó maquinalmente y fue hasta la sala: un vidrio roto, justo en el ventanal que da a la calle trasera. Llovía, relámpagos parpadeaban en silencio a lo lejos. Osorio, descalzo, se enterró una esquirla. Se asomó con cautela en el ventanal roto, a través de los rayones de lluvia. No había nadie. ¿Qué había sido? Un disparo no, porque habría escuchado la detonacion; además los disparos no dejaban huecos tan grandes. Tal vez una piedra. Caminó en puntas y talones hasta el interruptor y encendió la luz. Había una mancha negra entre la pared y el sofá. Le llegó un hedor familiar. Retiró el sofá y descubrió una paloma muerta. Se asomó de nuevo a la calle. Nadie. Su corazón dio un tropiezo cuando otro golpe en el ventanal soltó una explosión cristalina. Junto a la mesa de centro había caído una piedra. Osorio empezó a gatear por la sala en busca de un lugar seguro, pero se detuvo a mitad de camino cuando reparó en que bajo la mesa de centro no había una piedra sino otra paloma muerta y podrida. El ventanal tenía ahora dos boquetes y amenazaba con venirse abajo. La tercera paloma, como una lanza, le cayó en el centro del pecho, la cuarta llegó casi inmediatamente y con la quinta paloma Osorio abrió los ojos y apagó el despertador. María Teresa farfulló algo y se dio vuelta hacia su lado. Osorio fracasó en su intento de levantarse de la cama sin despertarla.

—Para dónde vas, es la una.

—A fumar.

Sacó ropa, se vistió en el corredor. Bajó al parqueadero del edificio, se montó en el carro y condujo bajo un alud de agua por la carrera 50 hasta un nudo de puentes en la Avenida de las Américas que lo expulsó por la transversal 49 hacia el sur. Dobló a la izquierda y se adentró en el barrio Primavera por una calle despavimentada, paralela al caño de aguas negras que fluye hacia el Occidente y desemboca en el Río Fucha, más allá de la Avenida 68. Las luces de su carro iluminaban el tramo inmediato, las llantas resbalaron en la tierra lavada. Puso la palanca en primera y aceleró hasta retomar el control y avanzar hacia un par de farolas que se prendieron y apagaron dos veces. Parqueó junto al camión y abrió la ventana. Elber Castro le hizo una seña desde dentro de la cabina, Buelvas estaba de copiloto. Osorio apagó el carro. Se bajó y corrió bajo millones de hectolitros hasta refugiarse en la cabina, junto a los otros dos.

Elber lo saludó, entre tímido y cómplice. Era un costeño de mejillas estragadas por un acné carnívoro, cuello largo y orejas salidas.

—Qué bueno que nos va a colaborar —le dijo Osorio—. Buelvas, qui'hubo.

—Aquí esperándolo, doctor.

—Bueno, camine y salimos de eso.

—Cúbrase con esto, doctor —le dijo Elber, entregándole una ruana de plástico con capucha.

—Esperen, ya le doy vuelta al carro y alumbro hacia el parque —dijo Osorio, y descendió del camión.

Las farolas, cuando Osorio apuntó la trompa de su carro hacia allá, mostraron un parque infantil. Cuando el sector industrial se apoderó del barrio, los pobladores habían olvidado llevarse consigo los juegos infantiles, que ahora parecían irónicos, plantados a orillas de un caño maloliente y rodeados de fábricas. Osorio dejó las luces prendidas y salió a las puertas del camión, que ya desenganchaba Buelvas.

—Agarre la de la derecha —coordinó éste.

Las puertas eran muy pesadas, pues tenían un revestimiento de metal que les permitía funcionar como rampas.

—Doctor, me preocupa que está lloviendo y las llantas están gastadas.

—No se vaya a echar p'atrás hermano, ya vinimos hasta aquí, ya intente. Además, con la lluvia la tierra está más floja.

Buelvas subió al camión y bajó al volante del montacargas. Era un Clark GPX40 que La Empresa había adquirido de segunda, con capacidad para 8.000 libras. Buelvas se internó en el parque, incrustó la horquilla en la escalera del pasamanos y lo levantó hasta que sus cimientos salieron con una bola de tierra. Luego dio vuelta e hizo lo mismo con el otro extremo, se bajó del montacargas y corrió hacia Osorio.

Es mejor que lo carguemos entre los dos, doctor, pues con el montacargas es muy difícil —casi gritó, para hacerse oír sobre el aguacero.

Después de arrastrar el pasamanos durante veinte minutos, tuvieron que llamar a Elber. Luego de meterlo en el camión, quizá estaban más mojados de sudor que de agua. El rodadero tomó el doble del tiempo en ser arrancado del suelo, pues se estaba deformando. Los columpios fueron más fáciles.

—Ya entrados en gastos, Buelvas, saquemos las banquitas —dijo Osorio.

A las cuatro de la mañana, el parque era una encía negra a la que habían arrancado los dientes. Por cuenta de las bancas, ya no había espacio para el montacargas. Elber se llevó el camión hasta los garajes de La Empresa mientras Osorio se quedaba para escoltar a Buelvas en su carro. Llegaron de madrugada, pues un montacargas de esos apenas desarrolla 20 kilómetros por hora y, además, fue bastante difícil sacarlo del barrizal.

. . .

—¡¿Está seguro de que yo le dije eso?!

—¿Para qué cree que me quedé aquí casi toda la mañana del miércoles—alegó Osorio, sensato—, si usted me hubiera dicho que no se podía hacer la fiesta aquí, me habría largado inmediatamente a buscar otro sitio, ¿no ve que es en menos de una semana?

Un sol veraniego contrastaba con la lluvia de la noche anterior. Al fondo, en un amplio descampado tras el quiosco, Buelvas y Elber Castro trajinaban con los juegos y las bancas, los movían y examinaban, como buscando la mejor distribución posible. Recio miraba hacia el camión, hacia ellos, hacia Osorio, hacia el cielo, se administraba gotas de valeriana como un asmático lo haría con su inhalador.

—No... no recuerdo, ¡no lo puedo creer! Yo no dije eso. Me acordaría —Recio tenía pánico, estaba desencajado.

—Ya no se puede echar para atrás. Ya imprimí invitaciones, ya mandé a hacer los pendones, ya hablé con los músicos... Entiéndame, señor Recio, ¡sea serio!

—¡¿Y estos columpios, y ese pasamanos, y esas bancas!? —vociferó Recio.

—Son para los niños.

—Yo no quiero eso... —remató, como hablando para sí mismo.

—Tómelos como un regalo.

—¡¿Regalo?! ¿Qué le pareció? ¿Que esto era un club?, éste es un *spa* de relajación y terapia naturista, señor.

184

—Entonces cuando acabe la fiesta nos los llevamos. No es para tanto —dijo Osorio, conciliador.

Recio se zampó de un chorro las gotas restantes de valeriana y tiró el tarro al suelo.

—¡Llévese esos cachivaches de aquí!

—Apenas se termine la fiesta —prometió Osorio.

—Esa maldita Empresa debe ser un karma. ¡Un karma de otra vida!, ¿me entiende? —gritó Recio—. Un karma, esa Empresa es un karma... un karma.

HISTORIA EMPRESARIAL

Una tercera fuerza

El horno Consonni se vendió como chatarra a comienzos del 87, pues nadie en el país estaba interesado en deshidratar. Con él se fue el último símbolo de una etapa que pocos querían recordar, aunque durante años siguió apareciendo polvillo de tomate en cajones, láminas de cielo raso, esquinas de alfombras, interiores de faxes y archivadores. La lección de los años anteriores estaba aprendida y el compromiso era empezar la Planta de Detergentes con la menor inversión y el menor riesgo. En un rincón, sobre un escritorio viejo, Recio instaló una balanza y material volumétrico: pipetas, probetas, vasos de precipitado, erlenmeyers... Allí, en jornadas solitarias y obsesivas, se dedicó a hacer mediciones de espuma, acidez y alcalinidad. Una vez por semana, dos ayudantes revolvían las muestras en barriles de 120 litros y las envasaban en frascos rotulados con porcentajes y siglas. Todos los viernes las muestras se ponían a prueba en la Planta de Dulces, la de Mermeladas, las bodegas y las oficinas, y se llevaban registros de los resultados en cada espacio. Poco a poco, Recio fue afinando las mezclas, descartando unos ingredientes e incorporando otros. El viernes 13 de diciembre, en abierto desafío a los malos agüeros, Recio presentó las formulas finales a la Junta Directiva.

En el 88 La Empresa lanzó tres líneas: los desengrasantes *DFG*, los desinfectantes *Mamut* y los limpiadores *Rex* (algunos ex deshidratadores argumentaron que *Rex* era por *Recio*, y resintieron ese gesto de vanidad). Para ello compraron la casa contigua y la anexaron a la planta, así:

Casa Van Buren

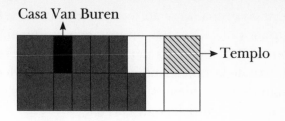

Templo

En ella construyeron bodegas separadas para los insumos que se reducen y los que se oxidan, instalaron mezcladoras industriales y una empacadora automática. Se reconstruyó el segundo piso que habían echado abajo los deshidratadores y allí se montó otro *call center* dedicado exclusivamente al área de limpieza; también se abrieron las nuevas oficinas de la Gerencia de Detergentes, pues en las antiguas el hacinamiento ya llegaba a niveles insoportables. Por otro lado, empezaron las exportaciones de mermelada a Estados Unidos, para lo cual La Empresa abrió oficinas en Miami y compró una bodega en el sector de Fontibón, cerca del aeropuerto. El aniversario se celebró por todo lo alto, pues por primera vez en los últimos años había motivos para festejar.

Al año siguiente, La Empresa se ganó un contrato para *maquilar*, es decir, para fabricar productos a nombre de otra empresa más grande que les proporcionaría los insumos y los empaques. Para ello compró la casa que está entre la Planta de Detergentes y la casa esquinera suroriental. Allí unificaron el sistema de producción, es decir, construyeron bodegas para insumos, productos terminados y empaques. También instalaron un laboratorio de calidad equipado con instrumentos de precisión y un comedor en el segundo piso. Sin embargo, la Secretaría de Salud se negó a expedir la licencia de funcionamiento a menos que se abrieran suficientes ductos de ventilación en la nueva Planta de Detergentes. Temerosa de que a la Secretaría le entraran ganas de revisar en detalle el resto de La Empresa, la Junta Directiva autorizó reformas en toda la estructura. En las bodegas, sótanos, túneles y oficinas de las once casas ocupadas se abrieron 53 ductos de ventilación como gusanos metálicos que atravesaban un inmenso queso de cemento. Pese a ello, las inquisiciones de la Secretaría de Salud acerca de la casa abandonada y su posible efecto en la salubridad de los alimentos tuvieron que acallarse con una millonaria suma por debajo de cuerda.

Una vez aplacadas las reticencias de la Junta Directiva —temerosa de repetir la aventura de los alimentos deshidratados—, la casa esquinera junto al Templo de Brahma Shinto Ixca fue adquirida en marzo del 90. En la Planta de Mermeladas recibieron con la misma sorpresa que en la Planta de Dulces la noticia de la nueva Planta de Ceras para Pisos, pues Recio venía trabajando el proyecto en secreto desde hacía veinte meses. Con ello la Gerencia de Detergentes y Ceras cortó todo vínculo con la Gerencia de Dulces, su antigua aliada, y se reveló como una tercera fuerza en la intrincada política interna. En la nueva planta acondicionaron bodegas para almacenar la cera carnaúba, el varsol, las fragancias y los colorantes; además instalaron una mezcladora de 100 litros, una selladora al calor sobre líquidos y una estufa industrial. A lo largo del año las cifras favorables en ventas y producción tranquilizaron a la Junta Directiva, pero también abrieron ponzoñosas heridas entre los fabricantes de dulces y mermeladas, merced al poder perdido a manos del líder detergentista.

A las 23:58 horas del 10 de marzo del 91, una cuadrilla de seis personas llegó sigilosamente al antejardín de la casa Van Buren. Todas vestían de negro, aunque una de ellas llevaba baletas rosa de tacón mediano. Tenían dos linternas caseras. Tardaron 14 minutos en abrir la ventana exterior con una segueta y 12 más entrando, fue un milagro que no llegara la policía. Adentro, las linternas revelaron una filigrana de telarañas que acortinaba el lugar. Fuera de los conos de luz había aleteos, chillidos, susurro de animales en retirada o repliegue táctico. Estaban muy nerviosos porque más que saboteadores se trataba de un auxiliar de contabilidad, un jefe de mantenimiento, dos vendedores, una secretaria y un operario industrial con ganas de hacer méritos. Pero ya era tarde para echarse atrás, pues en un momento de fervor se habían ofrecido para sellar la alianza entre la Planta de Mermeladas y la Planta de Dulces contra el enemigo común. Apretados, luchando entre sí por no quedarse de últimos, subieron las escaleras en tumulto. En el descansillo tuvieron una pequeña discusión sobre adónde dirigirse, pues nadie quería deambular por la casa más de lo necesario. Al segundo intento encontraron la ventana frente al puentecito. Ninguno se animó a romper el vidrio; abrirla tras ocho años de permanecer cerrada les tomó dos horas. Sin embargo rompieron dos ventanas del primer piso al arrojar la cuerda con el garfio. Ochenta y siete minutos después, tras cinco tandas de cuatro intentos por persona, lo consiguieron enganchar. Cuando el último miembro de la cuadrilla llegó al puentecito eran las cuatro de la mañana. La operación, según los cálculos que habían hecho, ya debía estar terminada. Uno de los vendedores había perdido el zapato derecho, la secretaria se rompió una uña, una de las linternas se había quedado olvidada dentro de la casa y a la otra se le acabaron las baterías, pero al menos ya había pasado lo peor. La puerta en el segundo piso de la Planta de Dulces, como se había acordado, la encontraron abierta, pero la puerta del baño de mujeres estaba cerrada. Trataron de abrirla con las llaves que traía cada uno, las llaves de sus casas, de sus despachos; luego dañaron una tarjeta de crédito, una cédula y dos carnets tratando de levantar el pasador entre el larguero y el marco. El Jefe de Mantenimiento propuso que levantaran la lámina del cielo raso sobre la puerta para que alguien pasara al otro lado del dintel y bajara al baño quitando la lámina de cielo raso que estaba del otro lado. Desocupar un escritorio, trasladarlo junto a la puerta del baño y ponerle encima una silla fue sencillo; desprender las láminas de cielo raso que descubrieron aseguradas con alambre tardó una eternidad.

El operario industrial, por ser el más flaco, se coló dentro del baño y les abrió la puerta. Luego de dejar el escritorio como lo habían encontrado y poner de nuevo las láminas en el techo, se enzarzaron en otra trifulca, pues los representantes de la Planta de Mermeladas querían abortar la misión mientras los de la Planta de Dulces alegaron que ya llegados a ese punto era mejor seguir adelante. La moneda al aire con que dirimieron el asunto cayó a favor de continuar. En el baño de mujeres tuvieron que esperar a que la secretaria orinara y el auxiliar de contabilidad, presa de los nervios, hiciera del cuerpo; luego abrieron el ventanuco que estaba en el tercer retrete y treparon por él. Salieron al tejado del parqueadero cuando ya empezaba a clarear. Continuaron sobre la Planta de Detergentes, treparon al techo de la Planta de Ceras, abrieron la claraboya que estaba junto a la chimenea y bajaron por la escalera de gato que llegaba a las bodegas.

Su misión era prenderle fuego a las reservas de varsol y abandonar el lugar cuanto antes, pero a estas alturas ninguno se sintió tan seguro de sus habilidades escapatorias; además, se escucharon voces en la calle: los primeros empleados del turno de las siete. La secretaria rompió en llanto, el auxiliar de contabilidad se acabó de un trago el botellín de brandy que había traído para celebrar, el Jefe de Mantenimiento se mordió nerviosamente el labio inferior, los vendedores estaban paralizados, el operario buscó la escalera por donde vinieron, pero la puerta de cargue y descargue de mercancías se abrió, poniéndolos al descubierto. Se trataba del encargado de la Bodega de Ceras y un proveedor que traía 170 litros de fragancia de canela en dos toneles. Ambos venían distraídos, conversando, y no esperaban encontrarse con esta desbandada aulladora que los atropelló, los tumbó, los noqueó a linternazos y escapó mientras la fragancia de canela, tan concentrada que debía utilizarse en proporciones de uno a trescientos, escapaba de los toneles caídos y se regaba por los andenes, la calle y el sardinel. El bodeguero y el proveedor despertaron a 19 cuadras, en el Hospital de Occidente, y no recordaban nada.

El Departamento Jurídico tuvo que hacerle frente a varias demandas por cuenta de los dulces, penetrantes y siniestros efluvios que se propagaban desde la Planta de Detergentes. En los pasillos, las maquinarias, las bodegas y oficinas de toda La Empresa el personal estaba muy amargado por el olor, excepto, tal vez, tres empleados de la Planta de Mermeladas y tres de la de Dulces que recibieron un misterioso pero indetectable aumento de sueldo. Pese a las sospechas, la identidad de los autores era un misterio y las Gerencias se dedicaron sistemáticamente a negar los argumentos en contra. Además, la Gerencia de Mermeladas y la de Dulces tenían a favor que la Gerencia de Detergentes y Ceras pasaba por un momento de debilidad, pues Óscar Recio, su líder, estaba de vacaciones en el Archipiélago de San Andrés y Providencia. Los Siervos de Brahma Shinto Ixca estaban felices, pues por fin había aparecido la séptima y última señal: el olor de la *hre* o corteza sagrada, aquella que la Gran Protoforma Ígnea le comunicó al pastor en el 86. «Después vendrá la nave nodriza a la Peña de Juaica y os llevará por fin a Ganímedes, donde viviréis eternamente en la Amalgama Sideral Primigenia, más allá del fin de los tiempos». En La Empresa, la Junta Directiva entró en pánico ante la propuesta de los Siervos de Brahma: «¿Cómo así que nos quieren vender el Templo? ¿Por qué venderlo tan barato, si La Empresa lleva años ofreciendo sumas millonarias por él? ¿Qué se traen entre manos estos tipos?» El pastor, obviamente, les ocultó que los Siervos de Brahma tan sólo necesitaban dinero para instalar un campamento provisional en la Peña de Juaica y que en cuestión de meses se acabaría el mundo: les respondió con evasivas proverbiales. La Junta acudió al Departamento Jurídico, que en ese momento estaba bastante atareado recibiendo demandas de vecinos por el derrame de fragancia de canela y no pudo ocuparse del asunto. Quince días después de la primera reunión, los Siervos enviaron un contrato de compraventa y un ultimátum: «Vamos a abandonar el templo en cinco días. Si no lo compran se va a convertir en otra casa abandonada.» Dos días después, la Junta Directiva supo que estaban hablando en serio porque recogieron las imágenes religiosas y desmontaron el letrero. Al cuarto día, luego de una visita de inspección al estado del edificio, la Junta Directiva cerró el negocio. Una miseria, una bicoca, el inmueble más barato de la historia inmobiliaria nacional. Al día siguiente no había rastro de los Siervos de Brahma Shinto Ixca. La Junta Directiva, aún sin salir de su estupor, desagravió a la Gerencia de Detergentes y Ceras otorgándole el sitio para montar un punto de ventas. Las reparaciones locativas empezaron de inmediato: pusieron estantes, mostradores y cajas registradoras en los antiguos altares y sitios de oración, a las gárgolas les encajaron entre las garras tarros de cera y cajas de limpiadores, en la cúpula pusieron un letrero que decía «Templo de la limpieza».

De los Siervos de Brahma Shinto Ixca no se volvieron a tener noticias por ahí. Óscar Recio regresó de su viaje el domingo (no había dejado dicho adónde iba a ir, quería desconectarse de todo; de hecho, en Providencia, isla de rastas, había descubierto la marihuana) y a la mañana del lunes encontró su antiguo templo convertido en supermercado. Renunció irrevocablemente y se fue tras los Siervos de Brahma Shinto Ixca, quienes, según dijo antes de partir, estarían en una gruta de muy difícil acceso, en las cumbres más ariscas de la Peña de Juaica. La fragancia de canela, aunque tenue, permaneció hasta las lluvias de octubre.

* * *

Osorio regresó a La Empresa casi al mediodía. En el teléfono de Ángela había contestado el buzón durante la mañana y Osorio estaba un poco encabronado. Sabiendo que sería imposible entrar con el estandarte por la ruta usual entre el parqueadero y la Planta de Dulces, cargó con él alrededor de La Empresa, bajo el sol, hasta la puerta del Templo de la Limpieza. Cruzó los mostradores hacia el fondo, subió al segundo piso y siguió de largo por el *call center* hasta el restaurante. Se sentó a descansar en el comedor, que aún estaba vacío. Martha Yaneth lo miró con odio mientras apilaba unas bandejas. Osorio le tiró un beso, cargó el estandarte y pasó a través del Área Administrativa de Mermeladas hasta dar con el puentecito. La base pesaba al menos treinta kilos, Osorio se detuvo allí para retomar el aliento.

—Cómo le va, doctor —lo saludó Urrea, del Departamento Técnico.

—Aquí, cargando mi cruz —respondió Osorio, señalándole el estandarte aún sin pendón.

—¿Y al fin cuándo va a ser la fiesta?

—El próximo jueves

—Yo veré —le dijo Urrea, sonriente, y continuó.

Osorio se fumó un cigarrillo mirando hacia la polvorienta fachada de la casa desierta, tiró la colilla hacia el patio y continuó hasta las oficinas de la Planta de Dulces, bajó a las máquinas, se internó en los túneles y llegó a través del pasadizo hasta territorio enemigo. El hedor de la paloma se había disimulado bastante. Los restregones habían desaparecido de la puerta, que ahora estaba reluciente. Osorio, procurando no hacer ruido, puso el estandarte, sacó del bolsillo interior de su chaqueta el pendón y lo extendió. Decía «Seguro que tu mamá habría cambiado su embarazo por una gonorrea». Osorio se sentía como un poeta que hubiera compuesto un soneto perfecto.

Caminó hasta su despacho acosado por el timbre de su teléfono. Mireya lo estaba llamando una vez más. Osorio no tenía valor ni ganas de enfrentarla, ni siquiera se había atrevido a escuchar los mensajes de ella que estaban desde el lunes en su buzón. ¿Estaría Ángela haciendo lo mismo con él? Marcó una vez más. «Hola, este es el celular de Ángela…», el ánimo de Osorio se fue apagando a medida que escuchaba aquel saludo impersonal, dirigido a todos y a nadie. No dejó mensajes. El Departamento de Recursos Humanos era un escenario vandálico. Osorio había dejado las ventanas abiertas para que el sitio se ventilara y sí, olía menos, pero el aguacero de la noche anterior había mojado la alfombra. Los papeles del archivador que habían quedado cerca estaban empapados. El teléfono de Elsy estaba repicando. Osorio contestó.

—Hola Ricardo —era su hermana.

—Mireya…

—Te he estado buscando.

—Sí, pero es que ahora estoy en una reunión.

—Ricardo, ¿qué estás haciendo? —le dijo ella, en ese tono de hermana mayor que Osorio no soportaba.

—Estoy en una reunión.

—No me refiero a eso. Tú bien sabes que…

—Ahora no puedo, en serio —insistió Osorio.

—Okey, entonces llámame cuando se te dé la gana —clic.

Osorio entró en su despacho. Se sentó sobre el archivador derrumbado. El paisaje del reloj, tórrido y glacial al mismo tiempo, parecía más real que el desorden maloliente de aquel lugar. El tic tac proseguía, inmutable. Osorio salió a la antesala, acercó el sofá, tomó el teléfono y marcó a la casa de Elsy.

—¿Ahó?

—¿Elsy?

—Ahdá habaaah beh diligshtssssgrrrr —la frase, o lo que fuera, terminó en una especie de gargarismo.

—Elsy, por favor —insistió Osorio.

—Ah ha jajajáhajaaaha —era una especie de risa, o amago de tos, o motor que se ahoga antes de encender.

Osorio se disponía a colgar, pero la voz de Elsy a lo lejos dijo «Mamá, cuántas veces le he dicho que me deje contestar a mí... Venga, deme el teléfono... ¿Aló?»

—Elsy, soy yo.

—Ah, ¿cómo está, doctor? —no parecía muy contenta.

—Pues ahí será, bien —respondió Osorio por salir del paso—. Elsy, ya fue suficiente, ¿no?, ¿cuándo piensa volver? —preguntó.

—Voy a colgar, doctor.

—Elsy, no, espere... —clic.

Osorio marcó una vez más. Elsy dejó que contestara su mamá. Osorio lidió con sus gemidos, pequeños aullidos y abortos de frases antes de darse por vencido y cortar la comunicación. La puerta se abrió. Justo lo que faltaba: Molano.

—Doctor Osorio, qué bueno que lo encuentro —dijo con alivio, luego miró alrededor, extrañado por el caos que gobernaba todo cuanto había dentro, incluido Osorio—. ¿Le pasa algo?

Miró a los ojos acuosos de Molano, los cachetes redondos y la arquitectura gelatinosa de su cuerpo durante varios tic tacs.

—Eh..., bueno, de todas maneras yo venía a recoger las llaves, doctor —dijo Molano, un poco cortado.

—Las tengo en el carro, ahorita voy y se las llevo.

—¿Y se puede saber para qué las necesitaba?

Osorio estaba irritable. No le gustó el tonito de la pregunta.

—Pues para hacer un robo bien grande —contestó, muy solemne.

—Doctor, déjese de chistes —Molano estaba nervioso—. Mire, de verdad, usted me está metiendo en un problema.

Osorio sintió que en su estómago se compactaba una masa de bilis y rabia, una masa que se regó por todo su cuerpo y explotó en la garganta:

—Molano, váyase a la mierda —dijo, muy cortés.

—¡Sí, me voy a ir, pero sepa que me voy a quejar por escrito a la Junta Directiva, sí señor, aunque me cueste el puesto! —dijo Molano con furia de bobo, y se fue dando un portazo.

«Mireya, Elsy, Molano... Se les está volviendo costumbre», se dijo Osorio, y como el coleccionista de desplantes en que se había convertido, marcó a la oficina de Ángela.

—¿Aló?

—Te he estado llamando —reclamó Osorio.

—Lindo, ¿cómo te fue? —por el «lindo» y el tono de voz, aquella frase estaba hecha para poner al diablo en persona a comer de su mano. Pero Osorio esa mañana necesitaba un poco más que eso:

—¿Por qué no has contestado?

—¿Me llamaste?, estaba en una reunión. Acabo de salir. Todavía tengo apagado el teléfono.

—¿Qué tienes? —preguntó él, desconfiado.

—Nada.

—Mentira, estás rara.

—Me respondió mi prima.

—¿Y?

—Que ella no se quiere meter en eso, que qué va a decir la familia, que si ya lo pensé bien, que no fuera a hacer una locura, que si esto, que si lo otro...

—Entonces nos vamos para Buenos Aires —dijo Osorio al fin, después de un silencio que fue llenado por el tic tac del reloj.

—…sí —no sonaba muy convencida.

—Pero, ¿«sí» o «**SÍ**»?

—**SÍ**. Nos vamos para Buenos Aires.

—Te amo.

—Yo también.

—Veámonos.

—No puedo.

—¿Cuándo?

—El lunes, a la hora del almuerzo.

—Mañana. Sácale una excusa a Jorge Abel.

—No puedo, no podemos despertar sospechas. Ya casi me vas a tener para ti solito… Mira Ricardo, tengo que colgar.

—Pero, ¿todo está bien?

—Todo bien. Hablamos luego.

—Te amo.

—Yo también. Chao.

—Dímelo —rogó Osorio.

—Te amo. Chao —clic.

Llamó a Viajes Eskape para reservar el vuelo a Buenos Aires y preguntar por las visas, la gordita que lo había atendido se acordó de él. Le pidió una certificación laboral y fotocopias de cédula y pasaporte; cuando Osorio le preguntó si podía hacer la certificación él mismo, dado que él era el Jefe de Recursos Humanos, ella le contestó que no, que necesitaba una de sus jefes inmediatos. Con la excusa de aquellos requisitos llamó una vez más a Ángela, pero tuvo que dejarle mensaje en el buzón.

Nadie se atrevió a penetrar en la burbuja de amargura que lo rodeaba, y por eso almorzó solo en el comedor de La Empresa. Marta Yaneth lo atendió con estudiada displicencia y, muy seguramente a propósito, le puso en el plato un pedazo de carne lleno de gordos y ñervos. Al llevar la bandeja se acercó y le dijo en un cariñoso susurro «¿Si te echan de aquí quién te va a mantener? ¿El poeta?», y se fue, muy tieso y muy majo.

Cuando regresó a su oficina se encontró con cuatro personas en la antesala. Traían estuches negros de diferentes formas, uno de ellos tenía un par de congas sobre las piernas.

—¿Doctor Osorio?, cómo está, nosotros somos Ritmo Candela.

El de las congas le ayudó a mover el escritorio de Elsy y a levantar el archivador caído. Osorio se excusó por el olor y abrió campo en el piso barriendo las carpetas y la basura con el pie. Luego entraron los demás con el teclado, la guitarra y la trompeta. Quedaron muy estrechos, parecían estibados para que cupieran. Interpretaron un popurrí de merengues y cumbias desconocidas, esforzándose para no darse codazos entre sí.

—¿Y por qué no tocan algo conocido, una de Wilfrido, Cali Pachanguero, no sé…?

Cuando le respondieron que ellos sólo interpretaban composiciones propias, Osorio les dijo que gracias, que se largaran, que ojalá no se fueran a morir de hambre. Para ese entonces ya estaban llegando las demás agrupaciones. Los siguientes eran jovencitos, se veían muy poco tropicales, se hacían llamar Pepe Sierra y los circunvalares; tocaron una tonada imposible de bailar y luego otra apropiada para reventarse la cabeza contra las paredes.

—¿Y una salsita, un vallenato, algo así?

—Uy, pues… difícil, porque nosotros somos una banda de funk y ska —respondió uno de ellos, de mechas desflecadas y pedazos de alambre incrustados en la cara.

—¿Cuánto tiempo dura haciéndose ese peinado? —preguntó Osorio, amigable.

—Eh…, pues… no mucho. Ya tengo el pelo acostumbrado —explicó el muchacho con una risita. El de la batería, que tenía unas cabuyas desteñidas pegadas del cráneo, asentía en respaldo de su amigo.

—Ah, es que yo preguntaba lo de la peluquería —dijo Osorio haciéndose el tonto—, porque esa música que tocan, el… ¿qué?

—Funk y ska —precisó el del bajo con pedantería adolescente.

—¡Eso!, el funk y el ska. Esa música es de maricas, ¿no?

—Ey, cuidado —se mosqueó el cantante.

—Esos pelos son de maricones, y esos fierros en la jeta, esos tatuajes también…, ¿no? —remató Osorio con falsa ingenuidad.

Ante los amagos del bajista por irse a los golpes, Osorio pensó en entregarse al combate, hacerse reventar la cabeza a guitarrazos, totearse a los puños con ellos para olvidarse de sí mismo y conjurar la angustia que lo asediaba. Después de un cálculo de fuerzas en el que la ventaja numérica de Pepe Sierra y los circunvalares cedió ante la mirada torva, amenazante de Osorio, salieron echándole madrazos, con altanería desvaída.

El líder de Checho y las Fieras del Caribe era moreno, tenía sonrisa de vendedor, acento costeño con erres borrosas y eses huidizas, pelo enroscado y constantes movimientos de cabeza; parecía reprimiendo las ganas de ponerse a bailar.

—Desde San André de Sotavento, en Córdoba, nos acompaña Luisillo David —presentó Checho a un negro carbón que inclinó la cabeza y azotó dos bongoes—, y desde Camagüey, en Cuba, Roni Santafiera —un guitarrista muy viejo, encorvado, de ojos como aceitunas negras, hizo un pequeño punteo—. Y, desde Tumaco, Sergio Alfonso Indaburo, un servidó —dijo, y se presentó a sí mismo batuqueando unas maracas.

—¿Sólo los tres?

—¿Y pa' qué se necesita má?... Bueno, caballero, ¿qué tipo de pieza quiere que interpretemo? Bolero, merengue, bachata, salsa, vallenato…

Osorio pidió una de cada una. Los ojos del viejo Santafiera se llenaron de fulgores y los dedos de su mano izquierda, como niños jugando rayuela, saltaron alegres por los trastes de la guitarra; todos los ancestros de Luisillo David parecieron comunicarse con él a través del cuero de los bongoes; Checho alternó entre las maracas, la guacharaca, el acordeón y la clave para acompañar su voz, triste en el bolero, burletera en el merengue, meliflua en la bachata y engolada en el vallenato. Osorio casi pudo olvidarse de sus tráfagos durante el concierto. Los contrató y despidió sin oír a Los Querendones y la Chibchan Power.

Poco tiempo después, el teléfono de Elsy lo sacó del trance en que lo había sumido el tic tac: era la secretaria de Presidencia diciéndole que el doctor Aguayo lo esperaba inmediatamente en su oficina. Osorio caminó hasta la Casa Quince con pesadumbre, incapaz de precisar si su derrota definitiva había llegado cuando el enemigo del túnel se apoderó de las llaves de la Casa Cuatro, o cuando perdió la paciencia y le dijo a Molano que se fuera para la mierda. No lo hicieron esperar, Aguayo lo recibió sin cortesía en un escritorio grande como una mesa de billar. Osorio hizo un titubeo que lo dejó oscilando entre sentarse o quedarse de pie a la espera de una invitación para hacerlo. Cuando erguía su cuerpo de nuevo, recibió la señal de sentarse, entonces todo aquello fue un zigzag incómodo, aun ridículo.

—Y, ¿me puede explicar qué significa esto? —dijo Aguayo en un tono de latas retorcidas, agitando una carta en su mano. Carajo, Molano había cumplido.

Osorio, en vista del barullo que se había armado por cuenta de su pesquisa solitaria, decidió explicar sus razones, contarle por qué le había pedido las llaves a Molano y qué había pasado con ellas:

—Pues, doctor, ya que usted lo pregunta, déjeme retomar desde antes, desde el principio de todo este asunto —dijo Osorio, resuelto—. Mi deber como Jefe de Recursos Humanos es estar al tanto de todo lo que pasa con los trabajadores de La Empresa, en qué andan, qué hacen. Pues bien, el caso es que he descubierto que aquí puede haber personas que están fuera de control, que pueden estar obrando a espaldas de nosotros, manejando las cosas por su cuenta, y por eso yo le pedí las llaves.

Aguayo lo miraba con suficiencia, como a un charlatán. A Osorio las frases le salían quebradizas, dubitativas:

—Lo que pasó, doctor —continuó, después de aclararse la garganta—, es que hace unos días yo descubrí que esta persona estaba aislada, no sé muy bien haciendo qué, cuál era su tiempo de trabajo y su tiempo libre, y empecé a hacerle un seguimiento por eso, para velar por los intereses de La Empresa —recalcó Osorio—. El caso es que me encontré...

Justo cuando iba a hacer referencia a su primer encuentro con el extraño, intrigante y advenedizo enemigo de los túneles, la voz de Aguayo cayó como una guillotina:

—Osorio, no empiece con justificaciones estúpidas, Elsy será reservada, seria, fea..., lo que quiera, pero es una de las secretarias más trabajadoras de La Empresa. Si uno necesita algo del Departamento de Recursos Humanos, habla con ella. Ella lo sabe todo, ella resuelve todo. Usted, en cambio, últimamente lo que nos está dando es problemas.

Osorio se detuvo, confundido, acercó la cara a la hoja que reposaba en el escritorio de Aguayo y pudo leer:

...Pero desde el episodio del viernes pasado no puedo seguir trabajando un día más a su lado.

Por eso, apreciado doctor Osorio, le presento hoy mi renuncia formal al cargo de secretaria. Sobra decir que no quiero...

La carta de Elsy.

—Eh, pues..., yo...

—Mire, Osorio, por razones que no se me da la gana de explicarle, e igual a usted no le interesan —dijo Francisco

Aguayo, con impaciencia—, usted *no* puede echar a Elsy así como así. *No*, señor. *No* y no... Primero se va usted, se va inmediatamente, se va como un perro, lo echo a patadas, le hago la vida imposible.

Osorio pensó en la certificación laboral que necesitaba para la visa y le juró que el asunto ya estaba arreglado; dijo que se había tratado de un malentendido pasajero entre él y su secretaria. Aseguró que incluso Elsy pensaba ir el jueves próximo a la fiesta, aunque era bien sabido por todos que ella jamás se había presentado a una fiesta de aniversario desde que La Empresa era empresa.

—Y déjese de pendejadas, Osorio, usted está en ese puesto para que lidie con los patanes de las Plantas y el insufrible de Lozada. Nadie le está pidiendo que se meta a ver qué hacen los empleados en su tiempo libre, o si actúan por su cuenta o no, y menos Elsy. Ahora váyase.

Osorio se puso de pie, tomó aire y le pidió a Aguayo la certificación. Un silencio espeso y pegajoso como jalea se apoderó de la oficina de Presidencia. Francisco Aguayo lo miró con su cara de recién bañado, tamborileó en el escritorio con sus dedos de cirujano, frunció los labios y por fin habló:

—Una de dos, Osorio: usted es un tonto, o es un conchudo —de nuevo el silencio, los ojos de Aguayo clavados en los de Osorio, que no pudo resistir y bajó los suyos—. Pídasela a mi secretaria, yo la firmo para que la recoja el martes —concedió, al fin.

La secretaria de presidencia, cuando Osorio le preguntó si había venido Molano, dijo que sí, que pretendía hablar con el señor Aguayo inmediatamente pero él le había dado una cita para el martes por la mañana. Atravesó la Casa Quince, la Cinco y la Uno, llegó a la Casa Dos y bajó hasta la Oficina de Seguridad donde Molano estaba con uno de sus vigilantes

—Molano, ¿podemos hablar?

—¿Y para qué, doctor? —preguntó éste, desconfiado.

—Ah, no, para nada —respondió Osorio, irónico.

El vigilante, un zambo retaco que tenía ganas de pelear, estaba en guardia.

—Mire, si voy allá y digo que le entregué las llaves de la Casa Cuatro, me voy a meter también en un problema... —explicó Molano, con cierto temor.

—Entonces no diga nada, y listo —respondió Osorio, como solucionando un problema obvio.

—Devuélvamelas.

—No las tengo.

—Ah, eso es otra cosa —advirtió Molano, receloso.

—Pero puedo explicarle... —Osorio estaba humillado, no tenía por qué darle explicaciones a aquel imbécil, pero estaba en juego el resto de su vida.

—No, doctor Osorio, no quiero oír nada. Usted me entrega las llaves y nos olvidamos del asunto. Nunca pasó. Ya.

—Molano...

—No me diga nada. Tiene hasta el martes.

Antes de irse a rumiar su odio en casa, Osorio pasó por el vestíbulo: el pendón estaba hecho jirones, el estandarte estaba roto en el piso. Si existía algún consuelo para ese viernes ponzoñoso era pensar que tal vez él no era el único amargado. No pateó la puerta ni nada, dejaría así las cosas hasta el lunes, cuando viniera a recuperar las llaves.

· · ·

Cómo que «qué te pasa», no te hagas el tonto, Ricardo: esta mañana dejaste unos pegotes de barro en el corredor... Cuando dijiste que ibas a fumar, pensé que nomás ibas al balcón. ¿Por qué eres tan desconsiderado? Mira que no tenemos muchacha, ¿y a quién le toca arreglar todo en esta casa? A mí, por supuesto... No, no me voy a hacer la mártir, pero ahí encima de la lavadora te dejé el pantalón, las medias y los zapatos... Ay, Ricardo, no seas inútil: abres la llave y mueves la perilla de la izquierda, ahí dice «Lavado, ciclo completo», pon la otra perilla, la de la izquierda, en cuarenta minutos, si no te van a salir sucios de nuevo... Esta tarde llamé a la inmobiliaria. Que tenemos plazo de tres semanas para entregar el apartamento... Yo creo que de todas maneras vamos a tener que echarle una manito de pintura a la cocina, que está desconchada en la parte del lavadero y encima de la estufa. Y al cuarto del niño, claro. Yo creo que en el nuevo apartamento ya podemos dejarle las paredes blancas; es que el azul oscurece mucho, ¿no crees?... Pero ven, ven acá, saluda al niño. ¡Míralo, está bostezando! ¿No es una belleza? Shí, shí mi bebéé, aquí eshtá shu papááá; shí, mi prínshipe, ¿quén esh mi prínshipe? Mira, mira: ese gesto es *puro Osorio*, ¿no?... Aunque sacó los ojos de mi mamá ¿quén tiene losh ojosh de la abuela, quén?... Besito, *chuic*. ¿Tienes hambre? Hay crema de zanahoria de la que le preparé al niño. Está en una olla, ahí en la nevera. ¡Sí, la de tapa negraaa!... ¡A lo mejor está bajita de saaal! ¡Veeen, veeen que nooo me gustaa gritaaar!... Que le eché poquita sal porque era para el niño. No, ve tú, que yo

estoy meciendo aquí a su majestad. Shí, shu majeshtá, shí...
Espera, espera: ¿Sabes qué día es mañana? Sí, sábado, me
prometiste que íbamos a ver los apartamentos... ¡Hay *unos
sueños* de apartamentos!... ¿Qué tienes que hacer? Ah, no importa, mi amor: haces tus vueltas, pero después hacemos las
nuestras, ¿no?

. . .

A las nueve de la mañana fue con el niño y María Teresa a recoger los volantes, los afiches y las invitaciones en ImpresionArte. Luego fueron a desayunar en un restaurante de Chapinero y, por sugerencia suya, hicieron un pequeño mercado de cosas que faltaban en la casa. Cuando ya todas las excusas para no ir a ver apartamentos estaban agotadas, fueron a un conjunto residencial llamado Torres del Almirante, donde una valla ofrecía apartamentos de una, dos y tres habitaciones en «el mejor sitio de la ciudad», lo cual era una afirmación que sólo podría justificarse si el resto de la ciudad hubiera sido arrasada por una bomba atómica. Los apartamentos aún no estaban terminados: faltaba un zócalo aquí, una puerta allá, unos estantes en este nicho y unos acabados en aquella pared. María Teresa estaba muy entusiasmada con los de tres habitaciones pues aunque eran pequeños tenían «muy buena distribución». Osorio no sabía muy bien qué significaba aquello ni quería explicaciones al respecto, por eso a todo dijo que sí y fingió interesarse por las formas de pago y financiación. El niño, indiferente, durmió durante todo el tiempo.

Apenas tuvieron que andar dos cuadras para visitar el apartamento modelo del edificio Erinis, donde los atendió una señora belfa y emperifollada que Osorio detestó apenas los recibió con «Sigan por aquí, *queridos*». Los apartamentos eran sombríos, pues el Erinis estaba encajonado entre edificios como un enano en una multitud; el sol acaso pudiera lamer un pedazo de alféizar en la cocina o la esquina de una habitación. Los apartamentos eran más pequeños que los de las Torres del Almirante, el patio interior era de losa roja y tenía una planta muerta y ennegrecida como una esponjilla de brillar. María Teresa y la vendedora resultaron teniendo amigas en común, entonces todo derivó en un sartal de chismes que Osorio esquivó tratando de calmar el llanto de su hijo. Los apartamentos que aún no se habían vendido eran demasiado caros para el presupuesto, pero a María Teresa le encantaron.

Tomaron la Avenida Boyacá y luego la Avenida de la Esperanza hacia los conjuntos residenciales de Ciudad Salitre, bloques indistintos de multifamiliares que parecían crecer por generación espontánea en los potreros aledaños a Salitre Plaza, un cubo de ladrillo que alberga cientos de tiendas y que funciona como triste epicentro urbanístico de la clase media que intenta hacerse con un techo propio. Allí se metieron en el laberinto de callejuelas que separaban cada conjunto. Osorio perdió la cuenta de cuántos apartamentos visitaron y cuántos planes de financiación les dieron. Las horas transcurrieron en una nauseabunda farsa de estrechos habitáculos, acabados incompletos, fachadas de colores chillones, salones comunales con sillas de plástico, ascensores como calabozos, zonas comunes sin niños, parqueaderos descubiertos, lobbys deprimentes y vendedores que lo trataban como a un marido enamorado. María Teresa estaba muy absorta en los detalles inmobiliarios como para reparar en la displicencia de su marido. El niño parecía disfrutar de aquella excursión. Mientras tanto la mente de Osorio, como un globo sin lastres, se alejaba cada vez más de su cuerpo, lo abandonaba a su suerte en el entramado de multifamiliares bogotanos y aterrizaba junto a Ángela, cuatro mil seiscientos kilómetros al sur de allí, en un apartamento bonaerense de techos altos, con móviles que haría tintinear el viento y un gran ventanal que tal vez diera al Río de la Plata.

De vuelta a casa, María Teresa se quedó dormida con el niño en su regazo. Osorio estuvo hasta la madrugada caminando de la sala a la cocina, de la cocina al balcón y de ahí nuevamente a la sala. Fumaba un cigarrillo tras otro como si quisiera causarse un enfisema esa misma noche y no se resignara a una simple tos o una insuficiente ronquera. Se quedó sin cigarrillos y sin sueño, se tiró en la cama como quien arroja un despojo al basurero.

· · ·

A las ocho de la mañana, María Teresa había relevado al insomnio en la misión de mantenerlo despierto. Abrió las cortinas, encendió el equipo de sonido, concertó por teléfono una
cita para almorzar en casa de sus padres. Si se hubiera precipitado el Armagedón antes del mediodía, Osorio habría recibido
al Anticristo con los brazos abiertos, agradecido por haberle
evitado el encuentro con sus suegros. Pero no sucedió.

En el último año, Osorio había construido con el padre de
María Teresa una secreta e inconfesable solidaridad. Tal vez
fuera porque la hija, como un metal que el fuego de los años
va acomodando a la horma de un grillete, cada vez se parecía
más a su madre. Y doña Gilma Sánchez de Navarro había hecho de su esposo una mascota más, quizá menos importante
que Ponky, el irritante *french poodle* que se llevaba todas las
atenciones de la casa. Eso: don Ernesto Navarro, marinero de
la Flota Mercante en su juventud, ingeniero civil con maes-
tría en la Universidad Nacional, jefe de Planeación Distrital
en tres periodos consecutivos, catedrático reconocido, había
llegado inexorablemente a su destino de mascota de segunda,
víctima del arribismo vano de una mujer que le exigía corbata
para ir a misa y lo arrastraba consigo como un paje a partidas
de *bridge*, exhibiciones de perros, lanzamientos de poemarios
y sesiones de espiritismo. Ahora, en sus escasos momentos libres, coleccionaba modelos de barcos para armar que apilaba
en un estante de la sala. Eso y una silla reclinomática conformaban el último reducto de una vida que no le pertenecía o
en todo caso no hubiera querido para sí mismo. «Y para col-

mo de males está jubilado», pensaba Osorio, a quien el agobio casero últimamente lo sacaba muy temprano a trabajar.

Durante el almuerzo hablaron de la búsqueda de su nueva casa. Doña Gilma, a propósito, pontificó sobre las amistades de las que debía rodearse su nieto, habló de buenos y malos vecindarios mirando a Osorio con bastante elocuencia. Osorio, en respuesta, habló con la boca llena, chasqueó al masticar, se hurgó con los dedos en la nariz y soltó un pequeño eructo. Su suegra confirmó por enésima vez que María Teresa estaba casada con un patán, se apresuró a terminar la comida y luego se llevó a su hija y al niño.

Osorio fue a la cocina para servirse un vaso de agua. Ponky, como un muñeco de peluche que hubiera cobrado vida, lo persiguió con alegría. El compartimiento más bajo de la nevera estaba casi vacío. Osorio hizo a un lado un repollo y una bolsa de tomates, cargó al perro con cariño y lo metió al refrigerador. Luego salió a hablar con su suegro.

—Esta es mi última joya: una réplica del portaviones Ronald Reagan. Es el más grande del mundo. ¿Ves? Tiene 333 metros de largo. Estos de aquí son los lanzacohetes G-314; son de mediano alcance. Pero en este compartimiento caben tres misiles intercontinentales —le dijo el viejo, entusiasmado.

Luego, con precisión, fue dándole medidas y explicaciones técnicas. Osorio fingió interés mientras don Ernesto, como un niño que muestra sus juguetes, desplegó ante él toda una flota de barcos pesqueros y algunos *tramp steamer* de fabricación rusa que había logrado conseguir en las tiendas especializadas. Después hablaron de trivialidades hasta que las mujeres, a media tarde, regresaron a la sala. Osorio fue a la cocina y se apresuró a abrir la nevera. Ponky salió bastante atontado, le faltaba el aire, lloraba sin ruido. Se metió bajo una silla y no quiso salir más.

—Definitivamente no le caes nada bien a Ponky, Ricardo —señaló su suegra, divertida ante lo que interpretaba como un recelo solidario.

· · ·

Si el Miedo tuviera un hermano siamés hasta entonces desconocido sería el vértigo que se apoderó de Osorio por cuenta de las llaves de la Casa Cuatro. Su certificación laboral ya estaba amenazada por la renuncia de Elsy, pero el pedido de aquellas llaves a espaldas de la Junta Directiva desataría la ira de Aguayo. Sin certificación no habría visa y sin visa no habría viaje a Buenos Aires. Por ello Osorio, quizá el primero de los trabajadores en llegar a La Empresa el lunes por la mañana, se había agazapado en el trayecto hacia el penúltimo bombillo del corredor para sorprender, someter y arrebatarle las llaves a la sombra sin rostro que se escondía en el sótano.

Antes había perdido el tiempo en llamados, gritos y persecuciones; ahora era el momento de acechar. Tenía todo controlado: podía ver hacia la boca del pasillo y estaba en la zona más oscura, resguardado por una hendidura en la pared derecha. Tenía el factor sorpresa de su lado. Sin embargo, no se trataba de una tarea fácil: después de un rato en cuclillas le dolían las piernas, moqueaba a causa de la humedad, le pesaba la varilla con la que pensaba reducir a su contrincante, la espera lo llenaba de ansiedad y cualquier sombra lejana que cruzara por los túneles le producía descargas inútiles de adrenalina. Pero nada podía desanimarlo porque ahora lo impulsaba un motivo más grande que la curiosidad o el ejercicio obsesivo del poder: Ángela. Por ella estaba dispuesto a los mayores calvarios y en su risa de labios carnosos se extraviaron los pensamientos de Osorio.

Un día, después de hacer el amor, se habían quedado desnudos, abrazados, acordándose de canciones malas que habían sonado en la radio. Ella se reía a carcajadas mientras él le cantaba éxitos tropicales de hacía quince o veinte años. Incluso, animado por Ángela, Osorio se había levantado de la cama y le había bailado un ritmo tonto y pegajoso que se había inventado en Panamá a finales de los ochenta. Osorio revivió aquel momento en que se palmeaba los muslos y aplaudía como un troglodita, mientras ella lo miraba risueña y hermosa desde las sábanas, como una perla que le hubiera crecido dentro del corazón. Pero el baile, la risa y la cama fueron arrasados por un ruido en el vestíbulo. Osorio saltó de su escondite y llegó para presenciar el portazo de su adversario.

Sopesó la medida de su derrota mirando hacia el corredor donde había estado esperando, luego hacia el confín oscuro por donde él mismo había llegado el primer día. ¿Cómo no se le había ocurrido? Sus puños se cerraron alrededor de la varilla hasta casi fundirse con el metal; apaleó la puerta con todas sus fuerzas y continuó haciéndolo hasta que el dolor en los brazos, el cansancio o la tristeza lo doblegaron. Cuando ya se entregaba a la idea de partirle la crisma a Molano para evitar que hablara en Presidencia, una voz conocida, de timbre opaco y cadencia desesperada, vino del otro lado:

—Déjeme en paz.

—Eh...

—Váyase.

—¡Abra la maldita puerta! —reaccionó Osorio; añadiendo, como era usual, un par de palabrotas.

—¿Qué quiere de mí? —la voz era casi un ruego.

Aquella pregunta marcaba, si no el fin, una inflexión en el curso de los combates, una bandera blanca ondeando en la trinchera de su enemigo. Osorio, sitiador impenitente, se recostó a la puerta intacta, la varilla rodó de su mano hasta el piso.

Se aclaró la garganta y trató de sonar muy fuerte, que no se le notara la humillación cuando dijo:

—Necesito las llaves. Las llaves que dejé el otro día.

—Si se las devuelvo, ¿dejará de venir a molestarme? Soy una persona muy ocupada, entiéndalo.

—¿Quién es usted? ¿Qué hace ahí dentro?

—No puedo decírselo —respondió el otro, con angustia.

—¡Tengo que saberlo!, soy el Gerente de Recursos Humanos. Tiene que abrir. A las buenas o a las malas.

—Entonces debe saber que voy a resistir hasta el final —dijo el otro, como quien comparte una mala noticia.

Osorio no respondió porque le timbraba el celular. Era el número de Ángela.

—Esto no se queda así —advirtió, y se apresuró a salir hasta la rampa para que se normalizara la señal.

—Hola, amor.

—Hola —dijo ella.

—Te extrañé mucho, casi me muero.

—Yo también.

—Quiero verte.

No hubo respuesta.

—¿Qué pasa?

—No sé, Ricardo, no estoy segura de todo esto.

—¿Por qué?

—No sé, a lo mejor nos estamos metiendo en una cosa que no podemos manejar.

—¿Qué dices?, ya lo habíamos hablado.

—Ya lo sé, pero es que María Teresa es mi amiga y…, no sé, ¿me entiendes?, ¡no lo sé! —la voz de Ángela pareció a punto de quebrarse.

—Veámonos ahorita más tarde.

—¿Para qué?

—Pues para hablar.

—¿De qué?

—¿Me quieres?

—Sí.

—¿Entonces?

—Pues que era más fácil cuando no nos habíamos embarcado en esta locura de irnos del país... Salir así, escapándonos...

—Veámonos más tarde y lo discutimos.

—...Bueno, a las doce y media —se rindió ella.

—Te amo —respondió Osorio.

—Yo a ti —clic.

Pensó en regresar al pasillo, pero no tenía caso. Ahora lo más urgente era disipar las dudas de Ángela.

Osorio conducía. Luisillo David iba de copiloto, cargando unos bongoes. Roni Santafiera iba en el asiento de atrás, encorvado y más arrugado, como si la piel se le hubiera derretido un poco, vestía una guayabera y aferraba su guitarra. Junto al viejo iba Checho Indaburo, con su pelo quieto, su camisa hawaiana y las maracas.

—Ya lo están esperando —le indicó el portero a Osorio. Y luego añadió, picaresco—: hay una cuota por cada persona adicional.

—No es lo que piensa, degenerado —le dijo el viejo por la ventanilla.

El portero echó un vistazo a Checho y Luisillo, hizo cara de «igual, no es mi problema» y dijo:

—Serían noventa mil más.

Osorio pagó, manejó hasta el fondo y dio vuelta para quedar frente a una callejuela flanqueada de garajes. Había una muchacha en uniforme que al reconocer el carro de Osorio fue a abrir una de las puertas. Osorio parqueó enfrente. En cuestión de segundos, Checho y las Fieras del Caribe estaban alineados con maracas, bongoes y guitarra, y de inmediato, ante la sorpresa de la empleada del motel, empezaron a cantar «Sin ti/ no podré vivir jamás/ y pensar que nunca más/ estarás junto a mí...» Pronto, personas de las demás habitaciones habían empezado a asomarse, todos bastante desconcertados. «Sin ti, que me puede ya importar/ si lo que me hace llorar/ está lejos de aquí...» Qué bien tocaba el guitarrista, los bongoes de Luisillo repicaban con sabrosura, las maracas de Checho se entrelazaban con el ritmo. «Sin ti/ no hay clemencia en mi dolor/ la esperanza de un amor/ te la llevas por fin». Osorio se despidió con una seña de Checho y las Fieras del Caribe, guardó el carro en el garaje y se quedó en el umbral del cuarto, sintiendo que a lo mejor la serenata no iba a funcionar. «Sin ti/ es inútil vivir/ como inútil será el quererte olvidar...» Ángela, con su suave sonrisa dispar salió en calzones y brasier, dio un trotecito adolescente y se le tiró encima.

・・・

La levantó y la puso sobre la cama como si fuera de porcelana. La desnudó con expectativa de niño y morbo de viejo. Hizo una expedición botánica por las plantas de sus pies. Fue cardumen para sus arrecifes de piel y oso pardo en la tundra de su Monte de Venus. Le compuso un soneto de jadeos, aplicando sinalefas. Trazó constelaciones entre sus lunares. Alzó su báculo, separó las aguas y por la hendidura del mar rojo avanzó hacia la tierra prometida. La amó en armonía y contrapunto, en *adagio* y en *allegro vivace*. Administró su placer como un tahúr sus últimas fichas. Al final, pudo arrojarse con ella hasta un lago sin orillas que se disparó en pálpitos y terminó en bajamar. Quedaron en silencio. Ella sonreía, tenía pequeños temblores. Luego se rio mucho con el relato de la serenata que le hizo Osorio. Después, conmovida, le dijo:

—Nadie había hecho eso por mí. Nunca.

—¿Te gustó?... Te amo.

—Yo a ti.

—Entonces, ¿por qué dudas?

—Remordimientos… Creo que, lo que me entra a veces, es mucho pesarcito con Jorge Abel —explicó Ángela—. Es que, siempre me da la impresión de que se pone mal cuando no estoy, y como que…, no sé…, bah, es culpa suya: llevo muchos años casada con él y he tenido una vida muy plana. Además, cuando nos casamos yo tenía veintidós y él iba a cumplir treinta y siete —continuó Ángela—, ¿no te parece mucha diferencia?

—Pues…

—Bueno, entre algunas parejas no importa, pero Jorge Abel siempre ha sido muy tranquilo, muy calmado, muy… ahuevado —concluyó, sin compasión—. Yo tenía ganas de salir, de bailar, de todo, y a él le gustaba quedarse en la casa… Y lo otro es que en la cama nunca nos hemos entendido: él tiene todos estos traumas porque se viene rápido, se le para blandita o no se le para, y si nos sale bien me pregunta todo el tiempo que cómo estuvo, que cómo me sentí, que si mejor que antes o igual… No tiene sentido ya quedarme con él. Lo de María Teresa también…, somos amigas y todo, pero ya esas culpas te las dejo a ti.

Osorio le preguntó si había traído el certificado laboral. Ángela asintió, se levantó de la cama y con lánguida belleza sacó un sobre de la cartera. Osorio se enamoró por enésima vez de sus dientes torcidos, sus ojos marrones, sus breves ojeras, sus tetas, su barriguita de flaca.

—Aquí está, ¿ya tienes la tuya? —dijo ella, y se quedó de pie.

Cuando Osorio recibió la pregunta, su intestino grueso y su intestino delgado se convirtieron en dos serpientes que trataban de devorarse entre sí. Pero asintió.

—Entonces vení, che, bailá un tango conmigo —dijo ella, en falso argentino.

Osorio se levantó de la cama y se dejó entrelazar las piernas por ella. Ninguno sabía bailar tango ni había música, pero eso era lo que menos importaba.

· · ·

Salieron del Motel Eldorado en caravana, el volkswagen de Ángela primero. El portero, cuando levantó la barra para dejarlos salir, les estiró la mano empuñada, con el pulgar hacia arriba. Sonreía, les decía «bacano».

Osorio adelantó su carro, manejó por la Avenida Eldorado junto a ella, diciéndole que la amaba de ventana a ventana. Ella le tiraba besos y le decía que también. Cuando tomaron la Avenida 68 hacia el norte, ya tuvieron que ponerse en fila. Ella lo llamó al celular y continuaron hablando mientras se adelantaban entre sí, se cortejaban como dos animales motorizados, se hacían señas, se miraban a través de las ventanas y los retrovisores. Piropos, proposiciones, porvenires, chévere. Ella volteó a la derecha y se metió al barrio El Salitre, a la óptica donde trabajaba. Hablaron hasta que ella llegó a su puesto. Tedeseos, teadoros, tequieros, teamos, chao. Osorio, para entonces, ya había seguido de largo por Metrópolis y La Floresta, Pasadena y La Castellana. Tomó la Autopista Norte. Tenía una mirada fosfúrica. Pensaba que no iba a dejar que nada le dañara el viaje.

Osorio había salido una sola vez del país y no por sus propios medios. A su papá le habían ofrecido un puesto en Tulcán, siete kilómetros más allá de la frontera entre Colombia y Ecuador. De ese viaje no recordaba casi nada, sólo muchas horas en uno de los buses de pasajeros que tenía la empresa en que trabajaba su padre; unos buses verdes y amarillos, de trompa cuadrada y luces frontales muy pegadas. Recordaba que su mamá se quejaba del frío y que a Mireya le estaba saliendo un diente de los nuevos. Él, recién había aprendido a amarrarse los zapatos pero aún no podía distinguir entre el derecho y el izquierdo, por eso había viajado y había caminado el primer día con los zapatos al revés. A su papá seguramente le habían ofrecido un puesto en lo mismo que había hecho toda su vida: mantenimiento de carrocería, revisión de frenos, carburador, cambio de aceite, llantas, limpieza del motor…, de eso se encargaba él. Pero algo no había salido bien, algo no había resultado, las condiciones del contrato, el sueldo, o qué iba a saber él que tenía apenas cinco años. Su papá había tratado de conseguir otro trabajo allá, pero uno o dos días después se habían regresado a Bogotá.

A veces Osorio transitaba por ese recuerdo preguntándose cómo habría sido su vida y cómo sería ahora si su padre hubiera aceptado ese trabajo o hubiera encontrado algo más. Mucho tiempo después, cuando el cáncer que lo devoraba era inapelable, su padre le había dicho que lamentaba no haber insistido en quedarse. «Pero es que su mamá no quiso, nunca le gustó la idea», explicó, con un resentimiento intacto a pesar de los años. Ella ya no estaba ahí para disculparse o defenderse, ni tampoco había evidencias de que algo hubiera podido ser mejor. Sólo aquella duda sembrada por su padre en los guijos de un viaje casi olvidado.

Quizá su mamá no tenía la culpa, quizá la culpa había sido de su padre, pensaba Osorio mientras conducía hacia las afueras de Bogotá. La trompa de su Renault 21 engullía sin cesar las líneas intermitentes en el asfalto de la Autopista Norte; buscaba espacio entre un bus escolar y una camioneta con el volco lleno de matas, pero le cerraba el pasadizo una moto señoritera comandada por alguien lerdo pero intrépido.

O tal vez existía una fuerza de gravitación que impedía a las personas irse del país donde habían vivido toda su vida. Siete kilómetros eran muy pocos para no ser engullidos de nuevo por Colombia, pensaba. Pero esta vez él estaría a salvo:

viajaría más lejos, pondría al menos tres países de por medio. Claro: eso si recuperaba las llaves, recordó Osorio, y buscó otro espacio para adelantarse en uno de los carriles de la izquierda, pero lo detuvo un maldito semáforo en rojo.

• • •

El Rincón Pacífico había cambiado mucho desde su última visita. Ahora, con el sol de la tarde limando la punta del quiosco, éste ya no parecía un sombrero chino sino un frisbi de paja; tres parasoles cuadrados con techos piramidales se habían levantado en la parte trasera; el parque infantil ya había sido trasplantado; tres colosales arrumes de sillas y mesas plásticas reposaban en el descampado circundante; cuatro tipos descargaban cajas de aguardiente y asadores de un camión que decía Baco & Vacas. Buelvas, que desde el viernes anterior ostentaba el improvisado y provisional título de *comisionado festivo*, vino a saludarlo.

—Veo que se está encargando de todo… —dijo Osorio, y le palmeó la espalda.

—Sí, pues…, faltan cosas —dijo Buelvas con modestia—. Ahorita más tarde vienen los de las tarimas y los escenarios, por la noche viene el tipo de los fuegos artificiales para hacer la demostración, mañana vamos a hacer una prueba de sonido…

—Ah, yo pensaba que con esa cara me traía malas noticias.

—En parte sí, doctor: don Óscar anda muy emputado.

Como si estuviera aguardando la frase de Buelvas para entrar en escena, Recio emergió de un bosque cercano que estaba a la derecha.

—¡Ricardo, le exijo que se lleve todo esto o llamo a la policía!, ¡esto es un abuso! —dijo Recio, deteniéndose frente a ellos—. ¡En este sitio se promueve el vegetarianismo y en él están prohibidas las bebidas alcohólicas!

—Tranquilícese, don Óscar —trató Osorio.

—¡¿Usted no entiende?! ¿Cómo se le ocurrió que iba a hacer una fiesta acá? Además, ¡yo nunca autoricé que se hiciera aquí ninguna maldita fiesta, Ricardo!

Buelvas se había quedado a un lado; cuando Osorio lo miró, él hizo cara de «le dije que estaba emputado.»

—¡¿Y?! —llamó su atención Recio.

—¿Y qué? —respondió Osorio. A él también le estaba dando rabia.

Permanecieron un momento en silencio, mirándose mal.

—¡Le advertí, Ricardo: voy a llamar a la Policía! —resolvió Recio, dio media vuelta y se fue dando trancos radicales.

Osorio esperó a que Recio se detuviera e hiciera otra bravata, pero éste continuó hacia el bosque y se perdió dentro. Osorio, contrariado, se dio prisa para alcanzarlo. Se tropezó con una barrera de arbustos y árboles que lo expulsó, como si lo escupiera. Segundo intento: metió una pierna de una zancada, tanteó en busca de suelo firme, luego lanzó el cuerpo hacia delante. Una fronda incisiva y urticante lo cobijó. Se cubrió la cara y dio un segundo paso: quedó casi suspendido en el ramaje, las puntas de sus pies apenas tocaban el suelo. Cuando quiso dar el tercer paso, su rodilla no pudo contra el torrente de ramas y quedó en una punta de pie, yéndose de lado. Terminó acostado en el follaje, pero su cabeza rompió el cerco y quedó asomada a un camino. Pataleó hasta caer en él. Se puso de pie, se sobó una pierna, escupió una brizna puntiaguda, se rascó el cuello y el torso con enjundia. Miró hacia atrás, el camino estaba oculto apenas por un par de arbustos, justo al lado izquierdo de por donde él había entrado. Quiso reírse de sí mismo pero no lo logró. Siguió adelante. Tras una curva, el sendero lo condujo a un claro que tenía una cabaña de madera cruda, de una planta, precedida de dos pozos termales.

La puerta de la cabaña estaba entornada. Osorio, al empujarla, encontró una sala de paredes desnudas, un pequeño escritorio, una cocina americana relativamente ordenada, un estante con libros y una alfombra redonda con un reguero de cojines encima.

—¿Don Óscar? —tanteó.

No hubo respuesta. Fue hasta el escritorio y descolgó el teléfono: por lo menos de esa línea telefónica nadie estaba haciendo llamadas. En la pared del fondo había otra puerta entreabierta. Tras ella, Osorio se encontró con una cama quizá demasiado estrecha, una repisa con estatuillas precolombinas y una ventana que daba a un sembrado de marihuana en la parte trasera.

—¿Don Óscar...?

De otra puerta en el interior del cuarto le llegó a Osorio el bramido del agua cuando cae, se arremolina y escapa por el desagüe de un sanitario. La puerta se abrió y dejó ver a Recio amarrándose sus pantalones de lienzo.

—¿Y quién lo invitó a venir hasta aquí? —protestó.

—Quería hablar con usted.

Salieron a la sala. Recio levantó el teléfono.

—Si viene la Policía, seguro que no le va a gustar la huerta de *cannabis* que tiene alla atrás —amenazó Osorio.

Recio inclinó la cabeza, asintió y, como si hubiera resuelto un acertijo, puso el teléfono en la base. Lo miró, tomó aire, lo expulsó lentamente y con beatífica expresión le dijo:

—*Nolite turbare*, Ricardo. *State tranquilli*.

—¿Estate qué?

—Puede que yo quiera asumir mi problema con la Policía con tal de quitarme el problema de la fiesta. Pero, déjeme decirle que yo, además, creo en el prarabdha.

—¿Qué?

—El prarabdha karma, mi querido Ricardo, es aquello que debemos cumplir en esta vida, aquellas cosas para las que estamos destinados —explicó Recio, mientras iba a sentarse en uno de los cojines—. Por alguna razón está usted aquí: su función es ésa, venir a amargarme la existencia. Esa fiesta…, esa fiesta es mi prarabdha.

Osorio tomó asiento junto al escritorio. Recio cruzó las piernas en flor de loto, unió pulgares e índices y regularizó su respiración.

—A finales del 84, hace ya más de veinte años, me fue revelado el mensaje del gran Brahma Shinto Ixca. Estudié sus enseñanzas junto a mis hermanos, que eran como mi familia y me acogieron como su hermano Vishnu Tao Inti. En poco tiempo logré el respeto y la consideración del maestro, que me convirtió en su mano derecha… —dijo Recio, nostálgico.

Osorio asintió, estaba dispuesto a llevarle la corriente en lo que fuera si eso ayudaba a la fiesta.

—¿Usted sabe que los Siervos de Brahma tenían su templo en donde ahora es el punto de ventas de detergentes, no?

—El Templo de la Limpieza.

—Ése… Mi vida anterior (y no me refiero sólo a mi vida antes de unirme a los Siervos de Brahma Shinto Ixca: estamos hablando de reencarnaciones) estaba ligada a La Empresa: me habían contratado cuando apenas existía la Casa Uno, casi al mismo tiempo que a Elsy; luego yo fui el que empecé con la línea de dulces, la idea de los detergentes fue mía… —Recio, a pesar de la pose de yogui, se veía perturbado—. La Empresa era una tentación muy cercana. Por eso, cuando me ofrecieron la Gerencia de Detergentes, en el 87, traicioné a mis hermanos y regresé al mundo banal del materialismo. Aún habitaba en mi interior el odio de mis antiguas filiaciones detergentistas, se apoderaba de mí el Protoplasma Negro Abismal y tentaba mi ego para ganar una guerra que hasta entonces dominaban los deshidratadores… En fin —dijo Recio, remordido—: me aparté del camino y por eso no pude abordar la nave.

Osorio, como era previsible, había estado aplicando el método Pepe Gómez. Pero su atención estuvo cautiva cuando

Recio dijo que el 10 de julio de 1991 había venido a recogerlos una nave espacial, en la Peña de Juaica, para llevarlos a la Amalgama Sideral Primigenia antes de la destrucción del mundo.

—Yo soy un proscrito —concluyó Recio—. Mi castigo, entonces, fue haberme quedado en La Tierra. Ya nada importa, vivo cada día como si fuera el último, porque el Tiempo está cerca —recalcó.

—¿Y por qué le ofreció El Rincón Pacífico a Elsy, don Óscar, si La Empresa le ha causado tantos problemas? —preguntó Osorio, con genuina curiosidad.

—Pues…, porque… carajo, Ricardo, no sé —Recio se ruborizó, se puso nervioso, descruzó las piernas—. Yo estaba enamorado de ella cuando éramos jóvenes, pero ella andaba con don Milciades.

—A lo mejor ella es su prarabdha también.

—A lo mejor… —concedió Recio.

—Entonces, déjeme organizar la fiesta.

—No me embolate, Ricardo, no soy estúpido: usted sabe que Elsy no va a fiestas.

—Le prometo que se la traigo. Se lo juro.

—¿Cómo está tan seguro de que va a venir?

—El prarabdha…

—Está bien, está bien —Recio luchaba por no mostrarse entusiasta.

Osorio sonreía, pero aún faltaba algo más:

—Otra cosa, don Óscar, tengo entendido que la soda cáustica, el ácido sulfúrico y el bicarbonato pueden causar explosiones…

HISTORIA EMPRESARIAL

El Fin

Aproximadamente 510.073.000 km² corresponden a tierra firme en el Planeta Tierra. Brahma Shinto Ixca tenía una extensión muy generosa para decidir el lugar de su desembarco. Pero, ¿por qué justamente la Peña de Juaica?

El Maligno sabía que los ingenuos mortales temían o esperaban su regreso a los actuales territorios de Turquía, Egipto o Israel; por ello multiplicó la polimorfa ubicuidad de su figura y empezó su obra de destrucción en este mismo lugar donde pueblos paganos comían carnes inmoladas a los ídolos. El epicentro del Apocalipsis, entonces, permanecía en secreto, en este lado oscuro de la Tierra. Pero Brahma Shinto Ixca supo de sus planes y erigió la congregación de sus Siervos en Bogotá, para hacerle resistencia. Recio, a quien había sido revelada la Verdad pero se apartó de ella, vagó por la Peña de Juaica durante meses, envuelto en la neblina de las madrugadas, llamando a gritos a sus hermanos, durmiendo a la intemperie, alimentándose de raíces y animalillos, clamando al Gran Brahma que lo perdonara.

Cuando ya era claro para él que estaba abandonado en la Tierra como un escarabajo caminando sobre una granada de fragmentación, bajó a Tabio. Fue al hostal donde había abandonado sus cosas. La posadera casi no lo reconoce, estaba muy asustada. Le devolvió el maletín intacto. Sacó su billetera, miró su cédula de ciudadanía durante al menos veinte minutos. Aún tenía billetes dentro. Pagó un cuarto, se miró al espejo durante horas. Se bañó. Bajó a un restaurante y comió trucha con arroz, yuca frita con hogao, maduro con queso y dos cervezas.

Fue a una cabina de Telecom, llamó al banco y averiguó su saldo. Se hizo peluquear y afeitar. Tomó un transporte para Bogotá, se pagó una pieza en un edificio de apartamentos transformado a la brava en hotel de barrio. En vista de que ya no había salvación posible, esperó el Fin rodeado de prostitutas y anegado en alcohol.

Como se lo había pronosticado al pastor la Gran Protoforma Ígnea, a fin de año un movimiento de aguas cálidas que vino de Australia e Indonesia entró a las costas sudamericanas del Pacífico como un borracho que llega a golpear a su mujer. Hubo cambios en la fauna marina y se desataron epidemias, sequías e inundaciones. En Colombia, un calor que sólo podía venir del averno secó los ríos y los montes. Las palabras del gran Brahma Shinto Ixca empezaban a cumplirse: «Un fuego abrasador vendrá desde el cielo sin nubes. Sobre la tierra seca y agrietada, las tinieblas serán el comienzo de la destrucción.»

En 1992, el verano hizo colapsar el sistema hidroeléctrico. El gobierno decretó severos racionamientos a lo largo y ancho del país. Luego de avances y retrocesos en los cortes de energía que habían empezado diecisiete días antes, para el 19 de marzo éstos se estabilizaron en siete horas para las zonas residenciales y tres para las industriales. A La Empresa, por estar en el límite barrial de Galán (considerado residencial) y Trinidad (considerado industrial), le cayeron encima diez horas al día.

Los intentos de arreglar la situación, por lo pronto, estaban perdidos en una burocracia también sometida a los cortes de luz. A la semana siguiente, ya las bodegas de productos terminados estaban casi vacías y algunos negocios se habían congelado, pues era evidente que La Empresa no iba a poder cumplir con los pedidos. En las oficinas se habían desempolvado las máquinas de escribir mientras en las Plantas se regresó a las épocas artesanales: envasar mermeladas con cuchara, revolver las confituras con palas y hacer las mezclas de detergente en baldes. Sin embargo, nada de eso era suficiente. La necesidad de energía se hizo imperiosa y por ello la Junta Directiva, con café frío y una lámpara *Coleman*, discutió si comprar una planta que hiciera funcionar a toda La Empresa o utilizar varias plantas pequeñas. La primera opción se descartó, pues una planta con esa capacidad requería un espacio muy grande con acondicionamientos acústicos y arquitectónicos. Al día siguiente ya se había calculado que para las maquinarias y al menos parte de las oficinas se necesitaban 18 plantas caseras. Esa tarde ya se habían recogido diferentes cotizaciones, pero ninguna como la de las novedosas Plantas Eléctricas Sinusoide.

Los Laboratorios Sinusoide, empresa de dos carismáticos y emprendedores ingenieros antioqueños, compraba plantas eléctricas convencionales —es decir, que funcionaban con gasolina— y las modificaban para que pudieran ser alimentadas con ACPM, un carburante 40% más económico. Las cifras hablaban por sí solas y la demostración que hicieron, llevando luz a la gélida Sala de Juntas, bastó para cerrar el trato. La instalación de las plantas eléctricas tomó tres días enteros. El 3 de abril se hizo la luz en los corredores, las Plantas y las oficinas. Las bodegas volvieron a llenarse y los negocios, de nuevo, echaron a andar. La Empresa parecía un gigantesco animal que se pone en pie, se lame las heridas y regresa al combate.

Las plantas eléctricas Sinusoide, aunque se revelaron bastante ruidosas, funcionaban muy bien. El único inconveniente, a veces, era que generaban escarpados picos eléctricos. Uno de ellos, al mes siguiente, fue el que causó el primer trastorno en la Planta de Detergentes. Allí, las mezclas se hacían en un agitador con capacidad para una tonelada, pero para evitar que las paletas revolvieran la mezcla a 2.000 revoluciones por minuto se le había instalado un motorreductor que permitía apenas 200 revoluciones. Esta pieza fue la que se dañó, con tan mala suerte que la máquina había quedado encendida y llena de detergente. Una tonelada de detergente batido a tal velocidad, como era lógico, generó un alud de espuma que sepultó las casas Nueve, Diez y Once, donde funcionaba el Área de Limpieza. Parte de la espuma desbordó la estructura, salió por las ventanas y se derramó en la calle como una neblina.

En junio la envasadora de mermeladas se desincronizó y la empacadora de ceras dejó de sellar los cojines. En las oficinas se dañó una impresora y en el restaurante se fundió el horno microondas.

La única que parecía estar a salvo de las plantas Sinusoide era la Gerencia de Dulces. Por ello nunca se pudo determinar si el exceso de espesante en las mezclas había sido un error humano, una falla de la balanza analítica o un boicot de las gerencias rivales. En todo caso, el producto se compactó en el interior de las máquinas. Algunas de ellas hubo que desarmarlas pieza por pieza.

Para entonces, las plantas eléctricas Sinusoide tenían combustión incompleta, expelían muchos gases y amenazaban con contaminar los productos que se producían en las Plantas de Alimentos. El Departamento Jurídico procuró una indemnización por parte de los Laboratorios Sinusoide, pero fue inútil porque los fabricantes de plantas ya habían llegado a la bancarrota. A comienzos de agosto, después de que explotó la primera planta Sinusoide, la Junta Directiva ordenó la compra de una planta grande que instalaron en la recién adquirida Casa Catorce, junto al Templo de la Limpieza.

Entretanto, La Empresa había resistido todas las propuestas de abrir una comunicación interna entre el parqueadero y las oficinas alegando que la estructura no aguantaba una reforma más; pero en las noches durante el apagón del 92 se dispararon los robos en el barrio. Después de estudiar las posibilidades pudo adaptarse una ruta que desembocaba en el baño de mujeres, en el segundo piso de la Casa Tres, donde funcionaba el Área Administrativa de Dulces. Se amplió sobre el tercer retrete del baño de mujeres un ducto de ventilación que los contratistas anteriores habían dejado sin terminar y al cual se subía utilizando la taza y la cisterna como escalera. Ese ducto llegaba al techo del parqueadero, desde donde se bajaba por el costado opuesto. Las protestas de las usuarias del baño no se tuvieron en cuenta, pues se impuso la integridad física de los propietarios de carros, motos y bicicletas; eso sí, parte del presupuesto del pasadizo se gastó en ponerle techo a los cubículos de los retretes para que no pudieran ser vistos desde arriba. Luego, cuando en abril del 93 se acabaron los apagones, la conexión entre los parqueaderos y el baño permaneció.

El mundo aún no se había acabado y Óscar Recio, el último Siervo de Brahma Shinto Ixca, se había cansado de esperarlo en la decadencia de su hotelucho de barrio. Volvió a afeitarse y a bañarse, desempolvó el último vestido que le quedaba y fue a su banco. Tuvo que echar mano de los pocos amigos que le quedaban en el mundo y cumplir muchas citas con el gerente, pero al final le otorgaron un préstamo. Con él, compró un terrenito que tenía dos pozos termales, sembró unas matas de marihuana en la parte trasera y montó algo que de alguna forma le permitiera seguir con una pasión, diríamos, empresarial: «El Rincón Pacífico: Spa, baños de luna, comida naturista, termales, clases de yoga y tai chi chuan, terapias de relajación, aromaterapia», lugar donde años después (¿ironías del Maligno? ¿una broma de Brahma Shinto Ixca?) tendría lugar la fiesta de aniversario de La Empresa.

···

Regresó por la Autopista y se internó en la barahúnda comercial de la Avenida Caracas. Se detuvo a comprar ingredientes en una tienda de abonos, una farmacia y un sitio de materiales para construcción. La olla express la obtuvo en una compraventa y el mechero de alcohol en un almacén de artículos dentales. Calmó el hambre con una hamburguesa de carne sospechosa y vegetales marchitos. Tomó la Treinta y cuatro hasta la Avenida de las Américas. Llegó a La Empresa cuando anochecía. Le gruñó a Giraldo, sacó las cosas del carro, subió al techo del parqueadero, salió al Área Administrativa de Dulces, cruzó el puentecito hasta la Casa Dos, llegó a la Casa Uno por el pasadizo del baño, salió al balcón y entró a la Casa Cinco por la ventana de la Oficina de Patentes. Salió al corredor y entró al tugurio maloliente en que se había convertido el Departamento de Recursos Humanos. Descargó todo en el sofá de la antesala y salió de nuevo. Consiguió atravesar la Casa Quince sin toparse con los jefes. En la Casa Catorce, donde la Planta Eléctrica dormía el sueño de los justos, dobló a la derecha. Llegó al *call center*. Desembocó al fin en la Planta de Detergentes, bajó a las bodegas, allí se aprovisionó de formol, amoníaco, hipoclorito de sodio, varsol, soda cáustica y ácido sulfúrico. Regresó al Departamento de Recursos Humanos, abrió su despacho, puso todo en el escritorio de Elsy y, con el reloj acuñando en tictacs su pensamiento, se remangó la camisa *tic* abrió la olla express *tac* selló la válvula de la tapa con masilla epóxica *tic* y fue poniendo los químicos dentro *tac* primero el bicarbonato y el fertilizante en el fondo *tic* sacó un vaso de vidrio *tac* y unas copitas aguardienteras que tenía en el archivador *tic* para empezar a poner este otro acá *tac* ¿será mejor organizarlos así? *tic* bueno… será mejor esperar a que sea más tarde para ir a *tac* las… *tic* ¿eh…? *tac*…

Sus ojos quedaron fijos al otro lado del despacho, en el centro de su escritorio. Su campo de visión se cerró en ese lugar, en ese objeto, como si estuviera viendo a través de una mira telescópica. El reloj, dándose cuenta de que cualquier tic tac sería impertinente, enmudeció. Osorio esperó mientras todo encajaba en los límites de lo posible. Su incredulidad se convirtió en duda. Luego fue hasta allá, estiró la mano y tomó el mazo de llaves. Sí, las llaves de la Casa Cuatro, como confirmaba una pequeña nota de letras puntiagudas e irregulares:

Aquí están.

Como comprenderá, falta una.

Ahora, déjeme en paz.

Se sintió aliviado pero también inerme: el otro era quien imponía los ritmos de la lucha; el otro podía entrar al Departamento de Recursos Humanos en pleno día, mientras Osorio seguía sin pasar del vestíbulo. Miró hacia el desorden circundante, la bomba incompleta sobre el escritorio de Elsy, el reloj de pared. Cuando el tic tac se hizo audible de nuevo, embutió los químicos y la olla en un cajón del archivador, se guardó las llaves y salió en busca de Molano.

ALGUNAS PÁGINAS

Tratado sobre carencias evolutivas del Homo Sapiens

...mismo germen de nuestro crecimiento, la cola ya se encuentra presente. Los embriones humanos cuentan hasta con ocho vértebras caudales. Luego, en el tránsito hacia las etapas fetales, dichas vértebras se funden en una sola pieza: el cóccix. Son muy raros los casos de colas en humanos. Cuando aparecen, son apéndices de unos diez centímetros, formados por vértebras caudales atrofiadas, con una limitada movilidad. Es poco probable que pueda tratarse de una fase evolutiva pos-Homo Sapiens y no se cuenta con información sobre incremento en tales anomalías. Además, si miramos el mundo natural, no existe evidencia de un caso de involución similar, es decir, una especie que pierda uno de sus miembros y luego, por presiones del medio, lo vuelva a recuperar. Lo más dramático es que nuestros progresos culturales rebasan por completo nuestros progresos genéticos, y por ende nuestro cuerpo siempre estará a la zaga de nuestras necesidades.

En los albores del Oligoceno era necesario deshacernos de la cola, pues habíamos bajado de los árboles y las condiciones ambientales requerían que fuéramos más erectos y más veloces, mejores cazadores; mientras tanto, los monos, nuestros parientes arborícolas, afinaron y alargaron sus colas, las convirtieron en un miembro más.

Ahora que no necesitamos cazar y todo se consigue en el supermercado, la ventaja de una cola prensil se hace evidente en muchos campos de la vida cotidiana. Las ciudades más modernas como Londres, París, Nueva York y Tokio privilegian el uso del transporte público por encima del particular. Así se frena la contaminación y se privilegia el espacio para los peatones. Es una corriente a la que se han venido sumando las demás ciudades del planeta. Para los millones de personas que usan (y usarán) diariamente el metro y el bus, nada como una cola prensil para sujetarse a las barandas mientras se tienen ambas manos libres para leer, sostener paquetes, tomar apuntes o realizar consultas en una agenda digital. Así mismo, la terminal de trabajo más generalizada en la vida actual y venidera es el computador: a simple vista es evidente que mientras el teclado requiere de ambas manos, se necesitaría una tercera para manipular el *mouse*. Todo ello para no mencionar ritos menos vitales de la existencia humana, pero que podrían simplificarse considerablemente: rascarse la espalda, cocinar en varios fogones al tiempo, contestar el teléfono mientras se hace otra cosa, buscar algo en la guantera del carro mientras se conduce, etc. Incluso los médicos y los odontólogos podrían ser sus propios instrumentadores.

Similar desarrollo tendría el campo de la música, pues un violonchelista podría deslizar el arco con la cola mientras utiliza ambas manos para hacer acordes, y ni qué decir del incremento en las destrezas para la interpretación del piano: obras que precisan de rápidos e importantes desplazamientos manuales y dactilares, como el *Preludio en si bemol*, de Chopin, la *Tormenta de nieve*, de Liszt, y muchas piezas de Schumann y Rachmaninov, serían ahora un juego de niños.

Por otra parte, es innegable que la práctica de ciertos deportes como el atletismo se vería limitada. Las carreras lisas serían ahora más lentas y las carreras de obstáculos deberían redefinirse, pues la altura reglamentaria de 1,067 m para las vallas sería excesiva. Sin embargo, la lucha y las artes marciales, merced al incremento de las capacidades estranguladorias, tendrían un vertiginoso desarrollo.

Tarde o temprano, entonces, la ingeniería genética tendrá que ocuparse en desarrollar la cola humana y para ello valga decir que el mejor modelo lo posee la familia de los primates Atelidae, cuyo representante más conspicuo es el *Ateles fusciceps robustus*, conocido vulgarmente como mono araña o marimonda. La punta de su cola es muy delgada, tiene surcos a la manera de huellas dactilares y una sensibilidad muy fina a la presión, temperatura y dolor. Toda la literatura existente sobre los Atelidae enfatiza el carácter de «tercera mano» que tiene su cola, la que manejan con sorprendente precisión. Los monos araña tienen la habilidad de tomar nueces con la cola, lo cual demuestra una finísima motricidad. Otra característica de ésta es que funciona como un cinturón de seguridad espontáneo: siempre que los monos araña encuentran una superficie a la cual enroscarla, lo hacen de manera automática. Una cola prensil de este estilo nos vendría muy bien en este mundo de tsunamis, catástrofes y ataques terroristas.

Mientras el cuerpo del mono araña tiene entre 40 y 60 cm, su cola tiene entre 60 y 90 cm. Si pensamos que la talla del hombre oscila entre 1,60 y 1,99 m, nuestras colas tendrían un largo de entre 2,40 y 2,98 m. Semejante alcance compensaría el encorvamiento y nos permitiría incluso llegar a sitios más altos y más lejanos de los que podemos alcanzar tan sólo utilizando los brazos. Tampoco se debe temer por las puertas automáticas y las mecedoras, pues la cola prensil se puede llevar enroscada alrededor del cuerpo. Y ya llegados a este punto, debe añadirse que en esta humanidad despersonalizada y carente de afecto, nada como un abrazo completo a tres miembros.

167. La vesícula flatular

Cierta cantidad de aire es deglutido de forma inevitable cuando se come o bebe (aerofagia). La porción que no se elimina en forma de eructos pasa al colon. En este lugar parte del oxígeno se absorbe, y se agregan a ellos hidrógeno, sulfuro de hidrógeno, bióxido de carbono, y metano, formado por las bacterias del colon a partir de carbohidratos y otras sustancias; entonces se expelen como flatos cuyo olor se debe en gran parte a los sulfuros. El volumen de gas que se encuentra en condiciones normales en las vías gastrointestinales humanas es de casi 200 ml, y su producción diaria es de 500 a 1.500 ml. Este déficit de almacenamiento es el culpable de que no siempre podamos reprimir la sobreproducción y muchas veces terminemos pedorreándonos en los momentos y los lugares menos indicados.

Si lográsemos que el yeyuno e íleon fueran efectivamente de apenas dos metros (ver 87), tendríamos espacio para una vesícula flatular (Figs. 213 y 214). Se trataría de una bolsa que se desprende del intermedio entre el colon sigmoide y el recto, conectada a éstos a través de una especie de conducto cístico que siguiendo las reglas de la ley de Laplace tendría la función de almacenar los gases durante 24 a 36 horas. Dicha estructura estaría recubierta por una pared muscular lisa externa encargada de dilatarla y así generar un mecanismo de vacío. La vesícula flatular, al tener menor presión que el intestino grueso, aspiraría los gases. Un órgano así también estaría conectado directamente al esfínter anal por un conducto independiente, para así liberar los gases (mediante una pared interna de músculos que la compriman) sin riesgo de defecación involuntaria.

La vesícula flatular evitaría para siempre el bochorno de despedir flatos en público, además podría actuar como un mecanismo de defensa similar al de los zorrillos y funcionar como la vejiga natatoria de los peces. Su diámetro estaría determinado por…

···

¡Estoy muy contenta!..., ¿te acuerdas del apartamento del edificio donde nos atendió Gloria Pacheco, la amiga de Ofelia, mi compañera del colegio...? ¿Edificio Orines?... jajá, no, tonto, es jajajajajá es, es Erinis, jajá...¡Orines!, ay Ricardo, ja, tú sales con cada cosa... Bueno, no, en serio...: ¿te acuerdas o no?, ¡esos, los de la matica que está pegada a la pared!, sí, pues te tengo una buena noticia. ¡Los financian a treinta años!, ¿no te parece maravilloso?, mira lo estuve pensando: todos los demás los financian a quince, máximo a dieciocho o veinte, ¿qué más da unos años extra por *ese* apartamento?, además, las cuotas quedan iguales, Ricardo, ¿uhm?, bueno, pero ven, muestra un poco de emoción... Tranquilo, yo te comprendo, ¡es que yo tampoco podía creer la noticia! Ven acá, besito, *chuic*, al bebé... *chuic*, ajá, eshe e shu papá, shí, mi bebwito, ¡shu papá!, ay, míralo, te sonrió, ayyy. Bueno, ven, ven te muestro el plan de financiación, deja el saco allí, no te preocupes, ven que esto es más importante... ¡Eh!, ten cuidado ahí con esas cajas, que ahí hay vajilla. Sí, ¿por qué te sorprende?, ya es hora de empacar, porque si firmamos los papeles el viernes, ¿adivina qué?, le entregan a uno la llave, así, ¡tan!, la llave en la mano... ¡Nos podríamos pasar el fin de semana! Ay, estoy tan emocionada. ¡No, Ricardo, tu fiesta es el jueves!, el viernes lo tienes libre y..., ¿cuál guayabo?, abren hasta las cuatro de la tarde, además, no bebas tanto, no es necesario, mira: tú entre semana también te tomas tus cervecitas ¿Ah?, bueno, yo sólo digo lo que veo... Pero no pelees conmigo, Ricardo, mira, ¡es una ocasión especial, sonríe!

Ten cuidado ahí, es que cuando saqué esa silla al corredor, quedó un poco estrecho, ten tú al bebé, yo paso y después me lo entregas. Agárralo, ponle el brazo de…, eso… ah, bueno, pasaste con él. Es que tú eres más flaco. Yo, ay, Dios mío, es que me he pasado un poquito de kilos, jajá. Pero me contó Rochi, la costeña esa gordita, la del mazdita blanco que está ahí, me contó que hay una señora que viene a la casa de uno y le pone unas compresas frías, ella lo está haciendo como una vez por semana y pues, para mi modo de ver, sí le ha resultado, no que uno diga qué bruta, cómo ha adelgazado, pero es que Rochi *¡come!*,… ¿de qué estábamos hablando?, ah, que te tenía una sorpresa… Ojo, no te vayas a tropezar con esa caja, que tiene unas porcelanas. ¿Qué?, ¿bebwé, qué quere el bebwé?, ¿ya no quere eshtar con el papi? Dámelo… Ya, ya, bebwé, esho, esho, uhm uhm uhm… Es que tú no le hablas, háblale que eso se llama estimulación temprana ¿te acuerdas que te leí la revista donde decía?... ¡Tará…! ¡¿ah?, ¿ah?!, ¿a que no te lo esperabas? ¡Apareció!, mira: el álbum de nuestro matrimonio. ¡Qué vergüenza!, ¿cómo se nos pudo llegar a perder? Ven aquí, ven a la camita, bueno, no: ven al colchón, mejor dicho, porque ya la desarmé. Ven, miremos nuestras fotos… Shí, mi nené, vamosh a ver unash fotosh de losh papish.

• • •

Aunque el álbum ya estaba cerrado, la luz apagada, el bebé en su cuna y María Teresa dormida, Osorio continuaba viendo aquellas fotos como proyectadas sobre el cielo raso de la habitación. Ya no sabía qué había pasado con más de la mitad de las personas que fueron al matrimonio. María Teresa y él incluidos, por supuesto. Los puntos que tenían en común, con el tiempo se habían vuelto puntos de descuento en el supermercado. Los días parecían fabricados en serie, como tarros sobre una banda transportadora. El sexo también, sólo que si se medía de igual manera, habría mucha distancia entre cada tarro. Y el niño... —pensaba Osorio—, él no quería tener hijos pero... Menos mal que pensaba irse, porque si se quedaba iba a heredar la colección de barcos de don Ernesto y la reclinomática, pasaría treinta años pagando un apartamento en el edificio más sombrío de todos los que habían visto. Las fotos del matrimonio volvían una y otra vez para contrastar con su presente triste e insomne de colchón en el piso, y aún peor, con el futuro que María Teresa prometía.

¿Qué pasaría con ella cuando él se fuera? Seguro se mudaría adonde sus padres. Ellos se encargarían también del niño. Entre todos armarían la imagen que su hijo tendría de él... Bah, al fin y al cabo era más hijo de María Teresa que suyo. El cauce de su vida no era suficiente para asumir un destino más. Definitivamente eso del hijo lo desbordaba. Mireya seguro se iba a enojar mucho pero al final lo perdonaría, seguiría siendo amiga de María Teresa, seguiría llamándola, se verían de vez en cuando y velaría por el niño como no lo haría él. Bueno, él llamaría para ver cómo estaban, alguna vez, por supuesto —se decía Osorio, mientras en el cielo raso se revolvían las imágenes de casi una década de recuerdos con alegría en degradé. María Teresa, ese remedo de la que salía en las fotos, ahora dormía profundamente, abrazada a él.

El episodio en el despacho de Molano vino a sumarse a las preocupaciones que lo asediaban. Osorio, aturdido por el inesperado descubrimiento de las llaves, había ido a devolvérselas. La Oficina de Seguridad estaba abierta, Molano no estaba pero su saco y su maletín colgaban en el respaldo de la silla. Ya eran las siete, seguro Molano no tardaría en regresar por sus cosas antes de irse a casa. Osorio decidió esperarlo dentro, sentado y dándole vueltas al llavero como si se tratara de un rompecabezas, pero al cabo de un rato lo dominó la ansiedad. Caminó por la oficina, miró un portarretrato con una foto de Molano, su esposa y sus hijos. Molano estaba más joven pero desde entonces ya tenía la cara de atembado, su esposa era una gordita (quizá estaría ahora más gorda) y los hijos aún eran niños. En ese momento alguien apagó la luz, se escuchó el chillido de la puerta al abrirse y una silueta se coló dentro de la oficina. Osorio puso el portarretrato de nuevo en el escritorio y preguntó «¿Molano?». En respuesta, el tipo, que no era Molano, le dijo «Venga, tóqueme la cara.» Osorio, desconcertado, alargó la mano y pudo sentir en aquel rostro una superficie lisa, sin nariz, ojos o boca, pero era claro que de ahí brotaba un llanto de niño. María Teresa se levantó de la cama y avanzó por el despacho de Molano hacia la otra habitación diciendo «*Ya,* ya bebé», cuando Osorio abrió los ojos, aún tenía el tacto de aquella cara y el peso de las llaves en sus manos, pero la sensación sobrevivió apenas unos segundos. El llanto duró un poco más, hasta que fue aplacado por los mimos y cariños que Osorio podía oír desde el colchón matrimonial. María Teresa regresó al cuarto, lo encontró despierto y empezó a contarle la historia de una muchacha que habían pasado en la televisión, que se le infectó una liposucción y habían tenido que cortarle una pierna, qué horror, Ricardo, y la muchacha había engordado un poquito nomás, o sea, eh, bueno, tampoco era que necesitara una liposucción. Además parece que se fue a un sitio ahí, de teguas, pura gente que no sabe y se mete a hacer esas operaciones a lo bestia, sin licencia ni nada… A propósito: hay un centro estético en la autopista que, por ejemplo, es muy bueno, con personal capacitado y todo eso, ¿eh?, ¿qué dices, querido?, ¿te gustaría que me bajara unos kilitos? Ay, Ricardo, no te preocupes, es un sitio certificado ¿Estoy dando mucha lora con lo de la gordura?… Ven dame un besito, *chuic*, ¿me quieres? Sonríe, bobo, no te quedes mirándome así que pareces triste, *chuic*, ah, miamor, ven, durmámonos, uhm…

Osorio continuó despierto. Cuando había ido a la oficina de Molano, la había encontrado cerrada, las llaves aguardaban en la guantera del carro para ser devueltas a primera hora, antes de que Molano fuera a la oficina del doctor Aguayo. El cielo raso estaba enchapado en graniplast, tenía un acabado de pequeñas estalactitas con ramificaciones; cuando éstas empezaron a moverse, Osorio supo que se había dormido de nuevo.

∙ ∙ ∙

Pasó buen tiempo atollado en una duermevela de vejiga llena, verga parada y babas secas. Mientras, un manto de olvido se tendía sobre sus sueños fundamentales. Luego se revolvió en las sábanas, bostezó, se frotó los ojos, los abrió bien y esperó a que los números del despertador cobraran nitidez: 8:40 a.m.

Ni siquiera se cepilló los dientes. Manejó sin cautela. Llegó en 23 minutos a La Empresa. Giraldo, que venía caminando frente a la puerta del parqueadero, tuvo que tirarse para no ser arrollado. Osorio, en su carrera, pateó un zapato que Giraldo había perdido. Subió las escaleras de tres en tres, bajó por el tubo de bomberos, entró en la Planta de Detergentes, se metió en las bodegas, salió al *call center*, desembocó en planta eléctrica, llegó a la Casa Quince y corrió hasta la Presidencia. Cuando se detuvo frente a Molano estaba sin aire, tenía los ojos desorbitados, la mandíbula desencajada y las llaves de la Casa Cuatro en la mano. La puerta de la oficina de Aguayo estaba abierta, Molano se disponía a entrar.

—Molano, aquí están las llaves —le dijo, con el último resuello.

Molano las recibió. Tenía una cara inmensa de preocupación.

—Es que hay un tipo en el sótano y…

—Tome aire —le aconsejó Molano.

—Lo espera el doctor Aguayo —dijo la secretaria, perentoria.

Las facciones de Molano se torcieron como plástico sometido a las llamas: parecía una sonrisa.

—¿Va a entrar o no? —preguntó la secretaria, impaciente.

—No la vaya a cagar. Mire que yo cumplí —le dijo Osorio, reponiéndose.

La puerta de la oficina se cerró tras Molano, Osorio quedó cara a cara con la secretaria.

—¿Viene por su certificación? —le preguntó ella, una señora madura, amargada y medianamente atractiva.

Osorio asintió. La secretaria abrió la puerta de la oficina, metió la cabeza y luego se volvió hacia él.

—Dice el doctor Aguayo que pase a su oficina.

Dentro, Molano acababa de sentarse en uno de los sillones frente al escritorio. Aguayo lo invitó a tomar el otro asiento.

—¿Qué, Osorio, cómo va lo de la fiesta?, ¿ah?

—Pues, bien doctor.

—¿Ya volvió Elsy? —le preguntó, mirándolo a los ojos.

—Sí, doctor —mintió Osorio.

—¡Ah, bueno!, y viene por la certificación —constató Aguayo.

—...Sí.

—¿Qué le parece, Molano, le damos una certificación a Osorio?, ja —preguntó dicharachero el presidente de La Empresa a su Jefe de Seguridad.

Molano miró a Osorio, luego miró a Aguayo, forzó una sonrisa y, por fin, dijo que sí. Aguayo estampó su firma en una carta que tenía sobre el escritorio, la dobló en dos y se la entregó a Osorio, que dio las gracias y se quedó inmóvil, con el desconcierto de quien venía preparado para mayores dificultades.

—¿Se le ofrece algo más?

—No, doctor.

—Bueno, entonces váyase, ¿no? —dijo Aguayo.

—¡Un momento! —lo detuvo Molano.

—Eh…

—¿Cuándo es que es la fiesta, doctor? —preguntó Molano, socarrón.

—…El jueves. Pasado mañana —respondió Osorio, y salió.

Regresó al parqueadero. Giraldo caminaba renco y en su mirada de miedo titilaba la rabia, su sombrero de vigilante se le había abollado. Osorio se montó al carro, salió a la calle y tomó la Avenida de las Américas hacia los cerros. Llamó a Ángela, ¿ya estás ahí?, nos vemos ahorita, te amo. Recorrió el perpetuo otoño del Park Way y subió a la carrera 17, que según los mapas oficiales es Avenida del Paraguay, según los letreros viejos Avenida del Uruguay y según los letreros nuevos Avenida Mariscal Sucre. Dobló al oriente por la unánime Avenida Chile y se adentró en el barrio El Nogal, compró chicles en una esquina, dobló en la calle de los anticuarios, parqueó al lado del Volkswagen en que lo esperaba Ángela. Tenía unos jeans ajustados, una blusa blanca y una chaqueta negra entallada, estaba, para variar, hermosa. Se dieron un beso terso bajo el árbol y entraron a la agencia de Viajes Eskape.

Mónica, la gordita de ojos verdes, les recibió los papeles para la visa argentina.

—¿Y no toca ir allá para hablar con un oficial consular, llevar fotos, etcétera? —preguntó Ángela.

—Tenemos un hombre en la Embajada —respondió Mónica, guiñando un ojo—. …Bueno, me dicen que quieren viajar pasado mañana…

—Sí —respondieron al tiempo, se miraron, sonrieron.

—¿Nueve de la noche está bien?

—¿No tiene otro más temprano? —preguntó Ángela.

—Hay uno a las cinco, en Avianca, pero está lleno… Podría ponerlos en lista de espera.

—No, nueve está bien —dijo Osorio, mirando a Ángela.

—Sí —dijo ella, y le apretó la mano entrelazada.

Mientras Mónica les hacía las reservas en el computador, Osorio y Ángela empezaron a cuchichear:

—¿Te estresa la hora?

—Es que a las ocho ya Jorge Abel va a estarme buscando, va a estar preocupado por que no llego —explicó Ángela—. Por eso me gustaría que nos fuéramos antes. No es miedo de que me vaya a encontrar, es algo que no sé cómo explicarte…

—Pero…

—Sí, ya sé: en el otro vuelo no hay cupo —dijo ella, resignada.

—No importa, señora: apaga el celular y así no le toca dar explicaciones —se entrometió Mónica.

Ángela, pasado el rubor, empezó a reírse con ella, Osorio se sumó.

—Ya está —dijo Mónica, entregándole un recibo a Osorio—, entonces lo espero mañana a las tres… Y buen viaje, ¿no?

Cruzaron la novena y se metieron en un café que también podía ser considerado bar tempranero: tenía parasol verde, televisor suspendido en una esquina, un borracho mirando ausente a la ventana con mosca. Tomaron una mesa al fondo, en el claroscuro suave de las once. Él ordenó un café; Ángela, una gaseosa al clima.

—¿Sabes?, yo estaba segura de que nosotros íbamos a terminar en éstas —le dijo Ángela. Su gaseosa era roja, y le había teñido un poco los labios y la lengua—. Cuando María Teresa nos presentó, a mí me dio como un susto —continuó—. Me pareciste muy papacito —le sonrió, ladeando la cara—. Luego, ya después se me olvidó, lo dejé así, pues…; pero al principio sí, de una me gustaste.

—Mmm… —ronroneaba Osorio.

—Entonces me di cuenta de que tú también me mirabas, me refiero a que *me mirabas*.

—Claro —confesó Osorio, divertido.

—Pero yo también me vestía para ti. Me ponía cosas…, por ejemplo, un día, mucho antes de que arrancáramos, yo supe lo de la falda negra, por cómo me mirabas.

—¿Por eso te la pusiste para el cumpleaños de Mireya?

Ángela sonrió.

—Malvada.

—Tragada —corrigió ella.

Lo miró bonito a los ojos, le sonrió y le dijo te amo. Osorio dio una vuelta alrededor del planeta, o a lo que él consideraba era el planeta Tierra, pensó en todos los seres humanos que recordó o pudo imaginar, y se rindió a la evidencia de que en efecto él era el hombre más feliz del mundo. Se dieron un beso largo y juguetón, con intervalos de miradas a los ojos, Osorio sentía que podía entregarlo todo por ella, deponer sus armas, destaparse el pecho con un abrelatas para entregarle su corazón envuelto en papel celofán.

• • •

—¿En efectivo? —se asombraba el gerente, un tipo pulcro e incrédulo, joven, con cejas desflecadas y *brackets* tardíos.

—Sí.

El corazón de Osorio era un loco dándose contra las paredes, las manos le sudaban, no podía dejar de mover las rodillas.

—Pero... eso es mucho dinero —objetaba el gerente—. ¡Mucho!

—Sí —respondió Osorio.

La Técnica de los Monosílabos la había aprendido de Leonel Villamarín, un primo que había hecho mucha plata en almacenes de repuestos, locales comerciales y venta de carros. «Cuando presté servicio militar, me fue bien porque todo lo decía con una o dos palabras», había dicho Leonel en un asado donde Mireya. «Los dragoneantes pensaban que era un sicópata, porque hablaba muy serio además. Pensaban que no valía la pena llevarme la contraria. No me jodían... Después la he seguido usando en los negocios y, no crea: ¡me ha resultado!». Ese era, según él, el secreto de su éxito. Osorio había tomado nota y había probado la técnica de los monosílabos con un agente de tránsito que pretendía multarlo. Funcionó: el tipo por poco termina pidiéndole perdón. Esta vez Osorio buscaba lo mismo con el gerente de la sucursal donde su mujer y él tenían la cuenta bancaria.

—Y en qué se los piensa llevar —le preguntó el gerente, antes de continuar, irónico—: ¿en una bolsa?

—Sí —dijo, torvo, Osorio.

—Le dijeron que no hablara con nadie, ¿verdad?... —preguntó el gerente, con un inesperado asomo de condescendencia.

Osorio guardó silencio, no entendía de qué hablaba.

—Tenía que venir solo al banco, ¿no es cierto?

—Sí.

—¿...Y va a llevarse la plata en una bolsa?

—En una bolsa, sí.

—¿Sabe qué hacen, a veces, los muy hijueputas? Lo siguen, esperan a que salga del banco y, cuando va camino a su casa, lo roban. Luego lo llaman y le dicen que no les ha entregado el dinero, y aunque usted sospeche y les pregunte, ellos le dicen que no fueron ellos, lo hacen pensar que en realidad usted está cósmicamente cagado: «El día que fue a sacar la plata del rescate para pagarle a unos criminales, otros criminales lo robaron».

Osorio podía notar que todos los que estaban a espaldas del gerente se estaban dando cuenta de que el tipo estaba muy conmovido.

—Mire, señor..., hágame caso —continuó el gerente—, deje en la cuenta por ahí cinco millones. Yo sé por qué se lo digo.

—Bueno —respondió Osorio.

El gerente tenía una idea sensata: le dejaría cinco millones en la cuenta a María Teresa. Dejarle esa plata era como pagarle una indemnización. Y la plata que habían puesto sus suegros para la casa..., pues la iba a tomar como un préstamo. Se iría con buen dinero para hacer algo, «montar un restaurante en Buenos Aires, de lujo, cerquita de la Bombonera, por ejemplo», ideaba Osorio. Cuando le empezara a entrar dinero, les iba a girar desde allá hasta pagarles la deuda y, si querían, intereses.

—Yo pasé por lo mismo que usted —le confesó el gerente.

La oficina tenía persiana vertical hacia el andén y vidrios desnudos hacia el interior del banco. Si el gerente se rascaba las bolas o se sacaba mocos, lo haría delante de todo el mundo. Así tampoco los clientes se atrevían a llorar por un préstamo. Pero más raro aún, y mucho más notorio, era lo que estaba sucediendo: el gerente había empezado a llorar.

—Perdóneme, es que yo pasé por la misma experiencia que usted.

Osorio seguía callado. Ya ni siquiera le salían monosílabos. Cuando uno piensa sacar tanto dinero en efectivo, procura que el trámite sea lo más discreto posible, pero el gerente de la sucursal se derrumbaba frente a él, los cajeros, las asesoras, el portero y todos los ahorradores que estaban en la fila, separados apenas por un vidrio que retenía los sonidos pero filtraba las imágenes de lo que ocurría dentro.

—A mí me secuestraron a mi hermano —dijo el gerente—. ¿A usted, le secuestraron algún pariente, verdad?

Osorio, sorprendido y no muy cómodo por el rumbo que estaba tomando la conversación, asintió.

—¿Su papá?, ¿o su mamá?

Osorio se demoró en contestar, y el gerente continuó:

—¿Un hijo?, ¿su esposa?... ¿Su esposa?

«Bueno, si alguien iba a estar secuestrado, mejor que fuera María Teresa, pues así no la iban a llamar para pedirle firmas o autorizaciones», asentía Osorio

—Qué son, ¿guerrilleros? ¿paras? ¿delincuentes comunes?

—No sé.

—Yo pasé por lo mismo que usted, ¿cuánto tiempo lleva sin dormir?

—Bastante.

—Créame: yo sé lo que es eso. ¿Cuánto le pidieron?

—Bastante —repitió, ¿qué más iba a responder, si estaba sacando casi todo?

—¿Y le alcanza con esa plata?

—…No.

—Ehhh, claro, es que piden cifras inverosímiles ¿no? Esos hijueputas —se indignaba el gerente.

Osorio asintió, un poco aterrado. El gerente disertaba:

—Pero yo le aconsejo que de todas maneras deje cinco milloncitos de pesos, porque a lo mejor tiene que arreglar con otra gente, ¿me entiende?

—Sí —dijo Osorio, aunque no entendía nada.

—Ésos son igual de caspas, son unas mierdas, pero cumplen. Porque yo los traté… —el gerente hizo una pausa, tomó fuerzas para enfrentarse con sus recuerdos—. Cuando no devolvían a mi hermano ni nada, a mí me contactó un tipo (mire, yo no sé si de los paracos, o guerrillos, o del estado, o independientes) y me dijo que por una plata ellos me averiguaban. Pues yo alcancé a reunirme con ellos y a vender unas cosas, a juntar algo más y les pagué; era bastante plata, pero todavía podía juntarla: nos trajeron pruebas de quiénes eran la banda, y la confirmación de que Vicente, mi hermano, estaba muerto… Lo habían matado hacía meses, y nos seguían llamando a cobrar, seguían sacándonos plata.

—Ajá.

—¿Sabe qué hice? —preguntó el gerente, pelando los dientes como un perro—, el siguiente pago que estaba juntando para el rescate, se lo di a los otros, a estos señores que le cuento, y, ¿quiere que le diga una cosa?, mi hermano está vengado. —El gerente luego de un silencio, concluyó—: Entonces, de corazón, le deseo lo mejor, pero si la cosa se le embolata por ahí…, llámeme, y yo lo pongo en contacto con el señor este, a ver qué puede hacer él. Aquí entre nos, ¿no?

—Ajá.

—Es que este berraco país está jodido, ¿no le parece? —preguntó el gerente, amigable.

Osorio asintió: ésa era otra de las razones por las que se quería ir.

—Ya le arreglo lo de su plata —dijo el gerente—. Y cuídese a la salida porque le pueden hacer esa jugada que le conté.

Los monosílabos habían funcionado.

Luego de llamar al banco y confirmar que aquel dinero le pertenecía, los funcionarios del MoneyGram del Centro Comercial Granahorrar no tuvieron más remedio que cambiárselo por dólares y, luego de que éstos se les terminaron, completar con euros. Todos, quizá atemorizados por los monosílabos y la cantidad de dinero, se esforzaron por no demorarlo ni llevarle la contraria. Osorio, con la guantera repleta de billetes, regresó a La Empresa.

—Uy, doctor, ya estaba a punto de irme —le dijo Buelvas, en la antesala del Departamento de Recursos Humanos—. Pensaba que se le había olvidado.

—Cómo se le ocurre, claro que me acordaba —respondió Osorio, sin saber a qué se refería Héctor Buelvas, comisionado festivo.

—Aquí le manda el señor Recio —le dijo Buelvas, extendiéndole un papel doblado.

Osorio lo extendió. Estaba escrito a máquina. Decía

Acuérdese de que me prometió llevar a Elsy. Tráigala. Si no, no voy a abrir la puerta del Rincón Pacífico y se le echa a perder su fiesta. Como le dije, Ricardo, yo creo en el prahrabda.

—¿Malas noticias?

—No, todo bien —mintió Osorio.

— Ah, ¿y trajo los afiches y las invitaciones?

¡Los afiches y las invitaciones!, eso era por lo que había venido Buelvas. Menos mal que estaban en el carro.

—Acompáñeme a buscarlos —dijo Osorio, mientras abría la puerta que daba al corredor.

—Oiga, doctor, perdóneme que le diga, pero ahí está oliendo mal.

—¿En serio huele mal? —preguntó Osorio, con agresiva ingenuidad.

Buelvas no replicó. Fueron al parqueadero. En la garita de Giraldo estaba otro vigilante, uno orejón y cascorvo que generalmente estaba asignado a las bodegas de Mermeladas. Osorio lanzó una red mental y pescó un montón de nombres, ninguno de ellos el del tipo.

—¡Ey!

—¿Cómo le va, doctor Osorio?

—¿Y Giraldo? —preguntó, tratando aún de recordar cómo se llamaba, pero nada.

—Está en la enfermería, se dislocó la rodilla —la mirada del vigilante orejón era acusadora.

Osorio no quiso hacer más preguntas. Buelvas lo siguió hacia la escalera.

—¿Ve?, ahí está el desprendible para entrar —señaló Osorio en una de las boletas—. Tenemos que poner a alguien en la portería. Acuérdese que en la fiesta del 2001 se coló un montón de gente de las veredas cercanas, y acabaron con todo.

—Elber Castro se va a encargar de eso, doctor —lo tranquilizó Buelvas.

—Bueno, entonces, buena suerte repartiendo las boletas —le dijo Osorio.

—Voy a necesitar una lista de empleados, doctor.

—¿Y de dónde la sacamos?

—¿No la tiene usted, ...o doña Elsy? —preguntó Buelvas, intrigado, casi escandalizado.

—Ah, pues claro. Ya voy y se la imprimo —dijo Osorio.

—Lo acompaño.

—No, Buelvas, cáigame en un ratico... O, ¿sabe qué?, encontrémonos en el restaurante en veinticinco minutos, y le entrego la lista —corrigió, mientras se alejaba por las escaleras.

Deshizo camino a su oficina como una bestia de carga que recorre una senda de tierra. Abrió la puerta del Departamento de Recursos Humanos y pensó que Buelvas tenía razón:

la antesala olía a vísceras y moho, pero su oficina realmente apestaba. Los zumbidos de moscas gordas se entreveraban con el tic tac. En la atmósfera grasosa de su despacho, quizá tenía sentido aquel paisaje del reloj, que era como si los 37 °C de Honda, infernal puerto sobre el río Magdalena, estuvieran junto a los Alpes Suizos. En algún punto bajo el disco del reloj, el Hombre Caimán podía estrechar su mano con el Abominable Hombre de las Nieves sin problema. Osorio se aplastó en su silla. Sentía que en la moqueta húmeda crecían manglares sobre los que resbalaba su escritorio. No pudo soportar el tic tac: se puso de pie, salió, cerró la puerta tras de sí y se quedó en la antesala. Miró hacia el suelo, si alguna lista de personal existía, debía estar en el computador de Elsy, pues Osorio apenas utilizaba el suyo para elementales consultas de Internet, escasos mensajes electrónicos y para jugar solitario.

Tuvo que abrir de nuevo su ofi*tic*na, *tac*rrastró el escri-*tac*rio de Els*tic* has*tac* la anti*c*sala. *Tac*bién sacó la silla gira*tic*ria. Cerró la puer*tac*, respiró hondo y acomodó de nuevo el escritorio contra la pared; luego puso encima el teléfono y el computador. Lo encendió: pedía clave para acceder a los archivos. Osorio respiró hondo, miró hacia el techo y marcó el teléfono de Elsy.

—¿Aló?... ¿Alóó?

—Elsy.

—Doctor —Elsy estaba sorprendida. Al fondo, se oía el televisor y unos gorgeos como de lora asmática. Algo sonó, como si se quebrara, Elsy dejó el teléfono descolgado. Se interrumpió el sonido del televisor—. Mami, le dije que no cogiera esas porcelanas, venga. Venga, sumercé siéntese aquí tranquilita, que ya la atiendo, mire, aquí está para que siga con el tejido. Eso mamita, así, ya… ¿Aló?

—Qui'hubo Elsy, ¿cómo le va?

—Bien, sí señor.

—¿Ya fue por su liquidación y todo eso?

—Pues, ya pasé por el Departamento Jurídico, sí señor.

Eso quería decir que Fonseca estaba enterado de todo el asunto. Él era el que había ido con el chisme a Presidencia.

—¿Doctor Osorio?

—Sí.

—Y usted, ¿cómo está?

—Elsy, ¿quiere que le diga la verdad?... Lo de la fiesta ha sido muy complicado. Uf, si viera…, me ha hecho mucha falta. Además, se perdió las sesiones de magia, los recreadores, los grupos musicales, los…

—Sí, me imagino. ¿Pero sabe qué?, no quiero tener nada en común con La Empresa, perdóneme que le diga así, pero tampoco quiero tener nada que ver con usted: eso no me hace bien —su voz era un espartillo doblándose en el viento—. Mis prestaciones me alcanzan —dijo con ilusión—, voy a hacer un curso de repostería, voy a cuidar a mi mamá, voy a afiliarme al Círculo de Lectores… ¿Para qué me necesita?

—Ah…, pues…, yo la llamaba para dos cosas.

—Ajá.

—La primera es que necesito la clave de su computador, para buscar una información.

—cualquiercosa, pegado, toda en minúsculas —dijo Elsy, y sin embargo, tuvo que deletrearle.

Osorio tecleó y al final *enter*.

—Está cargando los archivos.

—¿Qué busca? —preguntó Elsy, curiosa.

—La lista de todos los empleados.

Elsy, lo fue comandando, abra esta carpeta, siga ahí, adonde dice *mis documentos*, etcétera. Dele ajustar página, en la casilla de la derecha, échele papel a la impresora.

—Bueno, va a tener que contratar una nueva secretaria.

—No, no va a hacer falta, Elsy… Aunque me habría hecho la vida más fácil si hubiera seguido trabajando conmigo al menos hasta pasado mañana —reconoció Osorio.

—Mami, estese quieta, que se va a caer de ese sillón, venga, agarre el muñequito… Perdón, doctor, pero es que tengo que arreglar un asunto aquí en la casa —finalizaba Elsy.

—Espere, Elsy… Eeehmm —se impulsaba Osorio—. ¿No le gustaría ir a la fiesta?… En calidad de invitada, digo.

—¿Usted me está coqueteando? —preguntó Elsy, con rencor—. Sepa que yo *nunca* he ido a la fiesta de La Empresa —aseveró—. Nunca.

—Elsy, le tengo un parejo, alguien que la anda preguntando —dijo Osorio, enigmático, celestino.

—Ay… (¿por qué le sigo diciendo *doctor*, si usted ya no es mi jefe?), ay, *Ricardo* —paladeó el nombre—. ¡No me llame más! —y tiró el teléfono.

Marcó de nuevo; Elsy había dejado el teléfono descolgado.

Buelvas ya estaba en el restaurante cuando Osorio llegó. Martha Yaneth, cuando volvió de la cocina con las sopas del menú, le dijo «¿Cómo hace para saber, doctor Osorio, si de verdad le escupí la sopa antes de servírsela o apenas lo digo por joderle la existencia?», y se rió.

Buelvas permanecía callado. Osorio, sonriente, se tomó una cucharada.

—De todas las cosas que de verdad me joden la existencia, esta no es nada; no se dé tanta importancia.

Martha perdió por nocaut. Se fue. Osorio sacó la lista y la puso en la mesa.

—Aquí está cada dependencia.

—¿Usted me va a ayudar?

—Claro —dijo Osorio, aunque le hubiera encantado no hacerlo.

—Entonces nos podemos dividir La Empresa entre zonas administrativas y zonas industriales, o por los números de las Casas, o uno se encarga del área de alimentos y el otro cubre la de limpieza, por cuadras…

—No, no se ponga inteligente —lo cortó Osorio—. Agarre estas tres primeras hojas, yo agarro las tres últimas.

Las dependencias que le correspondieron a Buelvas iban de la *A* a la *L*. Osorio cubriría de la *M* a la *Z*. Aquella repartición alfabética era la más torpe de todas, pues así ambos tendrían que recorrer en desorden diferentes partes de La Empresa. Osorio, aunque pronto se dio cuenta de su error, no se echó para atrás. Buelvas tampoco protestó. Después del almuerzo se separaron.

Osorio descubrió que la maraña de corredores, escaleras, puertas falsas, pasadizos, vestíbulos, oficinas y despachos era tan intrincada, tan desconcertante como la organización que planteaba la lista que llevaba en mano. Por ejemplo, Miguel Aristizábal, Gabriel Mendoza y Jorge Pabón llevaban casi una década trabajando en el Área Administrativa de Dulces y no sabían que estaban agrupados en la Subgerencia de Gomitas; además, nunca había existido un letrero que anunciara dicha subgerencia. Otro caso era el de Daniel Torres, *Inspector de Refrigeración*, y Fernando Ospina, de *Insumos Congelados*: ambos tenían prácticamente las mismas funciones, pero el despacho de uno estaba junto a las bodegas de la Casa Cuatro mientras el otro trabajaba en un tercer piso añadido a la Planta de Ceras. Más raro aún: en la Planta de Mermeladas había un *Jefe de Mantenimiento*, pero quien hacía lo mismo en la Planta de Detergentes se llamaba *Inspector de Máquinas* mientras en la Planta de Dulces se trataba del *Supervisor Industrial*. Osorio, sin embargo, no se esforzó demasiado en descifrar: era tarde para hacer algo al respecto y era suficiente para él con el fantasma que habitaba los bajos del sistema de túneles. Fantasma que no visitó por estar ocupado repartiendo boletas y pegando afiches de la fiesta.

A las seis había terminado y fue a encontrarse con Buelvas, quien ya lo esperaba en el restaurante. Pidieron café, Osorio encendió un cigarrillo.

—Me faltó un bodeguero porque estaba enfermo, una secretaria del Área Administrativa de Mermeladas y dos trabajadores del *call center*. Ah, y doña Elsy... Pero supongo que la boleta se la entregará usted, ¿no? —preguntó Buelvas—. Todo el mundo está muy entusiasmado, doctor, viera cómo me preguntaban por la fiesta...

—Sí, a mí me pasó lo mismo —dijo Osorio, aliviado porque Buelvas se hubiera encargado de Lozada y Fonseca. Él, por su parte, había repartido casi todas las invitaciones o se las había hecho llegar a los pocos ausentes. Incluso le había entregado una a Arana, el bodeguero enemigo.

—Uf.

—¿Cansado, Buelvas?

—Claro, doctor. Hemos volteado todo el día, ¿no le parece?

Osorio le dio la razón.

—Sabe, me pasó una cosa muy rara: no pude encontrar el Archivo de Remanentes.

—Pues, debe ser el Archivo, el Archivo-archivo. ¿No? —dedujo Osorio.

—Pues no, doctor, imagínese que el Archivo se llama Archivo a secas. Fíjese —le mostró Buelvas la planilla—. Aquí está el Archivo y los que trabajan ahí: don Hernando y la pelada esta... ¡Hilda!, Hilda Zamora ¿ve?

—Sí.

—Pero fíjese que aquí hay otra casilla donde dice Archivo de Remanentes.

Sí, y junto a ella, en el espacio dedicado al personal, había un nombre: Lic. Conrado Pérez R.

—¿Y ése quién es? —preguntó Osorio, masticando el humo del cigarrillo.

—Pues ni idea. A lo mejor ese Archivo de Remanentes no existe. Debe haber un error...

Osorio palideció.

—¿Le pasa algo?

—No, nada… No es nada. ¿Qué nos falta, ah?

Apagó la colilla en el cuncho de café y luego de ultimar detalles se despidió. Fue hasta Casa Dos por corredores que había empapelado Buelvas, entró a la Sala de Cata, en busca de la Ruta del Horno.

En 1975, cuando don Milciades determinó que el segundo piso estaría dedicado por completo a oficinas, en la Casa Dos quedó un horno de ladrillo que además era parte estructural, pues el buitrón por donde salía el humo era al mismo tiempo una columna. Debido a que quitar el horno implicaba demoler la casa, se decidió dejarlo ahí, donde en la actualidad funcionaba la Sala de Cata. En ella, Clavijo degustaba mermeladas, pulpas, confituras, galletas, coberturas y diferentes variedades de chocolate. En un mesón que circundaba el recinto había frascos abiertos, cucharas, erlenmeyers, lotes de dulces y muestras de mezclas en diferentes partes del proceso. Había dos asientos más.

—Cómo estás, Ricardo —Andrés Clavijo era de los pocos que lo llamaban por su nombre y que no le decía «doctor». Aunque no eran amigos, se conocían porque habían ido al mismo colegio.

—Andrés, tiempo sin verlo —le correspondió Osorio, sin tutear—… ¿Y los demás? —preguntó, mirando hacia los puestos vacíos.

—Silvia tiene una licencia porque se fue a un curso de diez días en la *Lyonnaise des Sucreries*, en Francia.

—Qué bueno —interrumpió Osorio.

—Payares renunció hace como dos meses —continuó Clavijo; Osorio, cuyo deber era estar enterado de tales cosas, calló—. Es que el señor Payares era el más antiguo —explicó el catador— y luego de tantos años trabajando en esto… —dijo, cabizbajo—. Cuando se fue, tenía 150 kilos, la presión alta y las arterias tapadas. Mucha azúcar. Ni para qué me pongo a contarte las indigestiones, los gases, las diarreas que le daban…

—¿Y va a ir a la fiesta? —preguntó Osorio, cambiando de tema.

—Pues claro, ¿cómo me la iba a perder? —respondió el otro, entusiasmado.

Osorio se despidió con estrechón de mano, entró a la bóveda oscura del horno procurando no tocar las paredes musgosas. Levantó la cabeza, miró a través de la chimenea que no sacaba humo desde hacía décadas, mero hueco por donde se colaban los murciélagos y entraba la lluvia. En el rectángulo de cielo amoratado que pudo ver, un lucero anticipaba la noche. Bajó por una escalera que descendía a la Planta de Mermeladas. Allí lo recibió el alborozo de los operarios: «¿y va a tener grupo musical, doctor?», «¿puedo llevar a la hermana de mi novia, doctor?», «¿hasta qué horas va la rumba?», «qué van a dar, ¿aguardiente o ron?», «¿asadito?», «¿es definitivo que no hay trabajo el viernes?», «uy, bacanísimo, doctor».

Salió a la zona de refrigeradores, tomó el desvío hacia el punto de ventas, salió al pasillo, abrió una puerta a su izquierda y recorrió el pasaje que está entre la casa abandonada y el Departamento Jurídico. Allí lo detuvo el pesado de Fonseca.

—Qui'hubo de mi aumento, Osorio —le espetó, con un puño cerrado—. No me puede demorar un día más la autorización —cerró el otro—. Ya le di en la jeta una vez —infló el pecho—. Si quiere, repetimos —amenazó.

No le temía a la furia encorbatada de Fonseca. Además, sus asuntos rodaban en su interior a altas revoluciones mentales; en ese momento era peligroso importunarlo, y menos, mucho menos, venirlo a matonear. Entornó los ojos, midió las proporciones de Fonseca, estudió la posición de sus pies, hizo cara de pendejo para despistarlo y zas, le mandó un gancho al hígado. Fue una carga de profundidad en la que congregó toda su fuerza. Un espasmo de ira convertido en puño. Pero Fonseca lo esquivó.

Luego vino, certera, la réplica de Fonseca. En toda la mandíbula. La visión de Osorio tomó una consistencia arenosa. Instintivamente alzó la mano y se apoyó contra la pared. Menos mal: de lo contrario, habría caído al piso. Después vino el rodillazo en el estómago y Osorio se dobló. Vio los pies de Fonseca mientras se iba, respiró hondo varias veces; al principio, el oxígeno se asomaba apenas a su garganta y escapaba, pero poco a poco logró que volviera a los pulmones, uno, dos, uno, dos, así. Aún apoyándose en la pared, se levantó. Por las ventanas del Departamento Jurídico pudo ver cómo los otros palmeaban en la espalda a Fonseca y lo miraban divertidos. Osorio continuó hasta la Planta de Dulces, bajó por la rampa de carga a los túneles y caminó despacio pegado a la pared mientras se normalizaba su respiración. Se detuvo porque le dieron náuseas y se le vino a la boca un reflujo de café y jugos gástricos. Tosió muchas veces. Tomó aire de nuevo. Entró al pasadizo. Caminó hasta el fondo. Llegó al vestíbulo. Aguzó el oído. Desde dentro venían palabras dichas en voz alta, con la misma entonación, como si alguien tratara de memorizarlas. Osorio pegó la oreja a la puerta. Entre su oreja y la lámina de metal se hizo un vacío. Quiso desentrañar las pequeñas resonancias, desmenuzar los sonidos, armar frases, pero hubo silencio. Su ojo derecho quedó a ras de pared, mirando hacia el socavón. De repente, percibió que en la oscuridad se formaba un tenue punto de luz. «El maldito puede verme», fue lo último que pensó Osorio antes que, justo al nivel de su oreja, dieran un martillazo a la puerta. Los sesos le rebotaron dentro del cráneo como semillas de maraca. La cabeza se le llenó de cigarras. No tuvo idea de cuánto tiempo tardó en reponerse.

—Ya sé, hijueputa, acá es el Archivo de Remanentes... Conrado Pérez... ¡Conrado Pérez!, ¡ja!, ya te voy conociendo.

No encontró qué más decir. Le dolía el pecho y la mandíbula. Una aguja le taladraba el cerebro.

· · ·

En la Avenida de las Américas marcó el número de Ángela. Se juraron amor, charlaron bobadas, repasaron el plan. «Bueno, amorcito, tengo que colgar porque llevo un montón de tiempo parqueada aquí al lado de la portería. Ya se ve raro que no entre», se despidió ella. «Te amo», «Te amo, ¡nos vamos!», «Llámame mañana», y más teamos. Después de esa conversación ninguna derrota le importaba.

Cuando iba frente al edificio de posgrados de la Universidad Nacional, le sonó el teléfono. Contestó.

—Ricardo… —era Mireya.

—…Qui'hubo, hermanita.

—¿Hasta cuándo te me vas a esconder?

—¡Yo no me estoy escondiendo!

—Sí, y las ranas comen pan —clic.

Osorio, con remordimientos agrietando su felicidad, continuó. Cuando atravesaba Pablo VI, Mireya de nuevo: «No se te olvide que al fin y al cabo somos familia, eh», dijo, y volvió a colgar.

No había nadie en casa. Osorio esquivó las cajas y se sentó en una poltrona sin cojines, embalada en plástico; encendió un cigarrillo. Tiraba la ceniza al piso descubierto, pues María Teresa ya había retirado la alfombra. El resto del mobiliario también estaba plastificado, como crisálidas. Osorio se puso de pie y miró por la ventana. Pensaba que más allá de la mustia avenida y la chata urbanización que le recortaba el paisaje, al otro lado de la ciudad, Ángela estaba en iguales vísperas. ¿Cómo estaría ella lidiando la despedida?, se preguntaba.

¿Tendría nostalgias? Osorio sentía celos de Jorge Abel; quería que llegara pronto el jueves para que Ángela fuera sólo suya. Pero faltaba poco, muy poco.

Arrojó la colilla y caminó hasta el comedor. Allí escarbó en una pila de objetos sin empacar, fósiles de iniciativas perdidas y nostalgias muertas, más cercanos del basurero que del camión de mudanzas, todos a la espera de una improbable absolución. El aparato para hacer abdominales que ofrecían en televentas, el álbum de España 82, viejos acetatos de los *14 Cañonazos Bailables*, una cámara fotográfica de flashes desechables, una máquina sumadora, baterías sulfatadas, un radio desguazado, una caja de tornillos y mecanismos incompletos, un curso de inglés en fascículos, candados sin llave, un extintor que nunca conoció el fuego, una cafetera rota, un guante de lana solitario, una cantimplora sin tapa, un juego de horribles portavasos que les habían regalado y habían olvidado volver a regalar... Osorio pensó si valía la pena rescatar algo de allí y concluyó que no. Nada. La suya era una partida sin nostalgias, sin souvenirs; con agravio, para que fuera definitiva. Mejor así.

Ricardoo… Ah, estás ahí. Hola miamor, ¿cómo te fue?… Espérate pongo al bebé en la cuna, que viene dormido. Sabes…, tiene un poquito de tos; para mí que es porque con lo del trasteo se ha levantado *una polvareda* que lo puso mal… Ya vengo y te cuento.

Ahora sí, hooola, *chuic*; otro, *chuic*, ahh. ¿Viste el reguero de chécheres que hay aquí? ¡Juepucha!, uno sí acumula mucha cosa, ¿no te parece? Ven, dame espacio, déjame ver… Uy, ¿te acuerdas de este disco? Lo poníamos y lo poníamos sin parar: Cuando la vi me enamoré/ me enamoré como por vez primera/ nanana-na nanaaa-naná (¿cómo era que seguía la letra?… en fin)/ nanana-ná nanaaa-nanana…/ eeera tan lindaaaa/ más linda queee unaaa estrellaaa/ sus ojos bellooos/ mi corazón aún cau-ti-van…/ ey, tú muchacha-triste- ven-dame-un-beso eso eso eso… ¿Qué te pasa, Ricardo, que estás como elevado? La fiesta, claro. Pero ya es pasado mañana, ¿no? Pobrecito, debes estar muy estresado. ¿Y Elsy no te ayuda? ¿Renunció? Caramba, con razón yo llamaba a tu oficina y no contestaba nadie. Tú no me cuentas nada. ¿Y eso? Bueno, a lo mejor ya estaba cansada… ¿Y ya estás buscándole reemplazo? Claro, cuando salgas de la fiesta y hayamos terminado con lo del cambio de apartamento; ya será la próxima semana, ¿no? Te preguntaba porque a lo mejor Martica Rentería, Marta, la alta, acuerpada ella, que un tiempo estuvo trabajando con los de la ferretería de mi tío Alberto. Bueno, como ellos quebraron, pues se quedó sin trabajo. Okey, la próxima semana le digo que te llame.

¿Sabes de dónde vengo?, estaba mostrándole el apartamento a mi papá. Sí, le gustó. Ay, pero tú sabes cómo se pone cuando le dan chocheras: mandó que abrieran la llave de paso y vació el inodoro un montón de veces, dizque para comprobar la presión del agua; luego, empezó a decir que era mejor cambiar el calentador eléctrico por uno de gas, y lo mismo había que hacer con la estufa; protestó porque los vidrios no tenían película de seguridad... Yo le decía «Papi, pero es un quinto piso» y él nada, dele que dele con lo de la película de seguridad, que dizque por si estallaba una bomba. Ehhh, tan fatalista, ¿no? En todo caso, al final estaba contento. Me preguntó por ti. Te mandó muchas saludes.

¿Qué pasa, Ricardo? Estás como bravo. ¿No?, ¿impresión mía? Dime, anda, dime... ¿Pensaste que iba a botar alguna de estas cosas? ¡Nooo!, las dejé ahí para que revisaras y me dijeras qué botar y qué no... ¿Todo? ¿Estás seguro? ¿El álbum de España 82? ¿Los agitadores de coctel que estabas coleccionando? ¡Claro, eso era hace años! Cómo pasa el tiempo...

¿Me llamó alguien? Ahh. No, no esperaba llamada de nadie, pero me da la impresión de que Ángela anda un poquito rara. No me ha vuelto a llamar. Las veces que le he marcado siempre está ocupada... Sí, a lo mejor sí está ocupada. Pero que no se olvide de las amigas, ¿no?, que no sea ingrata. ¿Tienes hambre? Ven a la cocina y nos hacemos unos sanduchitos... Eeera tan lindaa/ más linda que una estrellaaa/ sus ojos bellooos... Deberíamos comprarla en compact disc, ¿no te parece?

El suelo estaba cerca. Tenía unos zapatos cabezones y cuadrados, negros, ortopédicos. Le apretaban los dedos gordos, en las puntas sobre todo. El cuero tieso le hacía doler los tobillos y los talones. Hacía mucho frío, se le habían entumecido los pies. En esa ciudad a uno le salía humo por la boca, como si fumara. Mireya jugó todo el día a que estaba fumando. Mireya tenía un vestido de flores. En unos montes, atrás de la carretera, había nubes bajitas. Su mamá tenía una chaqueta blanca, y su papá, calvo y borroso, la abrazaba. Habían caminado todo el día, buscando un hotel. Tenía ganas de llorar. No había dicho nada porque papá y mamá estaban así, como se ponían ellos. Mireya hablaba. Conversaba y conversaba, sola. Él, en silencio, con ganas de llorar. Iban por una calle en subida, él llevaba una bolsa. Quería parar, pero ellos seguían caminando y él iba de último. Mamá y papá regañándose. Cuando los papás se regañaban, era mejor no pedir nada, no hablar, nada. Tenía más frío. Al principio, cuando se bajaron del bus, era de día pero ya no. Le decían que apurara, que no se quedara. Su papá más bravo que su mamá. Sentía los dedos apeñuscados, los tobillos aplastados. Ganas de llorar. Los papás en silencio. No llorar. No. Llorar. Mireya viene. Los pies. Desamarra los zapatos. Los quita. Pone los zapatos bien. Ya duele menos. Ya no llora más. Despierta.

Sobre su cabeza, el techo gris. A sus pies, el cajón negro del televisor. Tras los velos de la cortina, un cielo de añil. Luego de reconocer los objetos de su vigilia, Osorio consiguió levantarse del colchón sin despertar a María Teresa, tomó el teléfono, salió a la sala y marcó el número de su hermana. Contestó Agustín, lo saludó con voz de dormido; luego de disculparse, Osorio le preguntó por Mireya.

—Hola..., Ricardo... Son las... ¿cinco? ¡cinco y cuarenta de la mañana! ¿Qué pasa?

—Hola, bueno, tú sabes qué pasa... Tú sabes —respondió Osorio, cortado.

—No sé, pero me imagino... ¿Es más que un desliz, hermanito?

—Mucho.

—¿Quieres hablar?

—Ajá.

—¿Quieres que nos veamos?

—Sí.

—¿Te parece bien esta noche?

—¿Se puede ahora? Es que no tengo mucho tiempo.

—Yo tampoco: tengo que alistar a Agustincito y salir pitada para la agencia.

—Sí, pero, es que *no tengo mucho tiempo* —insistió Osorio, sin exagerar.

—¿Cuánto tuve que esperar para que te dignaras llamarme, Ricardo? Más de una semana. Y ahora quieres que nos veamos inmediatamente —le reprochó Mireya—. Ven a la casa esta noche y comes con nosotros. Luego me cuentas.

Era la mañana del día anterior a la partida, el último día completo de una rutina que dejaría atrás como quien trueca anclas por velas. Al día siguiente, ya la vida sería otra: despertaría en Bogotá con María Teresa y dormiría en Buenos Aires con Ángela. Pero aún era la mañana de la víspera, muy poco tiempo para todas las cosas que debía hacer. Se cortó las uñas de manos y pies, comprobó en el espejo el estado de su cara, se afeitó, se preparó café, visitó a su hijo en la cuna y veló el sueño de María Teresa hasta cuando ya era insoportable permanecer allí. Se despidió y condujo hasta Salitre Plaza. Esperó con la cabeza hirviendo de ansiedad a que Ángela llegara. Cuando fueron las nueve, tratando de ahuyentar los malos presagios, sacó su celular. Marcaba los dígitos de uno en uno; luego, antes de hundir *send*, borraba el número y volvía a empezar. Cajeras, cocineros, meseros, vendedores, propietarios y mensajeros no paraban de llegar. Pero Ángela no. Las tiendas fueron abriendo sus puertas. Un vigilante cercano, quizá desvelado pero siempre dispuesto a disparar, no le quitaba los ojos de encima. Osorio caminaba, miraba su celular, marcaba, borraba, daba media vuelta, miraba alrededor y volvía a teclear. A las nueve y media llegó.

—Lo siento. Es que si salía más temprano iba a darle motivos a Jorge Abel.

Traía el pelo recogido con palitos chinos. Se había resaltado los labios con un rojo de arrebol. Tenía un pantalón negro ceñido y una blusa vinotinto con bordados del mismo color. Osorio le dio un beso.

—Aquí no —lo corrigió, mirando a los lados como una niña traviesa.

Nadie, solo el vigilante abriendo la jeta, una vendedora ambulante de llamadas a celular, dos púberes en bicicleta, una muchacha de servicio en delantal. El monótono flujo de enlatados rodantes sobre la Avenida de la Esperanza y al fondo la barrera verde de los cerros mordiendo el cielo.

—¿Cómo pasaste anoche?

—Extrañándote.

El corazón de Osorio se apoyó en el diafragma, dio un par de saltos, trepó por el esternón apoyándose en las costillas, llegó a la garganta, se convirtió en beso, regresó a su lugar y palpitó con fervor.

—¡Te dije que aquí nooo!

Ángela caminó unas cuantas vitrinas adelante, volteó a mirarlo, le dio risa; Osorio, con mal disimulo, caminó a su lado. Llevaba un fajo de billetes que le obligaba a distanciar bastante el pulgar de los demás dedos. Compró calzoncillos, un bluyín, tres pantalones de corte clásico, seis camisas de manga larga, una pantaloneta, unas bermudas, camisetas blancas, unas chanclas, unos zapatos deportivos, unas gafas oscuras, una chaqueta de cuero y una impermeable. Ángela compró un móvil de campanitas, un buzo, un conjunto de slack y chaqueta, un bikini, unos tenis americanos, un marco para las gafas. Bajo la atención libidinosa de Osorio, compró transparencias, ligueros, tangas. También compraron toallas higiénicas y cuchillas de afeitar. Por último una gran maleta barrigona. En el R-21 de Osorio le quitaron las etiquetas a todo y arreglaron la maleta. Por más que intentaron abrir espacio, algunas cosas quedaron por fuera. Osorio tuvo que volver a los almacenes y comprar un morral. Regresó. Ángela lo esperaba fumando, un poco agachada, como temiendo que la descubrieran. Organizaron lo demás dentro del morral. Ángela se despidió. Cuando su escarabajo pasó al lado del carro de Osorio, le tiró un beso volado. Luego Osorio se bajó del carro, abrió el baúl, allí puso el equipaje. Encendió un cigarrillo, se recostó en la parte trasera del carro, aspiró el humo, palmeó el baúl con la certeza de que en su interior llevaba una vida por estrenar.

En el trayecto a La Alhambra marcó un centenar de veces el número de Elsy, pero no se pudo comunicar. En la portería del edificio le confirmaron que había sacado a pasear a su mamá. Osorio aguardó hasta que la vio venir cuan larga era, pantalón blanco y chaqueta curuba, sus brazos torpes empujando una silla de ruedas demasiado grande para la anciana que se remecía con los baches del andén.

—Déjeme adivinar: viene a invitarme a la fiesta.

—No lo haga por mí, Óscar Recio la quiere ver.

Elsy permanecía detrás de la silla, como si se tratara de un púlpito. La madre tenía un vestido enterizo brillante, de azules y verdes felices que se combinaban sin piedad. El cuerpo bajo la tela parecía no tener forma, aunque de él, como de una marioneta, sobresalían manos y pies. Su pelo era muy blanco. Traía una vejez de papiro en la piel, y en sus ojos, un asombro gratuito.

—En serio, Elsy. Recio me dijo que la llevara.

—Mami, ¿se acuerda del tipo que le conté?... Éste es.

La anciana no mostró signos de comprender. Elsy continuó, esta vez hablando a Osorio:

—Esta mañana me llamaron de la oficina del doctor Aguayo. Querían saber si era verdad que yo había regresado al trabajo… Ahí fue cuando me enteré de que usted había dicho eso y también que dizque yo iba a ir a la fiesta y no sé qué más… Así que déjese de cuentos, Ricardo, no enrede las cosas, no juegue conmigo. En serio: no se aparezca por acá.

—Pero es v…

—¡Ahhgbalaaah!

—Ya, mami, ya vamos. Ya…

Le dieron la espalda. El portero del edificio salió y maniobró la silla para hacerla subir los peldaños frontales. Elsy no miró atrás.

Unos kilómetros al norte, en El Rincón Pacífico, las cosas no estaban mejor. Recio ni siquiera se dignó abrir la puerta.

—Don Óscar, por Dios, no sea infantil.

—No, no y no.

—Pero, ¿yo qué culpa tengo?, ¿por qué la agarra conmigo? —razonaba Osorio.

—¡No!

—¿Y qué vamos a hacer con todo lo que ya está ahí? Los asadores, las tarimas, los parasoles…

—Nada. Vienen y se los llevan.

—Don Óscar, de pronto es que ahora está bajo el efecto del yagé o la marihuana o algo… ¿no? ¿Quiere que hablemos cuando se le pase?

—Bajo ningún efecto. El Rincón Pacífico no puede ser convertido en un lupanar.

Osorio golpeó de nuevo la puerta.

—Ya le dije, no estoy dispuesto a ninguna fiesta —recalcó Recio.

—Don Óscar, eso ya lo habíamos hablado…

—Sí, y usted iba a traer a Elsy.

—No se puede, bájese de ese bus.

—La fiesta tampoco se puede.

Osorio le pegó una patada al portón.

—Don Óscar, le exijo que…

—¡Usted no me exige nada! ¡¿Me entiende?! ¡Nada!

Osorio se sentó en el suelo apoyando su espalda en el portón cerrado. Sacó un cigarrillo de una maltrecha cajetilla de Belmont, lo tacó contra el dorso de la mano, lo encendió, aspiró y soltó una bocanada. Miró hacia una nube gris, como de papel mojado.

—¿Don Óscar…? ¿Sigue ahí?

—Sí.

—Por qué me pone tanto problema, ¿ah? ¿Por qué las ganas de joder? La semana pasada me dijo que el fin del mundo estaba cerca, ¿qué más da hacer una fiesta aquí? Usted dijo que no tenía salvación, que lo había dejado la nave y no sé qué vainas…

—Sí, los Siervos de Brahma abandonaron la Tierra el 10 de julio de 1991, en la Peña de Juaica —afirmó Recio, convencido—. ¿Sabe qué es lo más triste? Yo estaba ahí, a poca distancia del sitio donde los recogieron, tal vez. Quizá a pocos metros. Ya nunca lo podré saber. Si hubieran querido me habrían podido llevar… ¿Es que no era suficiente mi contrición para mostrarles que quería volver a estar con Brahma Shinto Ixca? No, por lo visto —se lamentaba Recio.

Osorio había logrado convencerlo en las anteriores ocasiones porque hablaron frente a frente, pero ahora el portón cerrado hacía las cosas mucho más difíciles.

—¿Así que usted estaba cerca del sitio donde los recogieron? —inquirió Osorio—, si hubiera sido así, se habría dado cuenta, habría visto luces o algo.

—Ah, Ricardo, ¿entonces usted es de los que creen que una nave espacial baja a la Tierra tirando chorros de luz, echando un viento insoportable y haciendo ruido para todos los lados? No sea ingenuo, esos son los ovnis de la televisión. ¿No se le ha ocurrido que si tienen la tecnología para venir hasta nuestro planeta, no necesitan luces como nuestros obsoletos automóviles?, ¿no se le ha ocurrido que tal vez el combustible que utilizan no ventea y que sus motores son silenciosos? Una nave intergaláctica puede descender cerca de usted, sin que se dé cuenta. Y sí, el Final está cerca, pero no sabemos cuán cerca está. Y no lo digo yo, lo escribió Byrhtferth.

—Y si está cerca, ¿entonces para qué quería verse con Elsy?, ¿no le parece absurdo?

—Usted me prometió que la traería. Si yo permito que usted incumpla, sobre ambos lloverán muchas catástrofes, Ricardo.

—¿Pero qué dice?, ¿qué locura es esa?, ¿qué puede ser peor que el fin del mundo? Déjese de cosas.

—Que se acabe sin que uno salde todas sus deudas morales. Si usted lo prometió, es su destino, es su prarabdha, tiene que cumplir.

Osorio tiró la colilla, se restregó la cara con ambas manos. Se rascó la cabeza. Un silencio sin viento se instaló a ambos lados del portón.

—¿Sabe?, he estado pensando en el prarabdha —dijo Osorio al fin, poniéndose de pie, sacudiéndose los pantalones.

—¿De verdad?

—Y descubrí que mi prarabdha son las malditas puertas cerradas —dijo Osorio mientras se largaba de ahí.

HISTORIA EMPRESARIAL

Un cambio de mentalidad

Mientras Recio afianzaba los servicios prestados por El Rincón Pacífico, incorporaba nuevas técnicas de autodescubrimiento y se entregaba al juicioso estudio de la Era de Acuario, La Empresa enfrentaba la mengua de un año de cortes energéticos y el coletazo de una tardía y machetera apertura económica gubernamental. Era época de zozobras y descubrimientos, de salvadores y gurús como el que contrató la Junta Directiva para que salvara a La Empresa del colapso financiero.

Al principio nadie reparó en él, a pesar de que tenía un copete domado a cepillazos sobre una cara de cejas gruesas y nariz aguileña que recordaban un tanto a Erik Estrada, y llevaba botas de cuero de culebra y vestido Armani, como los millonarios texanos. Era extraña la libertad con que se paseaba por las oficinas, los corredores, los departamentos; era un poco descarada la forma de quedarse viendo lo que la gente hacía; era grosero responder que era «sólo un visitante» cada vez que se le interrogaba. Las eternas intrigas entre la Gerencia de Mermeladas, la de Dulces y la de Detergentes pronto se avivaron ante su presencia. Las teorías y especulaciones estuvieron a la orden del día: doña Gertrudis, una de las aseadoras, se preciaba de haberle oído «hablar costeño» cuando contestó su celular; uno de los mensajeros decía haberle dejado un paquete de Gerencia General en la recepción del Hotel Tequendama, y una ejecutiva de ventas juraba haberlo visto comprando droga a los jíbaros de la Zona Rosa. El personal femenino se dividió entre las que lo consideraban bien plantado y las que lo veían feo y ordinario, porque «había que verle las pintas». Más de uno se puso nervioso al verlo hablándole a los de la Junta Directiva como si los conociera de toda la vida.

Luego vinieron las circulares, los mails, los comunicados y los mensajes pregrabados en los buzones telefónicos pidiéndole a los empleados la mayor colaboración con él, pues se trataba nada menos que de Richard Ambrose Quiñones, chicano-neoyorquino que en su haber tenía la reestructuración de la multinacional *Defecall*, millones en ventas del libro *Una oveja negra comandando el rebaño: fábula sobre las ventajas de ser diferente en el management empresarial*, una sonrisa blanquísima diseñada por el mismo odontólogo de Chayanne y el mito alrededor suyo, que él nunca se ocupaba de confirmar o desmentir, de que durante la semana del Foro Económico Mundial que se celebra anualmente en Davos, al oriente de Suiza, Ambrose Quiñones, borracho en un bar, le había dicho a Bill Gates que el crecimiento de las industrias tecnológicas era «un asunto turbio, caracterizado por muchos experimentos, pasos en falso y contradicciones», frase que el infame Bill había recitado ante el Foro como suya, aun a pesar de que en la misma mesa del bar Chesnoir, donde Quiñones había adoctrinado a Gates, estaban Keneth Blanchard, autor de *Ejecutivo al minuto*, y el mismísimo Peter Drucker.

Quiñones descubrió que las bandas transportadoras de las cuatro plantas iban de izquierda a derecha y, siendo la mayoría de los trabajadores diestros, ello retrasaba la manipulación de los elementos transportados. Desde entonces, todas las bandas transportadoras, excepto una en la que reunió a todos los trabajadores zurdos, se desplazaron de derecha a izquierda. La productividad aumentó en un 78%.

Quiñones activó un correo diario que sería alimentado por su servidor de Internet, www.richardambroseq.com, con mensajes positivos e historias de motivación. Elsita Cuartas, la amarga secretaria de Recursos Humanos, lloró una mañana entera por la *Fábula del osito cegatón*. Armando Mosquera, el anterior Jefe de Operaciones, renunció y puso una librería en el centro gracias a *La ballena que comía flores*. En la Planta de Ceras jugaron al amigo secreto, los de la Planta de Detergentes hicieron una colecta para pagar la operación de un compañero que tenía problemas digestivos, el Gerente de la Planta de Dulces se abrazó con el de la Planta de Mermeladas.

En un cuarto junto al restaurante que estaba lleno de cadáveres de fotocopiadoras, partes de teclados y monitores de luz verde, Quiñones mandó poner dos mesas de ping pong. Ese día los obreros lo pasearon en hombros por los pasillos gritando «¡Se fajó, el gringo, se fajó!» y lo llevaron a comer gallina de patio en la Primero de Mayo. Además, Quiñones instaló parlantes con música ambiental en los baños y ordenó cambiar el color del papel higiénico.

Se pusieron buzones de sugerencias en las áreas comunes y tomaderos de agua en las plantas, en todas las oficinas se colgaron afiches con paisajes sugerentes, atardeceres lejanos y leyendas: «Tú eres el arquitecto de tu vida», «La felicidad no consiste en hacer siempre lo que queramos, sino en querer todo lo que hagamos», «Si ansías tener algo y puedes poseerlo, adquiérelo y disfrútalo», etc…

La Junta Directiva en pleno y todos los altos ejecutivos se fueron a un retiro espiritual de tres días en el Supercamping Las Palmeras. Allí, entre actividades y trabajos en equipo, se limaron las asperezas del pasado y se cerraron las heridas que habían estado abiertas durante años. A los pocos días se anunció la conformación del equipo de fútbol de La Empresa y un torneo interno de ping pong cuyo premio sería un viaje a Cartagena de Indias para el ganador y su familia.

Luego Quiñones dijo que había llegado el momento de que los viejos y pesados elefantes aprendieran a bailar, el momento de aplicar el *kaizen* y el *genchi genbutsu*, horizontalizar y flexibilizar, hacer un poco de *delayering* y desagregación vertical.

Los miembros de la Junta Directiva no entendieron muy bien, o, mejor dicho, no entendieron nada; pero le concedieron patente de corso cuando vieron la cifra que podrían ahorrar si lo dejaban aplicar todas esas cosas. Al lunes siguiente once altos ejecutivos, incluido el anterior gerente de Recursos Humanos, fueron despedidos; algunos departamentos surgieron, otros se fusionaron y los demás fueron eliminados; al menos trescientos operarios y empleados rasos fueron reasignados y otros cuatrocientos veinte fueron despedidos.

Tres meses después de que Richard Ambrose Quiñones pusiera sus botas texanas en La Empresa, ésta era otra y él, con la misma sonrisa, el mismo copete y un poco bronceado por una escapadita de fin de semana a San Andrés Isla, partió hacia los Países Bajos para modernizar el ayuntamiento de Tilburg.

¿Quién iba a pensar que *Defecall Corp.*, una multinacional con negocios en más de 40 países, se iba a declarar en bancarrota justo al año siguiente de la tan mencionada intervención de Ambrose Quiñones? ¿Quién?

De inmediato los medios de comunicación se ocuparon de *Defecall* y, por extensión, de Richard Ambrose Quiñones, quien fue señalado como el principal culpable. Albert Belt, uno de los columnistas más prestigiosos de *The Wall Street Journal*, no vaciló en calificarlo de «trastornador de instituciones»; *U.S. News*, en un artículo titulado «*Who is this guy?*», probó que Gates y él nunca habían coincidido en Davos y que Peter Drucker no tenía noticias suyas antes de la caída de *Defecall*; ni siquiera el odontólogo de Chayanne lo conocía. En el *Show de David Letterman* salió un *top ten* titulado «Diez razones para no confiarle tu empresa a Richard Ambrose Quiñones». Pasada la tormenta, un estudio de Edward Sett, sociólogo y profesor de la prestigiosa London School of Economics, señaló que varios de los empleados de *Defecall* quedaron sin ninguna función dentro de la empresa y, sin embargo, continuaron recibiendo su paga. Sett habló de los «agujeros estructurales» que dejó la intervención de Ambrose Quiñones («Quinones», para todos los comentaristas anglosajones) en por lo menos cuatro compañías más (obviamente, ninguna de ellas era La Empresa): «Brechas, desvíos, intermediarios en una estructura que ya no tiene la claridad de una pirámide, que se ha vuelto más intrincada y por tanto permite empleados y oficios fantasma.» En 1999, uno de los tantos hackers que asolan la red bautizó *richardquinones.d* a uno de sus virus, pues emulaba en los computadores los daños que el ingenuo reingeniero hizo a las compañías que intervino.

Por lo demás, Richard Ambrose Quiñones se desvaneció. Lo último que se conserva de él es una corta entrevista televisiva en la edición del 11 de marzo de 1998 del programa *Evening News*, de la cadena CBS, en la que Ambrose Quiñones habla de un complot contra él de parte de sus envidiosos enemigos.

Ambrose Quiñones figuraba en la nómina de La Empresa como asesor, pero pronto la cuenta bancaria en que se le consignaba dejó de existir. Los mensajes motivadores de su portal de Internet dejaron de llegar cuando éste se cerró, y tanto su número celular como el de su apartamento en Nueva York empezaron a dar tono muerto. Al final, eso no importó mucho, pues, libre de las amarras burocráticas, La Empresa era un elefante que bailaba el chachachá.

· · ·

Era culpa suya. Debió dejar las cosas así en cuanto vio que El Rincón Pacífico era lo que era. Pero claro, él tenía que obstinarse en hacer la fiesta ahí, con los resultados que todos conocerían al día siguiente cuando se encontraran con el lunático aquel, cuando descubrieran que Osorio se había gastado millones de pesos contratando músicos, recreadores, organizadores, mago y hasta fuegos artificiales para una fiesta en un spa de relajación y terapia naturista. Una fiesta pendiente de un hilo que se acababa de romper.

Qué mierda. Pasado mañana, en Buenos Aires, todo eso habrá dejado de importar, pensaba Osorio frente al plato de arroz con albóndigas que comió en las cercanías de Viajes Eskape. A las tres, Mónica le entregó los pasajes y las visas: todo en orden, debían estar a las siete en el mostrador de la aerolínea. Cuando salía, atendió una llamada de un número desconocido. «Aló, doctor», era Buelvas y se oía bastante preocupado, «acabo de hablar con don Óscar y la cosa está grave…» Osorio cortó la llamada. No quería escuchar ni explicar. Que trataran ellos de convencer a Recio, que hubiera una reyerta con miles de muertos, que lo solucionara el mago, que se devolvieran para sus casas, que celebraran en la orilla de la carretera, en el apartamento del doctor Aguayo, en la puta mierda. Él ya no iba a hacer nada más. Su vida consistía ahora en esperar a que fuera jueves por la noche, para poderse largar.

Ricardo, llegaste temprano, qué bueno. ¿Cómo van tus cosas? ¿Y la fiesta? ¿Algo malo? Está bien, está bien, no quieres hablar de eso, pero no la agarres conmigo que yo no tengo la culpa, ¿okey?... Te me estás volviendo muy neura, mi vida... Uhmm, ¿una sonrisita? ¡Una nomáás!, aunque sea chiquita..., ¡eso sí!, *chuic*, así sí te quiero, mmm, *chuic*... Te cuento que por fin terminamos de empacar todo. Vino Esneda, la señora que le trabaja a mi mamá. Se acaba de ir. Trabajó durísimo, pero al final quedó contenta porque se llevó un montón de cosas: le regalé una tula de ropa, un jarrón (el verde que tenía borde dorado, tú lo odiabas), el cuadro de la canoa que estaba en el corredor, unas ollas, los portavasos, la lámpara blanca (tenemos que comprar otra, Ricardo: ésa ya tenía la pantalla toda apachurrada), el estante de la cocina, bueno, en fin..., se llevó hasta la camita plegable. Yo le decía «¡por Dios, Esneda, si ese catre está muy dañado, ya está para botar», pero ella me dijo «Señora, no se preocupe que mi hermano me la arregla»... También le dije a don Régulo... Régulo, Régulo Romero, el que nos impermeabilizó el lavadero hace como un año y medio, le dije que viniera para que arreglara por acá, mira, ¿ah?, eso es pura humedad. Seguro porque habrá un tubo picado o algo. No, Ricardo, no digo cambiarlo ni romper pared ni nada, ¿acaso crees que soy boba? ¡No!, raspar ahí y luego pintar encima. Apenas para que lo vean los de la inmobiliaria. Sí, qué va. Bastante se demoraron cuando se dañó el calentador, ¿te acuerdas?, uyy, como veinte días. Entonces nada: una manito de pintura para que no pongan problema. A propósito, ya hablé con ellos. Vienen el sábado a hacer el inventario. Acuérdate que el viernes vamos a ir a firmar. No te comprometas. Pero ven, no empieces a quitarte la ropa porque vamos a ir a ver el nuevo apartamento otra vez. Claro, Ricardo, no te hagas, que ya habíamos quedado. ¡Estoy tan emocionada! Espera organizo la pañalera y le pongo a hacer un tete al niño.

· · ·

El apartamento era tan lóbrego como lo recordaba Osorio, aunque María Teresa no se cansó de elogiar los grifos dorados, el falso mármol, la bañera para enanos, el amarillo bilioso de los estantes sobre el lavaplatos, la distribución de los cuartos, la cenefa de pájaros que cubría las paredes e incitaba al resabio, el crimen o la estupidez. María Teresa se quedó hablando con su amiga Gloria acerca del apartamento, el futuro y el bebé. Osorio se asomó al patio interior por la ventana: aquella planta negra, como un hombre abaleado, se recostaba mortecina a la pared.

Camino a casa, María Teresa iba en el asiento trasero con el bebé. Osorio manejaba en silencio.

—Ya que estamos cerca, pasemos a saludar a Ángela —propuso María Teresa.

—¿En serio?

—Un momentico nomás.

—Pero no les hemos avisado —reparó Osorio—. ¿Qué tal que estén ocupados o en algo importante?... Y uno llegando ahí, a interrumpir.

—Ay, Ricardo, no seas tan…, tan ceremonioso: ¡Son Ángela y Jorge Abel! ¿Cuántas veces no les hemos caído de sopetón?, ¿cuántas veces no nos han llegado a la casa sin avisar?

—Yo tengo que ir a verme con mi hermana, ya te había dicho.

Iban a ser las siete. El tráfico se movía con parsimonia, pues había trabajos de reparcheo en algunos tramos de la autopista. Osorio pensó en estrellar el carro para evitar la visita, pero desechó la idea porque ésta al mismo tiempo lo podría incriminar.

—Mira: de aquí a que me dejes en el apartamento (en el apartamento viejo, aclaro, jajá), uuuff, ahí sí que te va a coger la tarde. Te propongo una cosa: vamos, me dejas donde Ángela y te vas adonde Mireya.

—Y tú, ¿qué haces para irte después? —objetó Osorio.

—Pues llamo un taxi.

—¿Un taxi?

—Pero, ¿por qué te extraña, si yo siempre ando en taxi? El del carro eres tú, querido, ¿recuerdas?

Osorio creyó percibir un timbre de sospecha en la pregunta de su esposa.

—Bueno, no sé, ejem… Ah, eh, lo digo porque…, porque no quería caerles de improviso.

—Entonces préstame tu celular para llamarla y avisarle que vamos para allá —lo acorraló María Teresa.

—Yo marco. Díctame el teléfono —dijo Osorio, tratando de parecer natural.

—Ven, dámelo, que yo me acuerdo viendo los numeritos.

—Dale, haz un esfuerzo mental —la retó Osorio, temeroso.

—A ver… Tres once cinco veintiuno… doce dieciséis. Creo.

Ése era el número. Osorio marcó. Se sentía tan desamparado como un grillo en la mano de un niño.

—¿Qué pasa?, ¿por qué me llamas a esta hora? —susurró Ángela—, ¡Jorge está cerca!

—Hooola Ángela, ¿cómo estás? —farsanteó Osorio con estudiada jovialidad—, espera un momento que María te va a hablar.

—Qui'hubo, mijita. ¡Ja!, qué perdidez en la que andamos, ¿no? ¿Cómo vas? Ah… Óyeme, bruja, ¿y qué hacías? Bueno, ¡entonces vamos para allá! A saludar, ¿Okey? No, no te preocupes: estamos cerca. Nos vemos ahorita. Chao.

—¿Qué dijo?

—Pues nada, que listo, que nos esperaba y…

—¿Y…?

—Nada. Dobla a la derecha por la siguiente. Una antes del semáforo… ¡Te pasaste! Bueno, dale entonces por la de adelante, la de la cigarrería.

Osorio quiso dejar a María Teresa y escapar, pero tuvo que llevar la pañalera hasta la puerta. Jorge Abel les abrió. Tenía unas babuchas de andar por casa, un pantalón de algodón y un saco de lana. Tenía las gafas de leer puestas y un libro en la mano.

—¡Caramba, qué milagro! ¡Hola, María Tere! —beso en la mejilla—. ¡Caballerísimo!, ¿cómo andas? —estrechón de mano—. ¡Hola bebéé! ¿cómo eshtá?... Bienvenidos. Sigan a la sala, que Ángela ya baja.

—No, yo apenas venía un momentico. Ya me voy —se excusó Osorio.

—¿Un té? Eso no demora nada —insistió Jorge Abel.

—Amorcito, entra y saludas, te tomas el té y luego te vas —dijo María Teresa.

—Hombre, Ricardo, no te hagas rogar —le dijo Jorge Abel, poniéndole una mano en el hombro.

María Teresa sabía que él había estado dispuesto a llevarla hasta Nicolás de Federmann, muchísimo más al sur, para luego devolverse adonde su hermana, entonces tampoco el apuro era una razón muy válida. Jorge Abel continuaba insistiendo, con esa cordialidad que a Osorio le daban ganas de vomitar. No pudo irse a tiempo para evitar el encuentro y cuando vio a Ángela descender las escaleras, su lengua se convirtió en una bola de cenizas.

—¡Pero miren quiénes están aquí! —dijo Ángela con alegría de vodevil.

Primero saludó a María Teresa y al bebé, luego a Osorio sin mirarlo a la cara. La piel de sus mejillas, en el breve choque del beso de bienvenida, era fría y trémula. «Voy a poner el agua», dijo Jorge Abel. Se sentaron en la sala. La atmósfera de aquella conversación, en la que Ángela y él tuvieron que cruzar frases inocuas, tenía la misma consistencia de las arenas movedizas. Jorge Abel regresó, se sentó junto a Ángela, cruzó las piernas, la abrazó.

—Les cuento que venimos de ver nuestro nuevo apartamento —anunció María Teresa—. ¡Es divino! Si vieran: los acabados son muy bonitos, la cenefa está espectacular. Estamos muy contentos, ¿no cierto, mi amor?

Osorio asintió. Lo amargaba que María Teresa hablara del apartamento frente a Ángela, pues la fuga estaba financiada con el dinero para comprarlo. Pero más insufrible aún era el brazo que rodeaba la cadera de Ángela, esa manito de rana que sobresalía desde atrás, en el costado opuesto, y la ceñía con propiedad. María Teresa se explayaba en metros cuadrados, cánones de arrendamiento, valorización de la propiedad raíz, cuotas mensuales, acabados y materiales, mientras Osorio no podía sacar los ojos de Ángela abrazada por Jorge Abel; soñaba con amputar ese brazo y echárselo a los perros. El silbato de la tetera, como el de un árbitro que sanciona una sujeción indebida, hizo que, por fin, Jorge Abel se fuera a la cocina.

—¿Y qué, Angelita, todo bien? —preguntó María Teresa.

—Sí, sí, bien —respondió. Se notaba que no tenía muchas ganas de hablar. Sus ojos se habían detenido en la pared tras el sofá donde Osorio y María Teresa estaban sentados.

—Uy, si vieras la mano de cosas que hemos sacado con lo del trasteo… Es que ya no cabía nada en los armarios. ¿Te acuerdas del bañito del fondo?

—Ajá.

—Pues esa ducha nunca la usábamos, nosotros la teníamos para meter cosas ahí. Era nuestro cuarto de sanalejo. Pues nada, anteayer estaba sacando todo lo que había ahí y, ¿adivina qué encontré?

—¿Qué?

—Cuéntale, mi amor, cuéntale —codeaba María Teresa a Osorio.

—Ehh…, ¿qué era?

—Ricardo no sabe ni dónde está parado, pues ¡nuestro álbum matrimonial! ¿Te acuerdas que se nos había refundido hacía años, lo amargada que estaba yo? Pues lo encontré en unas cajas.

—Qué bueno.

Jorge Abel regresó con los tés en una bandeja y los puso en la mesita de centro. Luego tomó la palabra para hablar de gajes de su oficio. Una alumna que había citado el Pequeño Larousse como si fuera un autor.

—No te crees la risa que me dio cuando vi la cita: «Larousse, Pequeño.» ¡Ja! Yo no sé qué estaba pensando esa muchachita. Como si los alias entraran en las citas: «Lepanto, manco de» jajajá. Y además, ¿a quién se le ocurre que el Pequeño Larousse es una persona?

Nadie pareció entender pero todos rieron. Terminado el té y al cabo de otras anécdotas fofas que hacían juego con esa telenovela maligna, Jorge Abel volvió a abrazar a Ángela. El bebé rompió a llorar. Osorio se puso de pie y anunció su partida. No podía más.

—Nos vemos, Ricardo —le dio la mano Jorge Abel.

Osorio la estrechó y sacudió con rabia cordial.

—Que estés bien, Ricardo. *Hasta luego* —dijo Ángela, haciéndose entender.

—Ya, ya mi niño, no lloresh mash… Chao mi vida, *chuic*. Nos vemos más tarde. Salúdame a Mireya.

. . .

Tomó la Autopista hacia el sur, buscó la Séptima y luego la Circunvalar. Se desvió hacia La Calera y subió el cerro con una piraña de angustia en el pecho. A la izquierda, más allá del desfiladero, Bogotá era una alfombra de luz que se perdía en los confines de la Sabana. Dejó atrás el Mirador de La Paloma, los vendedores de piedra tallada, la capilla de Santa María del Monte, los bares de ambiente, los restaurantes bailables y el peaje. Por la ventanilla lo abofeteaba un viento con olor a eucaliptos quemados. Ya había desaparecido la ciudad, ahora había una pared de troncos y helechos silvestres interrumpida por precipicios, elevaciones y esporádicos paradores de carretera. Se desvió en uno de los caminos de tierra que se hunden en la espesura de los cerros de Tosca, persiguió el túnel de luz que abrieron sus faros en la gruta vegetal y llegó a un puesto de vigilancia. El guarda lo reconoció y levantó la barra para dejarlo pasar. Entró en una calle pavimentada, ancha y amurallada. Frente al tercer portón llamó al teléfono de su hermana y le dijo que ya había llegado. Le abrió un mayordomo con botas de caucho, pantalón de dril, saco grueso de lana y cachucha. Parqueó junto a la camioneta Range Rover de Agustín, en el claro empedrado frente a la casa. Mireya lo aguardaba en la puerta, lo miró con ternura, le dio un abrazo. Osorio se sintió pequeño y huérfano. La abrazó con fuerza.

—Bueno, ya, que me vas a hacer llorar —dijo ella.

Su sobrino llegó piloteando un bólido rojo de pedales. Tenía un enterizo con insignias y logotipos de la Fórmula Uno.

Osorio lo cargó y conversó con él mientras entraban, pero pronto su sobrino quiso regresar al auto, adonde Osorio lo puso con zumbidos de robot. La sala era amplia, con un inmenso costillar de vigas diagonales que sostenían el techo saliente del segundo nivel. Aquí y allá había mesitas y pedestales con lámparas y adornos que Osorio no podía entender. En las paredes colgaban dibujos de preescolar rodeados de marcos soberbios, iluminados con bombillitos de boutique. Agustín se asomó desde el segundo piso.

—¡Richi Ray!

—¡Epa!, ¿cómo andamos?

—Espera, ya bajo. ¿Cuánto falta?

—Le voy a decir a Rosita que ponga la mesa ya mismo —le respondió Mireya—. Y tú y yo hablamos después, Ricardo, ¿te parece?

Usaron el comedor auxiliar, pues su hermana dijo que era mucho protocolo comer en el grande. Le sirvieron un plato italiano; parecía arroz con leche pero no era dulce sino salado, tenía esos nombres raros que Osorio olvidaba tan pronto hacía digestión. Agustín, inocente, le preguntó por María Teresa, por el apartamento nuevo y por el trabajo. Osorio respondió tratando de que no se notara su malestar. Después, Mireya hizo una seña y Agustín se despidió llevándose consigo a Agustín junior.

—Bueno, qué dices, ¿el tema es para tinto o para vaso de whisky? —preguntó ella cuando estuvieron solos.

—Whisky —dijo Osorio con una sonrisa amarga.

—¡Madre mía! —bromeó Mireya—. ¿Te parece si nos hacemos en el jardín de afuera?

Mireya tenía los rasgos de Osorio pero en versión estilizada. Y sus movimientos también. Su padre, hace tiempo, le había dicho «Lo que pasa, hija, es que todo te sale elegante», y cuando Osorio la vio poner hielo en los vasos e inclinar la botella para servir, le dio la razón. Atravesaron una sala pequeña y abrieron la puerta corrediza que daba a unos muebles de hierro forjado. Pusieron los vasos en una mesita de centro que hacía juego con los muebles.

—¿Tienes frío? Espera y prendemos el calentador.

Parecía un faro en miniatura. Era de metal plateado y funcionaba con gas. Luego de semejante preámbulo ya sólo quedaba silencio. El silencio previo a las confesiones, que siempre es tan difícil de rasgar. Por eso tomaron un par de sorbos así, hasta que Mireya le preguntó «¿Todavía quieres a María Teresa?»

—Pues… no.

Su hermana esperó a que Osorio continuara.

—Hace un tiempo que no.

—¿Qué sientes?

—La verdad (y sé que suena feo decirlo) me aburre. Me da una jartera infinita llegar a la casa, me estoy yendo tempranísimo por las mañanas. Los fines de semana son una tortura. No tengo ganas de tocarla, ni de hacer el amor, ni de charlar... Seguro que si sigo con ella voy a empezar a odiarla.

—¿Por qué? —Mireya estaba perpleja. Le había dado un hondo sorbo a su whisky, quizá para ayudarse a escuchar lo que Osorio decía.

—No sé, creo que la empezaría a odiar porque es un obstáculo para estar con la mujer que amo.

—¿Ángela? —más que una pregunta, era una ironía. Osorio asintió sin palabras, mirando hacia el descampado que se perdía en la oscuridad—. Ricardo, contando noviazgo y matrimonio, ¿cuánto llevas con María Tere?

—Catorce, ya casi van a ser quince años…

—Los matrimonios tienen altas y bajas, el amor admite otros sentimientos: a veces incluso hasta el odio. ¿Tú crees que entre Agustín y yo todo ha ido siempre bien?

—Pero ustedes son ustedes y nosotros somos nosotros. Tú y Agustín siempre han sido la pareja perfecta.

—Nosotros pasamos por una crisis en el 99.

—Tú me contaste.

—¡Sí, pero lo que no te conté era que había alguien más!

Mireya se acabó su whisky de un trago. Miraron en silencio hacia el cielo sin estrellas.

—Un compañero de la agencia donde trabajaba antes —continuó Mireya.

—¡¿Tú?!

—Ajá: yo. Él era una persona muy, muy especial —algo relumbró en los ojos de Mireya, un cúmulo de recuerdos que hicieron ebullición—. La cosa fue muy intensa. Uf, hasta le dije a Agustín que me quería separar para irme a vivir con él.

—¿Y…? —Osorio estaba realmente sorprendido.

—Me quedé, ¿no ves? Y no me arrepiento. Nos vinimos a vivir acá, me cambié de trabajo, quedé embarazada… No te niego que a veces pienso mucho en él, pero ya pasó. Era un acelere que no llevaba a ningún lado. ¿No has pensado que tu matrimonio se puede arreglar?

—María Teresa también quedó embarazada. Pero, la verdad, un hijo no es suficiente. No sé qué podría resucitar mi amor por ella ni despertar mi amor por él. No es sólo lo de Ángela, en serio: a veces creo que podría dormir en el carro o tirado en la banca de un parque, antes que llegar para oírla hablar, soportar el llanto del niño… Siento que vivo en un mundito de pañales y plomeros, y pediatras, y supermercado, y visitas a sus papás.

—No hables así, ¿cómo puedes ser tan indolente?

—No empieces con las palabras raras —se defendió Osorio.

—Y esta Ángela, ¿qué es lo que tiene para ofrecer?

—Con ella me divierto, ella me muestra otro lado de la vida, la deseo, la amo —dijo Osorio con vehemencia—. Ella es todo lo opuesto a María Teresa.

—Por Dios, Ricardo, ¡es su mejor amiga!, ¿qué puedes esperar de alguien como ella?

—No la conoces, Mireya, no tienes ni idea de cómo es.

—Ja, pero me la imagino.

—¿Qué crees, que porque tuviste una aventura puedes venir a decir qué es lo que está bien o está mal? ¿Ahora eres una experta en infidelidad? A lo mejor vives una vida de mentiras en esta casota mientras Agustín te pone los cachos con alguna de tus amigas del club.

—¿Viniste a atacarme para sentirte mejor?

Mireya tenía los ojos vidriosos, parecía a punto de llorar.

—Voy a irme con Ángela.

—Ricardo, aterriza. ¿Te das cuenta? Tú y María Tere están buscando casa, tienes un hijo recién nacido. ¿No ves lo feliz que está? Y te vas con la amiga… Ella no te lo va a perdonar —Mireya aseveraba con el brazo, se servía otro whisky—, y su familia mucho menos. Ahí sí que lo vas a echar todo a perder.

—Está decidido, y va a ser pronto.

—Ricardo, ¿cuándo vas a madurar?...

—No me vengas con esa lora, ahora no —protestó Osorio.

—Mira, ya es tarde. Tengo dolor de cabeza. Hablemos mañana, porque ahora, de verdad, te diría lo mismo que te estaba empezando a decir… Espera llamo a Jacobo para que te abra el portón.

Osorio la miró con tristeza, le dijo «te llamo en unos días», tomó su vaso y la botella y caminó hacia la cocina mientras Mireya apagaba el calentador.

María Teresa lo llamó para decirle «Ya llegué... Bien, sí, me fue bien... Dormidito ya, por fin... Mireya me dijo que ya habías salido... ¿Entonces ya vienes?... Ah, ¿no?, bueno, amor, entonces trata de no demorarte... ¡Ay, no sabes lo que nos hemos reído!, imagínate que el marido de la venezolana que vive enfrente de ellos...» Osorio escuchó la historia mientras reprimía el deseo de tirar el celular por la ventana. La rabia era su copiloto, la ansiedad y la frustración compartían el asiento de atrás. Una llovizna como de polvo se pegaba al parabrisas y borroneaba las luces de la Séptima, la Veintiséis y la Avenida de las Américas. El barrio ya estaba dormido, Giraldo aún cojeaba cuando le abrió la puerta del parqueadero. Osorio estacionó, rebuscó en la caja de herramientas hasta dar con una linterna que se guardó en el saco y subió las escaleras sin saludar.

No había un alma. Algunos tramos del camino hacia el Departamento de Recursos Humanos estaban a oscuras. Entró en la antesala, cerró la puerta, afirmó los pies en el suelo, pasó revista a los reptiles que lo habitaban, remachó todas las bisagras de su cuerpo, prendió fuego a un polvorín que llevaba en el pecho, giró el pomo de la puerta y abrió su oficina *tic* encendió la luz *tac* caminó hasta la pared *tic* y miró hacia el paisaje de nevados y marismas *tac* sobre el que reinaba un repelente sol con manecillas *tic* Se dejó clavetear de odio *tac* por el incesante martillo del reloj *tic tac tic tac tic tac tic tac tic tac tic tac tic tac tic tac tic tac tic tac* esti*c*ró los brazos, lo descolgó y mientras sol*tac*ba un alarido salvaje de A*tic*la el

Huno o *Tac*zán lo arrojó a la pared con *tic*das sus fuer*tac*s. El vidrio voló en mil a*stic*llas pero lo demás quedó in*tac*to, aún funcionando, entonces Osorio lo *tic*ró una vez más y lo agarró a pa*tac*das, lo ajus*tic*ció has*tac* que ya no sonó más, pero eso no fue suficiente: se arrojó encima de él y hundió sus manos en el plástico que moldeaba el relieve del cuadro, lo arrancó y lo despedazó utilizando también sus dientes, sacó el mecanismo del reloj como si se tratara del corazón de un enemigo, lo miró con ojos desorbitados, lo botó al suelo y lo aplastó con la suela del zapato hasta que voló en una explosión de tornillos y engranajes, saltó sobre lo que quedaba del marco hasta volverlo añicos, sin dejar de gritar, hasta que su garganta estuvo en carne viva y era imposible romper nada más.

Se levantó y tambaleó un poco. Miró hacia el destrozo y soltó una carcajada en que flotaban palabras sin sentido. Las oleadas de risa fueron espaciándose lentamente. Al final terminó en un mutismo tranquilo que igual duró un instante o una eternidad. Se miró las manos: tenía un par de cortes superficiales, nada importante. Sentía mucho alivio, estaba casi contento. Se escarbó en los bolsillos, comprobó que tenía unos fósforos, abrió el cajón del archivador donde estaba la olla exprés. Se metió en el bolsillo del saco el mechero de alcohol, la masilla epóxica, el tarrito de alcohol industrial y lo demás. Salió a la antesala y se alejó silbando por el corredor.

···

Aunque encontró los túneles iluminados, el pasadizo estaba a oscuras. Tan sólo un pequeño fulgor en el recodo del vestíbulo. Desconfiado, sacó la linterna y la encendió. Avanzó en cuclillas, revisando cada palmo. Llegó sin novedades. Con una bola de masilla tapó el orificio de vigilancia que había descubierto el día anterior. Tomó una de las latas que habían rodado en otra de sus incursiones, la recostó a la puerta y sobre ella puso un extremo de la olla, ahí organizó los químicos. Puso con cuidado las sustancias, una en un vaso y otras en copitas aguardienteras. Aseguró la tapa de la olla y selló la válvula con masilla epóxica, luego colocó el mechero debajo, sacó los fósforos y puso a cocinar aquel revuelto.

Salió a los túneles, se alejó de la boca del pasadizo y se puso a resguardo tras uno de los montacargas. Catorce minutos después, un vahído del universo, un estornudo de Dios, una dentellada en los tímpanos, una polvareda con hedores químicos, el eco rastrillando las paredes, un silencio efervescente después. Osorio sintió que su cerebro era una tortuga que se había contraído dentro del caparazón. Tuvo que esperar un rato para restablecerse e ir a la boca del pasillo. Allí flotaba una niebla de arenilla que dificultaba la respiración y escocía los ojos. Caminó hasta el vestíbulo como si el pasadizo se hubiera convertido en una cuerda floja. La puerta ya no estaba, podía verse dentro como un papel arrugado. Osorio se detuvo en el umbral y, con los nervios desflecados, se asomó. Esperaba encontrarse una covacha, un cuarto, no aquel espacio descomunal donde el haz de su linterna se evaporó sin tocar techo ni fondo. El clima era cálido, un vapor de líquenes ondeaba en el lugar. Nadie, ni siquiera la fauna de sótano que debía de rondar por ahí, dio señales de vida. Entre la quincalla que estaba abandonada a sus pies, Osorio tomó una pieza de metal que podría servir de porra. Tanteó sin fortuna en busca de un interruptor. Caminó pegado a la pared como un niño que está aprendiendo a nadar y teme alejarse de la orilla, una colina de tapas metálicas le obligó a despegarse e internarse en la oscuridad. La luz de su linterna se deshacía en los reflejos turbios e interminables de las tapas. Caminó hasta una hendidura entre dos montículos y escaló hacia el otro lado. En la cima, su pie derecho resbaló como si quisiera huir por su cuenta y Osorio se fue de bruces en un estruendo de hojalata que rebotó en ecos. La porra había volado lejos y ya no importaba; la linterna estaba a unos metros iluminando una hilera de tarros. Cuando Osorio recuperó la luz, se encontró con una pirámide de mermeladas que el tiempo había convertido en petróleo. Alumbró alrededor y descubrió una cordillera de tuercas, tornillos y mecanismos que se prolongaba tras mogotes de piedras, pilas de bultos, barriles de fragancia, un arrume de máquinas de escribir, lotes de chocolates petrificados, masmelos que parecían tomates secos... Montones especializados, derrumbes temáticos que se extendían bajo la Casa Cuatro y al menos la mitad de la Casa Tres. Merodeó como un intruso en la cueva de Alí Babá, topándose además con una mesa de ping pong, cuatro chocouchuvas a escala humana que se habían usado en un comercial de televisión, una mascota inflable de desinfectantes *Mamut*, doce pines para jugar bolos, una pancarta del décimo aniversario y otras cosas que ya no quiso mirar, pues la luz de su linterna había enmarcado una fotocopiadora con botones y números iluminados, y la suave exhalación que mantienen las fotocopiadoras encendidas. «Va la madre si ésta no es la que se tumbaron de la Secretaría de Inversiones», pensó Osorio, mientras recorría un despacho con dos escritorios, un computador muy parecido al que se habían robado de Control de Insumos hacía dos años, una impresora láser igualita a la que se había perdido cuando trasladaron las dependencias del Departamento de Promoción al primer piso, un botellón de agua (¿sería por eso que mensualmente siempre faltaban botellones de los que nadie daba cuenta?), una cafetera, seguramente la que desapareció de la Oficina de Seguridad cuando Osorio apenas llevaba dos meses en el cargo. Era un despacho muy completo, hasta contaba con el sofá y los sillones que desaparecieron del Departamento de Mercadeo hacía una década, incidente por el que Osorio tuvo que despedir a tres personas y que le ganó para siempre el odio de Lozada. En uno de los escritorios había un arrume de papeles con diagramas y dibujos muy detallados de lo que parecía una nuez gigante con un techo de casa; pliegos enteros de operaciones matemáticas; tres biblias de diferentes tamaños y vejeces; algunos libros de metrología naval y varios volúmenes sobre animales. En el escritorio contiguo, el computador estaba encendido y abierto en un documento de Word llamado *Análisis fáctico del Pentateuco*, donde Osorio leyó: «...longitud del Arca será de trescientos codos, la latitud de cincuenta y de treinta codos su altura" (Gén. VI,15), lo que equivale en medidas actuales a más o menos 71 metros de largo por 28 de ancho y 17 de altura. A todas luces sería imposible en semejante espacio meter dos ejemplares de todos los animales terrestres y aéreos de la Creación, además del alimento necesario para los 150 días de diluvio que tienen que soportar (sin morirse de inanición). El objetivo del presente capítulo es medir cuál es la verdadera extensión del Arca de Noé, teniendo en cuenta una perspectiva interdisciplinaria que...»

«¿Qué es todo eso? ¿A qué se dedica este tipo en este despacho robado?», se preguntó Osorio mientras encendía la lámpara que estaba sobre el escritorio. En la esquina opuesta, en la penumbra más allá del cono de luz, se delineó una fila de estantes con folios, volúmenes y al menos diez archivadores. Los volúmenes estaban numerados y cuidadosamente encuadernados. Osorio se acercó a uno de los estantes y sacó lo que parecía un álbum fotográfico. Encontró fotografías de cielos nublados, seminublados y fotos de nubes solitarias. Sacó cuatro volúmenes al azar, en el mismo estante, y todos contenían fotos de nubes. Fue hacia uno de los estantes del fondo, sacó algunos volúmenes y los revisó a la luz de la linterna. Leyó fragmentos, interpretó dibujos, anotaciones al margen y enmendaduras hechas con la misma letra puntiaguda e irregular de la nota en que le devolvieron las llaves. *Antología comentada de manuales para electrodomésticos, 12.000 vocablos nuevos, Análisis socio-semiótico de Reglamentos y currículums universitarios (1960-2000), Desperfectos eléctricos y reparaciones locativas en la literatura contemporánea, Refutación zoológica de Esopo...*, todos firmados por Conrado Pérez R.

La Lógica, como un pariente que lo hubiera acompañado al médico, se había quedado fuera mientras él deambulaba por ahí, persiguiendo a un enemigo que trataba de calcular la verdadera extensión del Arca de Noé. Un estrépito sacudió el matorral de cosas que estaba a sus espaldas. Osorio tomó la linterna y dirigió el débil chorro de luz hacia allá. Nadie. Pero había quedado con la sensación de que lo estaban observando. La maraña de objetos más próximos se llenó de ojos y pasos que Osorio ya no supo si eran reales o inventados.

—¡Salga, pues, Conrado, o como se llame! ¡Salga, pa' que aclaremos esta güevonada!

No hubo respuesta, sólo un silencio de iglesia. Quizá se tratara de un alud natural, un desplome de cosas que habían venido resbalándose durante años, como su matrimonio. Encendió un cigarrillo y fumó porque no tenía más que hacer, porque no había previsto ninguna acción diferente a abrir la puerta y batirse con quien estuviera tras ella. Pero ya estaba ahí y tampoco podía decirse que hubiera encontrado gran cosa: un depósito de cosas inservibles y un despacho donde un tal Conrado Pérez se dedicaba a cosas inservibles. Si hubiera sabido, más bien habría puesto la bomba bajo el escritorio de Fonseca, o en la oficina de Lozada, o de Molano, o de Aguayo…, y habría seguido enumerando posibles víctimas pero crepitaron pasos en la oscuridad.

—¡Eeh!, ¡¿Quién anda ahí?!

Silencio. Un silencio más desolado que antes.

Osorio apagó el cigarrillo, caminó hacia unos fardos de cartón corrugado, cargó uno de ellos, lo llevó hasta un sitio vacío entre el despacho y los archivadores, le prendió fuego, esperó a que las llamas se animaran, caminó hacia los estantes, tomó uno de los volúmenes y fue hacia la hoguera diciendo «Okey, entonces… déjeme ver, ¡sí!, ¡vamos a quemar la *Refutación zoológica de Esopo*!»

—¡Nooo!, ¡espere, no! —imploró el otro desde la oscuridad—. ¡Es una investigación muy importante, me tomó mucho trabajo! —el eco resonaba entre vidrios, maderas, cartones, metales y papeles, por todo el lugar.

—¡Entonces salga, cabrón, dé la cara! —ordenó Osorio, mirando hacia todos lados.

—¡Pero…, usté me quiere hacer daño! —dijo el otro con preocupación.

—¡¿Y qué, debería felicitarlo?!

—¡Bueno, en cierto sentido, sí! ¡Si entendiera la importancia del trabajo que he venido desarrollando…!

—¡Claro: el trabajo de ladrón! —gritó Osorio hacia la oscuridad, abarcando con una mano los objetos del despacho.

—¡Eran cosas necesarias. Yo sé que no está bien, pero si me dejara explicarle…!

—¡¿Quién carajos es usted?!

—¡Conrado Pérez Ramírez, encargado del Archivo de Remanentes!

—¡Salga de una vez! —respondió Osorio, sintiéndose estúpido por haber preguntado lo que ya sabía.

—¡No!

—¡¿Por qué?!

—¡…Tengo miedo!, ¡tengo miedo de usted, señor Osorio! El lunes de la semana pasada, cuando me persiguió, tenía un revólver en la mano. ¡Ahora acaba de ponerme una bomba!

La frase cambió la perspectiva de Osorio. Ya no estaba atemorizado. Entendió que él había llegado al Archivo de Remanentes como un animal más grande lo hace a la guarida de uno más pequeño. Había vencido. Pero faltaba la estocada final: arrojó el volumen al fuego.

Tras una pila de canastos podridos se perfiló una silueta que pronto llegó a la penumbra y luego a la luz de la lumbre, donde se concretó en un tipo más viejo de lo que Osorio había anticipado, blanco, de ojos hundidos detrás de unas gafas negras de carey engastadas sobre una nariz como tubérculo; y boca casi sin labios, una raya sobre un mentón sumergido en la papada. Tenía calva de franciscano y orejas peludas, una panza baja rompebotones, pecho hundido, piernas enclenques y largas que corrían para salvar el volumen que ya empezaban a engullir las llamas. Lo sacó, lo tiró al piso, se quitó la chaqueta de parches en los codos, la izó como un látigo y golpeó el volumen muchas veces, hasta sofocar el fuego bajo una nube de caspa que se desprendió de las solapas. Un humo amargo emanaba del cartón y del volumen. Conrado quedó acezante, con los brazos abajo y el saco chamuscado. Su corbata vinotinto pendía del cuello como una soga de ahorcado que aún no se tensa. Se veía muy cansado, le temblaban las manos.

Osorio estaba sorprendido, la figura amenazante que su paranoia había construido durante los últimos días era en realidad un pobre escribano atemorizado. Se miraron en silencio durante un buen rato, luego Conrado pareció olvidarse de Osorio, se agachó, recogió el volumen y se puso a hojearlo.

—¿Está muy quemado? —preguntó Osorio.

—Más o menos. Es que éste es de la época en que usaba máquina de escribir —explicó Conrado, mirando hacia Osorio y hacia los estantes como si estuviera a punto de llorar.

—Bueno, pero al menos lo alcanzó a sacar —dijo Osorio, como excusándose.

—Sí —respondió Conrado sin mirarlo, pasando una por una las hojas mordidas por el fuego—. Me va a tomar un tiempo reconstruirlo, pero tengo mis notas archivadas. —Una gota de entusiasmo se diluyó en el océano de tristeza que lo embargaba.

—Ah, entonces si hay notas no es tan grave —dijo Osorio.

—Pudo ser peor —admitió Conrado mientras se sacaba las gafas y las limpiaba con un faldón de la camisa que se le había desencajado en la carrera—. Me habría podido caer una montaña de estas encima, hubiera muerto aplastado.

—Yo no quería matar a nadie —aclaró Osorio.

—¿Me puedo sentar?

—Claro que sí. Ni más faltaba.

Había algo respetable en Conrado Pérez Ramírez: la dignidad del vencido. Osorio lo miró caminar hasta uno de los asientos de la sala y dejarse caer en él.

—Últimamente he estado muy, muy, muy nervioso…, muy estresado.

—Yo también —admitió Osorio para sí mismo, mientras iba al escritorio y volteaba el cono de luz hacia donde estaba sentado el escribano.

—…Todo va bien, todo está normal y usted empieza a perseguirme —continuó Pérez Ramírez. —Muuuy estresante, sí, señor.

—Se conserva en buena forma, nunca lo pude alcanzar —reconoció Osorio.

—No crea, uf, después de esas carreras, quedaba con los pies hinchados, me dolían las rodillas. ¡Me ha puesto usted en unos trotes! Lo que pasa es que cuando yo era joven (uf, hace aaaños) practicaba atletismo, pero luego me aburrí porque me parecía un deporte para bobos: nadie tiene que pensar, hay que correr y ya. Créame, en las carreras entre equipos, cuando se habla de «tener una estrategia», es apenas un cálculo en la dosificación de fuerzas. Es un deporte tonto; el que practica atletismo tiene el mismo coeficiente intelectual de un juez de línea, digamos.

—Yo completé la matrícula del tercer trimestre en el Politécnico Perú de la Croix con mi trabajo de juez de línea —dijo Osorio, avergonzado.

—La cagué. Eh…, ja.

Conrado tenía una risa pedregosa que le hacía vibrar la papada. Osorio se unió a su conato de risa y luego los dos rieron a sus anchas.

—No —corrigió Osorio recuperando la seriedad—, a lo mejor tiene razón. Yo nunca he sido muy inteligente. Siempre fui bruto para el estudio, una bestia.

—No se lamente, mire: acaba de derrotarme.

—No, no es para tanto. O, no sé, bueno…, yo estaba muy emputado. Pero ya se me pasó —dijo Osorio, sentándose en otro de los sillones que Pérez había robado del Departamento de Mercadeo—. No sabía que usted hiciera parte de La Empresa —le dijo Osorio.

—Hago parte de ella como un platelminto hace parte del sistema digestivo. Soy un parásito, señor Osorio —dijo Conrado Pérez con gravedad. Su calva de huevo sobresalía en las sombras del despacho.

—¿Y qué es eso del Archivo de Remanentes?, ¿cómo terminó usted por acá? —preguntó Osorio, aún sin entender qué diablos era un platelminto.

Mientras Conrado Pérez permaneció inmóvil, algo restalló en su interior.

—Yo soy de Garzón, Huila —dijo—. ¿Conoce algo de por allá?

—Poco.

—Yo cursé mi licenciatura en Neiva y volví a Garzón. Ahí enseñé en la Escuela Femenina Departamental Santa Úrsula de Almeida, pasé por el Colegio Departamental Genaro Díaz Roldán y di un año de clases en el recién fundado Colegio

Cervantes —dijo Conrado Pérez con orgullo y quizá nostalgia—. En esa época yo quería salir del pueblo, encontrar otros horizontes. Vi la oportunidad y ahí fue cuando me vine para Bogotá (el bus se demoraba diez horas, imagínese) e hice mi salto a los medios de comunicación.

—¿Eh?, ¿qué?

—Era el sesenta y ocho, ¿cómo no me voy a acordar? Durante el gobierno llamado «De la Transformación Nacional». Imagínese, el presidente Lleras en persona había salido dictando una clase en el recién fundado canal educativo —dijo Conrado, abriendo los ojos que abarcaron el vidrio de sus anteojos—. Se lo tomaban en serio, amigo —afirmaba con la cabeza, su papada columpiándose como una hamaca—. ¡Capacitación Popular: Palanca del Progreso!, decían. Fue una cruzada por la emancipación intelectual: el Ministerio de Educación, la Conferencia Episcopal, Acción Cultural, los Cuerpos de Paz, la Unesco, la OEA, la Asociación Nacional de Universidades…, todos movilizaron gente para la gran tarea de la alfabetización por medio de la radio y la televisión. Usté todavía debía estar muy chiquito…

—Debía tener como… —calculó Osorio en voz alta. Conrado calló, como para que Osorio dijera algo más, pero ante el silencio de éste, retomó la palabra:

«Vine a Bogotá por una convocatoria para el "Bachillerato a distancia", que impulsaba el Fondo Popular de Capacitación. Pasé la prueba y empecé a dar clases en la radio: Biología, Matemáticas, Español, Geografía… Luego di mi salto a la televisión, ahí también impartí clases de educación básica primaria. Me iba muy bien, aun a pesar de mi voz… Era claro en las explicaciones, sabía dar ejemplos. Nunca seguía los libretos, pero eso no le molestaba a los demás, porque siempre los mejoraba. Fueron unos años muy buenos.» Conrado Pérez era una estrella recordando su época dorada. Una sonrisa le apelmazaba los cachetes contra las orejas peludas, sus ojos miraban hacia los paisajes interiores del recuerdo. «Después de seis años de dar clases en radio y televisión empezaron a bajarle horas a las lecciones y a pasar programas extranjeros… Se necesitaba alguien para organizar y catalogar las cintas que llegaban de la Transtel Alemana y el material que mandaban las embajadas de Estados Unidos, de Italia, de Francia, la Confederación Chilena de Medicina, el gobierno chino, el Instituto Sueco de Oceanografía, la Asociación Británica de Filatelistas, uuuy, llegaban de todos lados; hasta la empresa Singer tenía un programa que se llamaba *Cómo coser…* Yo necesitaba plata extra y me ofrecí a hacerlo. Me volví el archivista del Canal Educativo, que era un trabajo muy fácil: consistía en revisar las cintas y hacer resúmenes del contenido de los programas —Conrado estaba solemne, se detuvo un momento y dijo, retiñendo las palabras—: Aprendí mucho… Ahí fue cuando adquirí la costumbre de trabajar de noche, como lo estaba haciendo hace un rato. La programación se acababa a las once y yo seguía ahí, en Inravisión, viendo series educativas hasta el amanecer: *Medicina hoy, Música para todos, El comportamiento de los animales, Curso básico de hidrología, Así será el futuro, El mágico mundo de los motores de combustión, Cuestiones lingüísticas, Grandes científicos, Curiosidades atmosféricas…*» Se quedó sin aire y tal vez sin ganas de enumerar.

Osorio se había hundido en el asiento.

—Siga, eche el cuento —lo animó.

Conrado no se hacía rogar:

—Pero aparte de enseñar, yo también quería producir conocimiento. Me parecía… me empezó a parecer que los libros de texto eran incompletos, quería hacer mi aporte, contarles de todas las cosas que había visto —Conrado inclinó la cabeza, tragó saliva, se aclaró la garganta—: Ellos no entendieron, ellos no supieron valorar mis aportes. Cada vez que decía algo de mi cosecha ellos lo cortaban; cuando en mitad de una clase metía alguno de mis hallazgos, se enojaban mucho… Por primera vez en una década, a mí, el profesor estrella, empezaron a pedirme libretos… Un día estaba grabando una clase de matemática primaria por la mañana después de una noche en blanco mirando programas. Todo iba bien, pero en medio de una suma entre papayas y piñas me dejé llevar, me puse a decir que no era lo mismo sumar dicotiledóneas y monocotiledóneas, que se debía hacer otro tipo de sumas relacionadas con la capacidad de reproducción y siembra..., zas, me cortaron el contrato de profesor.

—¿Y le dejaron el de archivista?

—No —respondió Conrado con resentimiento—. Cuando los del Fondo Nacional de Capacitación fueron a ver los resúmenes que yo se supone que estaba haciendo, se toparon con que yo había estado tejiendo hipótesis, preguntándome cosas, investigando. ¡Ellos querían resúmenes, yo estaba produciendo conocimiento!, ¿Se da cuenta, señor Osorio, de la diferencia de objetivos que teníamos?

Osorio no sabía qué decir ante las palabras de Conrado. Sacó un Belmont, lo encendió y le estiró la cajetilla. «Gracias, yo tengo los míos», respondió el profesor, sacando un Pielroja sin filtro de una cajetilla aplastada, Osorio se levantó y caminó hacia la silla de Conrado.

—Pero eso no explica cómo terminó usted por acá, en este sótano —dijo Osorio, mientras le prestaba sus fósforos.

—Bueno, yo vivía en un cuartico en La Candelaria, estaba ahorrando para comprar una casa en Garzón, pero al final no me devolví, empecé a gastarme la plata y a buscar trabajo —dijo Conrado, soltando las primeras bocanadas de humo—. A los cuatro meses encontré un clasificado de La Empresa que ofrecía trabajo como archivista. Me dije «puedo hacerlo», me presenté, y en el 79 empecé a trabajar en el Archivo.

—¿El Archivo de Remanentes?

—No, el normal. El Archivo de Remanentes no existía; o sí existía, pero todavía no se llamaba así.

Fumaron en silencio. La linterna y la luz del escritorio formaban una penumbra amable.

—¿Quiere algo de tomar?

—¿Tiene?... Ummm, bueno, sí.

Conrado se levantó y se internó en la oscuridad. Osorio se quedó en el borde del asiento, inseguro, pensando que a lo mejor Pérez Ramírez tenía preparada alguna treta, pero poco después éste llegó con un tarro de mermelada lleno de un líquido negruzco y dos copas que puso en la mesita de centro.

—Hágale, que sabe mejor de lo que se ve —lo tranquilizó Conrado mientras vaciaba su copa.

Osorio tomó la suya y apuró un trago.

—¿Eh?, ¿eh? ¿Qué tal?

—Está bueno —dijo Osorio con genuina sorpresa.

—Lo hago yo mismo. Es Brandy de Ciruelas —se ufanó Conrado, y volvió a llenar las copas—. Aprendí a hacer licores de frutas, tengo aguardiente de kiwi, vino de feijoa, cerveza de guayaba..., pero ¿en qué íbamos?

—En que el Archivo de Remanentes existía, pero no se llamaba así.

—Ah, sí. Bueno, por lo que he podido averiguar, en el 77 La Empresa compró la cuarta casa de la manzana.

—Aquí arriba —dijo Osorio, señalando hacia el techo, pero Conrado Pérez continuó sin escucharlo:

—Lo primero que hicieron fue tapiar las puertas y ventanas. La interconectaron con la red de embarque de mercancía, y también se excavó un sótano de dos niveles. En el más superficial se instalaron unas calderas grandotas; el nivel más profundo pretendía utilizarse como bodega, pero los muy brutos hicieron un espacio descomunal con una entradita que además estaba en un recoveco.

—¿Y no podían agrandar la entrada?

—No. Unos ingenieros vinieron, estudiaron los cimientos, la estructura, y dijeron que era imposible, que tendría que derribarse media empresa. Entonces se dejó como un cuarto de cachivaches. Cosas pequeñas, todo al menudeo —dijo Conrado señalando las arcaicas pirámides de objetos que descansaban en la oscuridad—. Aquí poco a poco fueron llegando toneladas de documentos, cadáveres de sillas, piezas inservibles de maquinaria, un letrero de *papier maché* que se utilizó el Día de la Secretaria, frascos de mermelada que nunca fueron abiertos y algunas cosas que era un misterio de dónde habían salido, por ejemplo ese atril de allá, esa mecedora…

—Eso veo —dijo Osorio, apurando un trago de brandy de ciruelas.

—Trabajé en el archivo poco más de diez años, mientras, lejos de mi presencia, se venía llenando este sótano de a poquitos. Para finales de los ochenta era imposible agregar un dedal al repertorio de cosas que había aquí dentro; este lugar cayó en el olvido hasta que el gringo que vino a hacer la reestructuración, el señor Ambrose, mandó abrir la puerta. Se escandalizó ante el montón de cosas, el tamaño del espacio, la humedad, el calor que venía de las calderas en el siguiente nivel y el absoluto desconocimiento que todos tenían respecto a lo que había aquí. De inmediato dijo que era necesario asignar a alguien para que ordenara y catalogara todo, que determinara lo útil y lo inservible, revisara los documentos, etcétera.

—¿Usted?

—El Jefe de Personal en ese entonces (antes de que la Oficina de Personal empezara a llamarse Recursos Humanos) me escogió a mí. Era el momento en que estaban fusionando departamentos, echando gente, creando divisiones. El Archivo donde yo trabajaba se lo asignaron a otras personas, y a mí me asignaron este lugar, el recién fundado Archivo de Remanentes, para que organizara y catalogara todo. «Me va a llevar toda la vida», fue lo primero que pensé cuando vi semejante cantidad de cosas. Después de tres días de trabajo, pude despejar una porción de espacio acá al fondo, donde me pusieron un escritorio, un computador y un afiche motivacional… Y nunca más se volvieron a ocupar de mí —concluyó Pérez.

—¿Y qué hizo usted? —preguntó Osorio. La historia entraba en su cabeza como una carta muy voluminosa que se atranca en la boca del buzón.

—A los dos años ya había amontonado todo en grupos y lo había catalogado —respondió—. Pero no tenía a quién decirle que ya había terminado, no tenía un jefe inmediato y, además, sabía que si avisaba lo más seguro era que me dieran de baja. Aquí no llegaba nada nuevo, yo no tenía obligaciones aparte de organizar lo que ya estaba organizado. Entonces pensé que era una oportunidad para retomar mis investigaciones… A eso es a lo que me he dedicado durante todos estos años. Para eso necesité la fotocopiadora y los estantes, la cafetera… Luego, cuando el computador ya estaba obsoleto...

—Se llevó el de Control de Insumos.

—Sólo he tomado lo que necesité para seguir con mi labor —defendió su causa Conrado.

—¿Y usted dónde vive?

—Al poco tiempo descubrí que me salía más barato vivir acá.

—¿En el sótano?

—No, tengo una habitación bien equipada en las bodegas de la Casa Cuatro. En la zona que está clausurada.

—¿Con cama, mesa de noche y eso?

—Sí, fueron cosas que saqué de la Casa Van Buren… ¡La biblioteca que tenían allí!... Completísima. Saqué los libros uno por uno, están en unos estantes que armé por aquí atrás —anunció Conrado, señalando hacia la cordillera de tuercas y mecanismos que se intuía en la oscuridad.

—¿Y qué come?

—Saco cosas del restaurante por las noches. Tengo una zona en los refrigeradores que nadie revisa. Ahí guardo mi provisión. Monté una parrilla argentina aquí arriba en las calderas, ¿quiere verla?

—No hace falta, le creo.

—Lavo mi ropa yo mismo y la pongo a secar cerca de las calderas también.

—¿Y le llega sueldo?

—Me lo consignan a la cuenta. He ahorrado bastante. Permítame mostrarle una de mis investigaciones —propuso Conrado Pérez.

Osorio asintió. El tipo, agradecido, caminó hasta los estantes, reburujó entre ellos, estiró el brazo hasta uno de los más altos, sacó un volumen, lo desempolvó y se lo entregó. Osorio pudo ver en letras repujadas *La existencia gratuita: un análisis socioeconómico*.

—¿Sí ve cómo está de bien marcado y encuadernado? —preguntó Conrado Pérez, orgulloso.

—Ajá.

—Todo eso lo hago yo en un taller de encuadernación que tengo allá atrás —dijo Conrado, Osorio ladeó el tomo para que la luz que venía del escritorio le permitiera leer la página—. Mire el índice, para que se haga una idea de lo que me refiero. La mayoría de las cosas me las da La Empresa, pero otras me las he venido granjeando yo, como la afiliación a la Biblioteca Nacional, a la Alianza Francesa, al Instituto de Ciencias... A veces, salgo y me cuelo en varios cursos y congresos, en los cocteles, en los lanzamientos de libros, en los lanzamientos de discos, fiestas de la junta de acción comunal, kermeses de colegio, colecta de alguna parroquia. Ahí invariablemente paso de incógnito. Es un talento que tengo —sus ojos se habían despepitado, pero de repente, parecieron cambiar, enfriarse—. Bueno, creo que ya no tiene caso seguir con las luces apagadas, ¿verdad? —dijo Conrado Pérez Ramírez, caminó hasta su escritorio y se agachó bajo el cono de luz que zanjaba la lámpara. Sus articulaciones crujieron, un rezongo gutural salió de su pecho cuando se hundió en el piso bajo el escritorio. Se incorporó como si subiera el último peldaño de una larguísima escalera, tenía los extremos de dos cables que unió. Largos neones parpadearon en un techo lejano antes de encenderse por completo. Todo lo que en la oscuridad tenía un rubor fantasmal se reveló con la prosaica vulgaridad de un depósito de sobras, un basurero al que engañosamente habían bautizado «Archivo de Remanentes».

Conrado se veía más pálido y astroso pero quizá un poco más joven. El cambio que la luz proyectó sobre él era difícil de precisar. Sus ojos brillaron tras las gafas con inquietud.

—Siento mucho haberle causado tanto problema, señor Osorio. Yo sabía que cada cosa que iba tomando de La Empresa era un dolor de cabeza para usted...

—No importa —musitó Osorio.

—Tendré que empezar de nuevo en otro lado. Le ruego que me dé algunos días para trasladar mis obras y mis apuntes a un lugar seguro.

Osorio se inclinó sobre la mesa, se sirvió otro brandy de ciruelas y lo apuró antes de hablar:

—Profesor, ¿quiere que le diga algo? A mí no me importa que usted se quede por acá, que siga con sus libros y sus estudios, y le sigan pagando, y se siga tumbando vainas de las oficinas. La verdad, me tiene sin cuidado... No, no, corrijo: me alegra —dijo Osorio, y sirvió otra copa para él y también para Conrado, que se acercó lentamente, con desconfianza—. Yo ya no trabajo como Jefe de Recursos Humanos.

—¿No?

—Trabajé hasta hoy —dijo, como para sí mismo—. Iba a trabajar hasta mañana por la tarde, iba a cerrar con broche de oro, pero todo salió mal y hoy fue mi último día de trabajo.

Ahora eran dos hombres tristes en medio de un basural. Bebieron en silencio. Encendieron sendos cigarrillos.

—Pero si trabaja hasta mañana, no debería estar triste. Aquí en La Empresa la gente se queda toda la vida. Es como liberarse —lo animó Conrado.

Osorio sirvió dos tragos más. Conrado Pérez, que había permanecido de pie, tomó asiento, dejó caer su panza y su papada al unísono en una de las poltronas.

—Pues, tiene razón —sentenció Osorio un poco feliz—, y yo sí que me estoy liberando de un montón de cosas. ¡Salud! —bebieron—. Pero es más complicado que eso…

Osorio, en una tenue borrachera de ciruelas, le relató al profesor Pérez Ramírez los últimos días, le contó de María Teresa y el desamor; de Ángela, el amor y la fuga a Buenos Aires que a lo mejor su esposa había arruinado con la visita de esa noche; de sus peleas con Fonseca y con Lozada; de Óscar Recio y su secta que había escapado de la Tierra en platos voladores; del desencuentro con su hermana, el prarabdha y la fiesta de Aniversario que se había echado a perder porque Elsy no iría.

—¿Elsy Cuartas?

—Sí, ella. ¿La conoce?

—Claro, ¿quién no la conocía en esa época? Digo, en la época en que yo no era un parásito. Muy bonita, decían de ella muchas cosas. ¡Hasta que era la querida de don Milciades Aguayo!

—Sí era. *Era* bonita y era la querida de don Milciades.

—Ah, vea pues… ¿Y por qué no quiere ir?

—Porque ella no va a fiestas y ya. Son mañas de solterona —se quejó Osorio—. Bueno…, y porque me está odiando.

—¿Qué horas son? —preguntó Conrado.

—Las cinco.

—Juemíchica, cómo se pasa el tiempo.

—Verdad.

—Por qué no le hace un último intento a la señora Cuartas.

—¿Y para qué?, es inútil.

—Uhmm, señor Osorio, la verdad es que eso de la fiesta me ha interesado. Estoy rastreando algunos asuntos del tema carnestoléndico y me interesaría asistir. Además estoy en deuda con usted, quisiera ayudarlo.

—¿Cree que pueda convencer a Elsy?

—No sé, pero la experiencia me dice que todo tiene una solución. Hay que encontrarla —dijo Conrado levantándose del asiento—. Sólo déjeme agarrar un saco, sacar una libreta y un lápiz…

—Tendríamos que pasar primero por mi casa.

—Vamos.

El celular de Osorio revelaba su descarga en estertores electrónicos. La señal se restableció cuando salieron del Archivo de Remanentes: tres llamadas de su casa. Dos mensajes, el primero decía «Ricardo, amor... llámame, que estoy preocupada, es muy tar...», cortó y ya no quiso escuchar el segundo. El profesor Pérez Ramírez necesitaba sacar un abrigo de su guardarropa, que estaba en las bodegas. Subieron por la rampa de carga hasta la Planta de Dulces, que se veía a esa hora como un calabozo de máquinas dormidas. Caminaron hasta el fondo, hacia otra galería que se abría en ele y rodearon una empalitadora de chupetas dañada, una reliquia que había sido reemplazada por otra más moderna, de alimentación vertical, que funcionaba a pocos metros como si quisiera humillarla. En la pared trasera encontraron una abertura ancha y baja, del tamaño de un marco de puerta normal pero instalada de lado. Tenía una rejilla corrediza que Conrado abrió. El suelo tras las puertas era una plancha de metal muy lisa, inclinada.

—Ruédese por la derecha, con mañita —dijo Conrado, y lo hizo.

Osorio lo siguió hasta una bodega espaciosa, con media docena de puertas.

—¿Y acá qué era?

—Aquí llegaban las cajas de Chupibombines, antes de que los descontinuaran. Por ahí por donde nos bajamos mandaban las cajas, aquí las recibían y las metían a las bodegas, se-

gún el sabor. Venga que es por aquí, por la bodega de menta
—dijo abriendo una de las puertas.

Entraron por bodegas oscuras repletas de miles de chupibombines mentolados. Se sentía un frío chiviado, una imitación de frío comprada en mercado persa. Llegaron a una
escalera y pasaron otras dos bodegas, doblaron por un callejón a la izquierda, abrieron una puerta en el suelo, bajaron
otras escaleras y llegaron a la habitación de Conrado Pérez
Ramírez. Un camastro de madera negra con una colcha roja
sobre sábanas blancas, un perchero con un macfarlán, una
boina de pintor y una ruana. Un escritorio de metal, con láminas a ambos lados que se prolongaban hasta convertirse en
dos anchas patas. Sobre él, una docena de libros milimétri-
camente organizados. Los lápices también estaban alineados.
También había dos sillas, una mesita con una jofaina, una cómoda, un diploma de licenciado por la Universidad de Neiva
en la pared de madera cruda. Éste ocupaba el único rectángulo de pared que no tenía recortes, diagramas, servilletas con
anotaciones, mapas de ciudades, fotografías, páginas de re-
vistas, cuadraditos de papel, miles de chinchetas, cintas, clips.
Había tanta información, tantas imágenes, tantas cosas, que
quizá por eso el sitio se veía tan estrecho. El profesor abrió la
cómoda y de ella sacó una chaqueta verde a cuadros.

Al regreso, Osorio estaba convencido de que habían hecho
el mismo recorrido a la inversa; pero no, porque desemboca-
ron en las bodegas para Chupibombines de naranja y regresaron por un costado diferente, muy lejos de la puerta por
donde Osorio creía haber entrado. No se ocupó mucho de
ello porque venía pensando en que ninguna de las llamadas
que registró su moribundo celular era de Ángela. No le había
puesto mensajes de texto, nada.

Subieron por unas escaleras que estaban al costado derecho de la plancha y treparon a la Planta de Dulces. Subieron
a las oficinas, se metieron por el pasadizo del baño hasta el
techo del parqueadero, bajaron, se metieron al carro de Oso-

rio. Cuando pasaron por la portería, Giraldo se asomó a la ventanilla y les dijo «Cómo le va, don Conrado; buenos días doctor.»

—¿Él lo conoce? —preguntó Osorio, cuando iban más adelante.

—Claro, sabe que soy el encargado del Archivo de Remanentes; para él es suficiente con eso —la papada de Conrado Pérez Ramírez ondeaba al viento mañanero.

—¿Y no le extraña verlo entrar y salir a cualquier hora, entrar por la noche y ya no salir, o no verlo en muchos días?

—Ése sí que es juez de línea... jaá.

Continuaron en silencio durante el resto del recorrido hasta el edificio. Osorio parqueó, apagó el motor. Se quedó mirando al profesor y le advirtió:

—Cuidadito con una imprudencia o hablar más de la cuenta. No la vaya a cagar, ¿okey?

—Pierda cuidado, señor Osorio.

Prefirió subir por las escaleras, para darse un poco de tiempo antes de llegar. Abrió la puerta y encontró a María Teresa en el corredor.

—Ricardo, ¿en dónde te habías metido?, ¿ah? ¿Por qué no me llamaste? —se veía que había pasado una mala noche y estaba enojada.

—Estaba en el Archivo de Remanentes, mi amor —la tranquilizó Osorio—. Mira, éste es el profesor Pérez Ramírez. Trabaja de platelminto en La Empresa —explicó, retirándose de la puerta entreabierta para que entrara Conrado.

María Teresa enmudeció. Se quedó detallando la duna de piel que era la calva de Conrado, los cogollos de pelo encima de las orejas, la papada de rana, las gafas como pintadas con tinta china sobre una fotografía de sí mismo.

—Mucho gusto, señora.

—Mucho gusto, ej, uhm, ¿cómo está? —le dio la mano—. Siga, siéntese ahí, bien pueda, en esa poltrona que está empacada. Todo está empacado, es que nos vamos de aquí este fin de semana. Ven, ven, Ricardo, dame un beso… —lo persiguió por el corredor—. Uy, hueles como a trago.

—Es brandy de ciruelas, mi amor, de ci-rue-las.

—¿Por qué llegaste tan tarde?, ¿por qué no me avisaste que venías con visita? Sabes que no me gusta que me vean así, en piyama y toda desarreglada. Y ese tipo tan…, tiene pinta, no sé, mirada de loco. Ricardo, no entiendo, últimamente te estás portando muy extraño.

—Es un profesor.

—¿Profesor de qué?, ¿por qué viniste con él?

—Profesor de todo…, de televisión. Me está ayudando con lo de la fiesta. Mira, no me puedo demorar, tengo que salir, pero te prometo que todo esto tendrá explicación esta noche o mañana.

—¿De qué hablas?

—Me voy a dar una ducha —la cortó Osorio—. No te preocupes, eh: todo va a estar bien.

Cerró la puerta, se desnudó y abrió la llave hasta que la ducha eléctrica hizo gárgaras. Los hilos de agua que salían de la regadera se trenzaron en un chorro famélico que no pudo llevarse el cansancio ni borrar los recuerdos ni lavar sus culpas. Cuando salió, María Teresa lo esperaba en el cuarto para decirle «Ricardo, yo toda la noche sin tener noticias tuyas, pensando que a lo mejor te había pasado algo o te habías ido de farra. Dime, ¿seguro estabas con ese señor?... ¿Te vas a poner esos pantalones? Te quedan un poco grandes y...»

—Ofrécele algo al profesor, un tinto o algo, mientras yo salgo.

María Teresa refunfuñó y se fue a la sala. Osorio terminó de vestirse con rapidez, echándole una última mirada al clóset, su colonia, sus sacos, sus camisas.

—¿Quieeres un caféé con leecheee? —preguntó María Teresa desde la cocina.

Osorio salió al corredor, dijo que no y entró al cuarto de su hijo. Estaba despierto, lo miraba con la apacible indolencia de sus años aún no vividos. Lo sacó de la cuna, le dio un beso en la mejilla, lo apretó suavemente contra su pecho y se quedó un rato paladeando las zarazas del adiós.

—Ah, estás con el ser mash bello de eshta casa. Shí, el mash bonito —interrumpió María Teresa.

Osorio lo puso de nuevo en la cuna.

—Me tengo que ir.

—Bueno, pero ya vas a salir de todo esto, ¿no?

—Seguro que sí.

—Suerte con la fiesta… Uf, pero no me abraces así, que me estás sacando el aire, ja, jajá.

—Lo siento.

—No lo sientas. A mí me gustó… Y deja esa cara, que ya se me pasó la rabia.

La besó sin pasión, sólo con remordimiento y fuerza. Le dijo «Chao» y salió a la sala en busca de Conrado.

• • •

Eran las ocho y veinticinco de la mañana. El cielo estaba encapotado y se reflejaba en los vidrios opacos del edificio de Elsy, en la acera opuesta. La Avenida Pepe Sierra fluía sin remanso en ambos sentidos. El ánimo de Osorio pendulaba entre la desgana y el pesimismo. Aunque había que darle crédito a Conrado, pues se había acercado a la portería y, contra todo pronóstico, le habían abierto la puerta. El profesor llevaba casi una hora dentro y aún no había noticias de él, ni mucho menos de Elsy. ¿Qué estaba sucediendo?, ¿de qué estarían hablando?, ¿cuánto más tendría que esperar?, se preguntaba con ansiedad creciente. Pero nada de eso incidía tanto en el ánimo de Osorio como no tener noticias de Ángela. De todos los interrogantes que estaban por resolverse, ése era el más importante. No sabía si la visita de la noche anterior había cambiado los planes, si todo seguía igual o se había venido abajo. Era muy temprano para llamarla al celular, seguro que aún no había salido de su casa y Osorio no quería echarlo todo a perder, pero el aviso de descarga del teléfono le impedía pensar en nada más.

Abrió la guantera y miró el morro de billetes con incredulidad, como si pertenecieran a un juego de mesa. Sacó el sobre con los pasajes y los pasaportes, releyó fechas y nombres, miró las fotos y revisó cada anotación como si fueran otros los que fueran a viajar. Sin Ángela, todo eso carecía de sentido. Eran las ocho y veintinueve de la mañana. ¿Apenas habían pasado cuatro minutos? El tiempo parecía un funcionario público que sólo trabaja cuando lo vigilan; por eso Osorio se quedó atento al reloj digital del radio, supervisando que cada instante de su angustia fuera contabilizado. Siete minutos después, el timbre de su celular logró estremecerlo.

—¡Aló!

—Doctor.

—Ah, hola Buelvas —contestó Osorio decepcionado.

—Lo estuve buscando ayer después de que se cayó la llamada pero no pude encontrarlo. Quería comentarle que…

—Rápido Buelvas, que me estoy quedando sin batería.

—En concreto: don Óscar Recio no nos quiere abrir. El gerente de Baco & Vacas también está aquí, amenaza con llamar a la policía para decir que el señor Recio le secuestró los equipos. El mago acaba de llegar, trae un tigre y dice que el animal se pone muy nervioso con las sirenas… ¿Doctor?

Osorio estaba atónito, mirando cómo se abría la puerta del edificio de Elsy y entre Conrado y el portero ayudaban a bajar la silla de ruedas con la anciana madre.

—¿Ah?

—Sí sabe que el señor Recio no quiere…

—Sí, sí sé; pero eso ya está por arreglarse. Espéreme ahí, que no se vaya nadie, dígale a todos que yo estoy en camino, que ya les soluciono —clic.

Elsy venía detrás de su madre, coordinando el descenso como quien da instrucciones en una mudanza. Tenía un slack verde limón de bota ancha, una blusa de terliz blanca y una pava en la cabeza. Conrado, una vez habían puesto a la anciana en tierra firme, cruzó la calle y se asomó a la ventanilla, sonreía y estaba sudando.

—¿Qué le dijo?

—Qué no le dije, mejor. Uf, hablamos de lo divino y lo humano, es una dama muy interesante, señor Osorio… ¿Podría abrir el baúl para meter la silla de ruedas de la señora?

—No se puede —dijo Osorio mientras salía del carro, luego fue a la parte trasera, abrió el baúl y le mostró las maletas.

—Ahh —Conrado se rascaba la cabeza.

—Hola, Ricardo —dijo Elsy, que acababa de llegar al carro empujando la silla de ruedas. La madre tenía un vestido morado enterizo, el pelo muy blanco pegado con peinetas, la mirada perdida en un limbo. Quizá no percibía siquiera el perfume de su hija.

● ● ●

Osorio tenía que inclinarse sobre el volante para manejar, pues las empuñaduras de la silla le tallaban en el cuello. La anciana iba en el puesto del copiloto, ajena a todo y arrumada hacia delante, mientras en el puesto de atrás Conrado luchaba para no lastimarse con los reposapiés y Elsy para no ensuciarse con las llantas traseras.

—Si hubiera sabido que iba a ser así, les habría dicho que no venía.

—No se preocupe, Elsy: ya falta poco.

—Ay, doct…, digo: Ricardo, ¿a quién engaña?, ¿no recuerda que el viernes antepasado vinimos por acá?

—Doña Elsy…

—Elsy nomás.

—Elsy, ¿podría quitarse el sombrero?, es que me está raspando aquí en el cachete.

—¡Uuugfffforbeberoshnf!

—Ya, tranquila, mami. Ya vamos a llegar.

—¿Al fin qué, falta poco o mucho?

—Cállese, Ricardo.

Entre quejas, discusiones y risas ocasionales salieron de Bogotá. Osorio tenía el cuello entumecido y le dolía la espalda, pero todo eso dejó de importarle cuando sonó de nuevo su celular.

—Aló —contestó Osorio, cortado por la alarma de descarga.

—¿Amor?

—¡Ángela!... Tengo que parar —anunció Osorio, y detuvo el carro a la vera, frente a una plantación de flores.

—Uuuy, no me esperaba la sorpresita de ayer.

—Lo siento, fue idea de María Teresa.

—¿Qué es ese sonido?

—En cualquier momento se me acaba la pila... Oye, ¿firmes para lo de esta noche?

—Claro..., claro que sí, ¡por supuesto!, allá estaré. Oye...

—clic.

Se apagó el teléfono y ya no hubo forma de prenderlo, pero eso era todo lo que Osorio necesitaba oír. Soltó una risotada, le dio un beso a la anciana en el cachete y un beso en la calva a Conrado que lo puso de malas pulgas. Elsy, en el lado opuesto del asiento trasero, era inalcanzable. Osorio abrió la puerta del carro, se paró en frente de su ventanilla, bailó un pasito de salsa en la carretera, volvió a reírse y se subió de nuevo. Tocó una pequeña melodía con la bocina y arrancó.

Llegó sin frenazos o volantazos peliculeros, pues traía la silla
de ruedas haciendo equilibrio entre el espaldar de su asiento
y lo que Elsy y Conrado pudieran sostener. Parqueó tras un
furgón azul, pintado con fuego y estrellas. Era el último de
una caravana que incluía, además de otro furgón, dos camiones y un pequeño automóvil asiático. Elsy decía que tuvieran
cuidado porque la iban a degollar; Conrado trataba de consolarla y al mismo tiempo sujetaba las llantas traseras. Decir
que doña Etelbina iba *de copiloto* era una absoluta exagera-
ción: la anciana intentaba apoderarse de una hoja que había
caído sobre el parabrisas, pero su mano se estrellaba con el
vidrio sin que ella comprendiera por qué. Después de una
maniobra que requirió bastante pulso, Osorio consiguió sacar
la silla. El profesor, rubicundo y sudoroso por el esfuerzo,
salió del carro en un sonoro petaqueo de articulaciones. Elsy
se bajó del otro lado y abrió la puerta de su madre. Osorio
llevó la silla y ayudó a sentar a la anciana en ella. La anciana
gemía, hasta que Elsy le entregó la hoja de ciprés y ella pareció quedar muy confundida o muy contenta. A lo lejos, en la
puerta de El Rincón Pacífico, había un barullo de empleados
y contratistas. Osorio y su comitiva emprendieron la marcha
hacia allá.

El furgón, en el costado que daba hacia ellos, estaba deco-
rado con un tigre que parecía un perro o una cebra gorda y
una bailarina hindú que tenía aletas en lugar de pies. En letras góticas que se proyectaban desde un fondo muy lejano
se leía «Zoroastro». El siguiente camión se reveló como una

jaula motorizada. En su interior un enorme tigre los miraba con sus ojos de profeta, caminaba de lado a lado, las rayas oscilando sobre su cuerpo como fuelles de acordeón, la cola doblada como una jota y los colmillos afuera en un ronroneo agresivo.

—Se está poniendo muy impaciente —explicó Isadora. Iba con mucha más ropa que cuando Zoroastro la hizo aparecer en la oficina de Osorio; ahora tenía un aspecto de campesina que el bikini de lentejuelas, antes, había logrado disipar.

El siguiente furgón era un *thermo king* de Helados El Hado. Luego estaba el carrito asiático y un camión de luces. El gerente de Baco & Vacas, un gordo pringoso enfundado en una camisa demasiado estrecha, se acercó y le dijo en un vaho de mal aliento:

—¿Qué va a pasar con mis asadores?

Osorio le hizo una seña con la mano y continuó caminando.

—Señor Osorio: tenemos que entrar al tigre para alimentarlo y que se tranquilice —el mago, sin su traje, había perdido dignidad: parecía un notario. Cindy estaba junto a él. Asentía sin prestar atención a lo que decía su patrón. También estaba de civil, pero se seguía viendo muy bien.

—¿Y Recio?

—Adentro —dijo Buelvas.

Osorio llamó a la puerta y esperó en medio de la multitud.

—¡Por qué no se van de una vez! —gritó Recio desde dentro.

—¡Lo prometido es deuda, don Óscar! —contestó Osorio, y se apartó para que pudiera ver a Elsy.

Después de un silencio que el tigre también respetó, se abrió una mirilla. Unos segundos después, Recio abrió las puertas. El gerente de Baco & Vacas le dio las gracias a Osorio, embutió su cuerpo en el carrito asiático y se largó. El camión de luces, el camión-jaula y el furgón del mago se estacionaron detrás de la tarima que habían ubicado al fondo, tras los juegos infantiles. Medio centenar de personas se puso a trabajar en diferentes sitios de El Rincón Pacífico, algunos eran obreros de las plantas que Buelvas había reclutado por unos pesos extra. Osorio, por tanto, se metió en la coordinación de las cosas: «Venga, Pajarito, haga fuerza aquí con esta banca», «Verónica, vuélese por una cinta pegante para poner ahí ese cartelito de precios», «Buelvas, ¿a qué horas llegan los músicos?», «Ey, pelao, sí, usted: búsqueme una toma que aguante 240 voltios», y así con cada cosa. Cuando despuntaba el mediodía, el sol había agrietado la pared de nubes lluviosas. Osorio se paró junto al quiosco y miró alrededor. Todo estaba funcionando. Buelvas se le acercó y se quedó lelo mirando a lo lejos, hacia Cindy, que ensayaba unos pasos con un bastoncito. El tigre, echado en el piso de la jaula después de comerse veinte kilos de carne, se lamía una pata mientras el mago coordinaba el levantamiento de una carpa para ocultarlo.

—Esa china está muy bonita, doctor. Además, es como artista, ¿sí ve el furgón allá, los dibujos que tiene?, ¿sí los detalló? Los pintó ella, a puro aerógrafo y moldecitos. Berraca la china…, y linda, pa' qué.

Osorio le dio la razón y le dijo «Vaya, háblele.» Buelvas lo miró, dudando si bromeaba.

—De una. No pierda tiempo, Buelvas, que después se la llevan.

Buelvas sonrió, asintió, abrió una lata de cerveza, le dio un sorbo y caminó hacia la tarima.

Osorio aspiró el aire frígido de la Sabana, se frotó los ojos, sacó un Belmont, lo encendió, le dio una bocanada que sabía a leña de muebles viejos. Soltó el humo muy lentamente, en una sonrisa de triunfo que se le expandió por toda la cara. Sólo faltaba que llegara la gente. El profesor Pérez Ramírez, a pocos metros, estaba advirtiéndole a Elsy acerca de lo inapropiada que resultaba la silla de ruedas para su madre.

—Fíjese, Elsy, es un problema de física —decía el profesor, trayendo a la anciana hacia atrás—: el terreno blando, como este, produce un mayor rozamiento y por lo tanto exige mayor esfuerzo para propulsar la silla —y la empujaba, para detenerse abruptamente y dejar a la anciana suspendida en el borde, a punto de irse de bruces—. El rozamiento es menor en terrenos o superficies duras, como este pavimento —y la llevaba hacia un caminito pavimentado.

Osorio, divertido, seguía la conversación a cierta distancia.

—Mayor peso sobre las ruedas delanteras provoca mayor rozamiento, pero al mismo tiempo hace que la silla sea más estable —decía Conrado.

Algo brillaba en Elsy, una ternura se mezclaba con su coqueta fealdad. Conrado había encontrado su público, había desempolvado las dotes de profesor televisivo, proseguía sus explicaciones con elocuencia y fluidez. Ahora, por ejemplo, había levantado las llantas delanteras de la silla, y las piernas de doña Etelbina, meros badajos, se habían columpiado sin gracia.

—Al mover el centro de gravedad hacia atrás y hacia arriba se aumenta el peso sobre las ruedas traseras y hace que la silla sea más fácil de manejar pero más inestable —decía, y daba dos giros inesperados a doña Etelbina, quien al parecer había empezado a disfrutarlo porque se reía con cada vaivén—. ¿Se fija?, en cambio, si se desplaza el centro de gravedad hacia abajo y hacia delante —volvía a apoyar las llantas delanteras—, la silla gana en estabilidad pero es más difícil de manejar, ¿ve?

—Ricardo, usted no me dijo que Elsy iba a venir con un amigo —protestó Recio, que había llegado sin que Osorio lo notara—. Apenas me saludó, y no me ha parado bolas en toda la mañana.

—Las ruedas neumáticas amortiguarían mejor, pero generarían más rozamiento porque son más blandas. Ahí usté tendría que decidir.

—La condición era que se la trajera —alegó Osorio—. Pero no eran amigos hasta hace una hora. Se acaban de conocer —aclaró, mientras a lo lejos Elsy se reía y se abanicaba el rubor con la pava mientras el profesor, seductor, continuaba hablándole de la distancia entre los ejes.

—Pues no me parecen recién conocidos.

—Sabe qué, don Óscar, yo no sé nada de eso que usted sabe, pero yo creo que lo de uno es lo de uno. Así fue como yo entendí lo que usted me dijo del prarabdha (¿sí ve cómo se me quedó grabada?). Entonces no se preocupe ni se quede esperando, más bien, entre ahí, en la lucha. Fíjese que el otro día estaba pensando en eso del destino y caí en cuenta de una cosa...

—Esta silla, por ejemplo, tiene una angulación negativa, las llantas están más pegadas abajo que arriba, por eso es más inestable.

—¿Qué cosa?

—El viernes antepasado Elsy me vomitó la bota del pantalón, y a la semana siguiente usted me vomitó yagé en la bota del pantalón.

—¿Y...?

—Una distancia larga entre los ejes mantiene mejor el rumbo.

—Cómo «¿y...?» ¿Eso no le dice nada? Ahí puede haber una conexión entre ustedes dos.

—Pero si la distancia entre los ejes es más corta, resulta más suave y fácil de manejar.

—Bueno, ahí lo dejo pensando en eso, don Óscar, porque yo tengo que hablar una cosita con el mago. Un favor que le voy a pedir.

El mago había estado muy reticente. Osorio tuvo que ir a la guantera del carro y sacar una tajada de billetes para convencerlo. Además, la conversación había sido difícil porque a pocos metros Cindy luchaba con un pequeño gato blanco, lo regañaba y contestaba a sus maullidos con argumentos: «Quédate quieto, que si no, me voy a demorar más», «No muerdas el pincel porque te vas a manchar la boca, bobo», «Cuidadito con arañarme». Isadora estaba sentada junto al mago, muy atenta a lo que Osorio decía. Al final Zoroastro le había dicho «Está bien, está bien. De acuerdo. Pero si algo sale mal, ¡es su responsabilidad!»

Osorio, entonces, regresó y pudo entregarse de nuevo a la fiesta: ayudó a conectar los instrumentos de Checho y las Fieras del Caribe, improvisó un podio con tablas y guacales de cerveza para el animador de corbata ancha y dientes conejiles que Buelvas había contratado, reemplazó un par de luces móviles en el quiosco, buscó un sitio seguro para los fuegos artificiales, designó tres valet parking y luego se sentó en la misma mesa con Recio, Conrado, Elsy y doña Etelbina. El profesor y él bebían cerveza, Elsy ordenó una soda para su madre y una copa de vino para ella, Recio tomaba zumo de naranja y miraba el vaso de Osorio:

—Hace más de una década que no tomo alcohol y que estoy en contra de él. Pero justo a mi alrededor…

—Ahora que movió la silla de ruedas, mi mami se estaba riendo —decía Elsy con voz almibarada y aleteo de pestañas.

—¿Y por qué no se empuja una birra, don Óscar?, por los viejos tiempos en que el esoterismo no lo había echado a perder —se la montaba Osorio.

—¿Usté cree?, a lo mejor era un movimiento involuntario —respondía con modestia Conrado.

—Dígame, ¿usted se cree muy chistoso, Ricardo?

—Es la primera persona que logra hacer reír a mi mamá. Aparte de mí, claro.

—Tómese unito pa' que se anime, porque si no, mire: el profe se le está adelantando.

—No eche en saco roto mis consejos, Elsy. Cuando quiera, yo le puedo hacer un estudio antropométrico a su mamá, para determinar cuáles serían las dimensiones ideales de la silla de ruedas.

—Usted es un enviado del Maligno, sin duda. Todo esto es culpa suya.

—¿De verdad haría eso por mí, Conrado? No quiero causarle molestias.

—O una copita de aguardiente para que pase el despecho, porque ahí el profe va firme.

—No se preocupe, para mí no es ninguna molestia. Yo tengo libre cuando usté diga. Podría ir a su apartamento…

—Apártese, Satanás.

—Cuando quiera, yo encantada… Venga, mamita, tómese un sorbo de esto, que le va a hacer bien —interrumpía, para darle soda a su madre. Doña Etelbina quedaba súbitamente envarada y luego dejaba escapar sonoros eructos.

—Bueeeno, voy a ver cómo es que están organizando a los invitados.

Se levantó de la mesa y dejó a Elsy entre sus dos galanes, pues ya empezaban a llegar los de la Junta en ceñudos Mercedes, potentes camionetas, sobrios BMW y flemáticos carros franceses; también los ingenieros y oficinistas en sus carros sin pedigrí, los de moto, de bicicleta y de a pie. Un poco más tarde arribaron los buses de alquiler. Cuatro estaban distribuidos entre operarios de las respectivas Plantas. El quinto estaba dividido entre el *call center* de alimentos y el de limpieza. Otro lo compartían los de Seguridad (con excepción de Giraldo, que estaba de turno) y los de Mantenimiento. En el siguiente bus iba personal administrativo de diferentes oficinas y despachos. El que venía detrás era de bodegueros, montacarguistas y transportadores. El último traía a los trabajadores del Templo de la Limpieza y los del Punto de Ventas de Alimentos.

Una estampida de niños se volcó sobre los juegos infantiles. Los recreadores trataban de hacerlos correr y saltar para que se cansaran y los dejaran en paz. Un ejército de meseros iba por entre las mesas llevando botellas, vasos y hielo. En el quiosco, Checho y las Fieras del Caribe alternaban con los de la miniteca. Buelvas, montacarguista en temporales funciones logísticas, apercollaba a Cindy; Isadora, recostada en una de las columnas, sonreía inmerecida ante las fanfarronadas de Fonseca. Ni el tigre ni el mago estaban a la vista. El animador prodigaba botellas de aguardiente al primero que trajera un pañuelo verde, el que adivinara este o aquel acertijo, la mesa que más aplauda, el más barrigón o el más calvo. Suculentos tapetes de carne se extendían sobre las brasas, así como papas, chorizos, mazorcas y plátanos maduros. «¿Tienen hambreee?... No los escucho... ¿Tieeneen haaambreee?... ¡Más altooo!... Okey, okey, así por las buenas, sí: ya pueden pasar al buffet.»

A fuerza de comidas solitarias, Conrado había olvidado los modales, pues hablaba con la boca llena, disparaba arroces o partículas en cada frase y condimentaba el almuerzo con datos que a nadie interesaban. Elsy comía bocaditos de pájaro y trataba de hacer la vista gorda, pero no lo lograba tan bien como su madre. Recio acaparaba la atención de Elsy con un catálogo de fitoterapias, reflexología podal, osteopatía, reiki y Pranayama Nadi Shodama que ofrecía El Rincón Pacífico por módicos precios. Osorio estaba demasiado ansioso para

comer; se limitaba a mirar los coqueteos de Elsy, los esfuer-
zos de Conrado y Recio para conquistarla y la indiferencia
cósmica de doña Etelbina. «Los que vayan terminando, pueden hacer la digestión allá, en los asientos frente al escenario
del fondo, que ya va a comenzar ¡El Show de Zoroaaastro!»,
anunció el animador. Osorio se adelantó, se sentó junto a
Buelvas y guardó cuatro puestos a su lado, en la misma fila
de sillas plásticas. El bullicio se trasladó a las inmediaciones
de la tarima. Pronto ya no hubo puestos libres y la gente tuvo
que sentarse en el pasto de los costados o quedarse de pie tras
la última fila. «¡Elsy, por acáááá!» «don Óscaaar!, ¡ey, profe!».
Después de incomodar a casi la totalidad de la fila delante-
ra (incluidos Fonseca y sus amigotes del Departamento Jurídico), la anciana quedó junto a Osorio; en seguida se sentó
Conrado, luego Elsy y Óscar Recio. «Qué bueno que me ani-
mé a venir, señor Osorio, estos eventos son muy interesantes
desde el punto de vista antropológico.» Las cortinas del escenario estaban cerradas, una pieza de suspenso brotaba de
los bafles. «¿Se conoce con Héctor Buelvas?... Buelvas, él es
el profesor Pérez Ramírez, el del Archivo de Remanentes, el
que andábamos buscando.» Elsy había girado el cuerpo hacia
Recio, Osorio no alcanzaba a escuchar lo que hablaban, pero
se veían muy contentos. «Probando... sssonido, sssonido, uno,
dos, tres, sssonido, sssí, sssí, hola, hola.» Algunos impacientes
formaban conatos de aplauso y modestas rechiflas. «Les pe-
dimos el favor de alejarse de la tarima, repito: no podemos
empezar si hay personas de pie cerca de la tarima.» Cuando
todo estuvo a punto, las cortinas y el telón revelaron un escenario en cuyo centro estaba Zoroastro. El mago, vestido de
negro, con pechera, capa y sombrero de copa, había recupe-
rado un aura misteriosa y magnética que enmudeció al público. «Ricardo, gracias, esto está muy divertido», le dijo Elsy,
hablando por encima de Conrado y doña Etelbina. «¡Shhht!,
¿se pueden callar?», se volvió Fonseca con antipatía. El mago,
con una maniobra similar a la que había visto Osorio en su

oficina, hizo aparecer a Cindy. «Dígame, doctor, dígame si no está preciosa», aplaudía Buelvas enamorado. La muchacha tenía pecas que le moteaban la cara, una pequeña hendidura horizontal sobre los labios que se abrían altaneros en una sonrisa, talle un poco ancho, piernas macizas, tetas redondas y grandes que sobresalían por encima del sostén como señoras de buen humor asomadas a un palco. El mago trajo una mesa a la vista del público, le dio vueltas para mostrar que no había trucos, acostó a Cindy sobre ella y la cubrió con su capa. Conrado le contaba a Elsy que el verdadero Zoroastro había nacido en Irán, en el quinientos y pico antes de Cristo, que creía en un dios del bien, llamado Ahura Mazda, y uno del mal, Ahrimán. Cuando el Zoroastro de enfrente retiró la capa, junto a Cindy estaba Isadora. Sus rasgos sabaneros, gracias al maquillaje, el peinado y el bikini, habían recobrado un garbo cosmopolita. Era alta, de tetas frugales y cintura pequeña, tenía una cabellera negra que le llegaba a la cintura; miraba a Fonseca, le sonreía, le abría los ojos, le hacía señas. Los amigos de Fonseca le palmeaban la espalda, le decían que era un casanova, un donjuán. «Párele bolas a este truco que sigue, doctor.» Zoroastro se quitó el sombrero, lo mostró al público, le dio dos golpes con la varita y ¡zas!, una paloma salió volando. «No me gustan las magias con palomas», aclaró Osorio. A doña Etelbina la tenía sin cuidado quién o qué apareciera o desapareciera. Después de una tanda de magias con cartas, el mago serruchó a Isadora por la mitad, separó su tronco y sus piernas, luego volvió a pegarla; después de los aplausos, hizo que Cindy levitara. «¡Abaghrrd grrruuph prrr!» Zoroastro ordenó que hicieran silencio; miró al público con gravedad. «Ya, ya, quédese tranquilita, mamá.» Le bastó chasquear los dedos para que apareciera una gran jaula vacía. «¿Quiere que cambiemos de puesto para que quede al lado de su mami?». «¡Shhht!», amonestó Fonseca. Elsy declinó la oferta, pues no parecía dispuesta a alejarse de Recio. Una explosión muy fuerte sacudió el escenario, Buelvas soltó un madrazo, doña Etelbina quedó pasmada en un grito que nunca salió de su garganta, a Elsy la invadió una especie de soponcio que Conrado trataba de aliviar, un par de bebés rompieron en llanto. Entre las fluctuaciones del humo que tardaba en dispersarse, se fue dibujando un imponente tigre de Bengala. El tigre se levantó sobre las patas traseras y dejó ver su vientre blanco, rugió, lanzó dos zarpazos. «Uy, este tigre está muy grande, parece de los de Manchuria», dijo Conrado, y ante la mirada curiosa de Buelvas el profesor aclaró que había estudiado el tema y le explicó que los tigres de Manchuria, o Dongbey Pingyuan, pueden llegar a medir dos metros con setenta. Zoroastro aplaudió dos veces y logró desaparecer los barrotes. «Impresionante, ¿no, doctor? Y no se nota que lo tienen amarrado de la pata trasera; si no, ya se habría tragado al mago.» El felino rugía a todo pulmón, manoteaba muy cerca de Zoroastro. «Más vale que resista esa cadena», dijo Osorio, como para sí mismo. El cuerpo de Cindy había perdido la soltura de antes, la sonrisa de Isadora se había apagado, ambas se alejaron hasta una esquina del escenario, indecisas sobre si seguir allí o echar a correr. El mago trastabilló y su sombrero cayó al piso, el tigre lo manoteó con fuerza. Algunas personas de las sillas delanteras huyeron hacia atrás. Media docena de gritos brotaron del estupor general. «Esa vaina está saliendo como mal, ¡¿qué hacemos?!». Zoroastro recuperó el equilibrio, elevó su varita mágica y ¡pum!, otra explosión, otra humareda que se fue dispersando hasta mostrar un tigre bonsai. El mago se agachó, tomó al tigrecito con una mano y se lo enseñó al público. «¿Ah?, ¿ah?, ése también lo pintó Cindy. ¿verdad que le quedó igualito?». «Uf, jueputa, Buelvas, me alcancé a asustar», decía Osorio y se deshacía en aplausos, como todos los demás. «Eso todo es ensayado. Dizque hasta la rabia del tigre es de mentiras». El mago se inclinó, presentó a sus ayudantes, dio las gracias. Isadora le tiró un beso a Fonseca. «No te la mereces, cabrón», pensaba Osorio, sin dejar de aplaudir. «¡Ñaags gerffffrrr!» El telón bajó, las cortinas se cerraron en medio de un murmullo de aprobación «¿Qué le pasa a su mamá?», preguntó Recio. «Son ganas de ir al baño, pobrecita, ha aguantado mucho». «Si quiere la podemos llevar a mi cabaña, para que esté más cómoda». «Uy, sí, no me imagino metiendo a mi mamá en uno de esos baños portátiles.»

El cielo se había despejado y el sol brillaba sobre el bosque. Faltaba poco para que las ramas lo hirieran de muerte y lo mandaran a morir en el horizonte. La música volvió por sus fueros y la rumba brotó en todos los rincones de El Rincón Pacífico. Para dominar su ansiedad y las tensiones que lo anegaban, Osorio se tomó una copa con los de Mercadeo, escuchó una ronda de pésimos chistes que contaron los de Tesorería, intercambió bromas con los de Operaciones, bailó un vallenato con doña Gertrudis, se hizo preparar un bistec cuando lo atacó el hambre y comió en compañía del animador, que tampoco había almorzado. Luego deambuló por ahí, capturando las instantáneas de su última fiesta bogotana. El Gerente Financiero aburría a unos asesores de la Junta; Urrea dormía la borrachera en el pasto; Emperatriz Vélez bailaba con el doctor Benítez; Martha Yaneth discutía con Arana; Papeto estaba corrompiendo a la hija del ingeniero Abello; Valencia le decía «Te fajaste, Osorio, qué buena rumbita»; Gabriel Mendoza, Miguel Aristizábal y Jorge Pabón correteaban a unas recepcionistas; Hilda Zamora danzaba en el centro de un círculo que se había formado en la pista; Darío Martínez cargaba en los hombros a su hija; Lozada charlaba con el doctor Benítez; Molano abrazaba a su esposa; un recreador coordinaba a un grupo de niños; otro grupo jugaba en la pila de arena que Elber Castro y Buelvas habían puesto junto a los columpios; Fonseca, a lo lejos, caminaba con Isadora hacia la carpa que estaba tras la tarima. «Bueno, amigo y amigas…, estamo aquí reunido pa' celebrá este anivedsario», dijo Checho, y se interrumpió para que muriera una salva de aplausos. «¡Cuarenta aaaño!, sí señore. Y… », más gritos, chiflidos, vivas, «y esta canción se la dedicamo al amigo Ricaddo Osorio… ¿Dónde está él?». Osorio regresó al quiosco en medio de saludos y vítores. «Y queríamo aquí, mi compañeros Roni Santafiera (punteo), Luisillo David (redoble) y este servidó, dedical-le esta canción, porque grasia a él, hicimo el consierto más estraño de nuestra carrera, si señó…». Los músicos le sonrieron, Osorio correspondió. «¡Y dice! Soy sensacional/ sensacional, soy yo / Cuando yo canto todo el mundo me suele escuchar/ soy sensacional/ porque con mi canto la tierra sí que va a temblar…» Brindó, saludó, agradeció, bailó y luego se fue hacia el escenario del mago procurando esquivar a quienes lo saludaban, lo felicitaban y le preguntaban amigables por qué no había venido María Teresa. Elber Castro custodiaba las barreras que impedían el paso a los curiosos.

—¿Ya está?

—Sí, doctor, hace como dos minutos —le respondió, abriéndole un espacio entre las barreras para que pasara y se metiera a la carpa. Dentro estaba la jaula, y dentro de ella estaban Fonseca y el tigre.

—¿Qué, ya se hicieron amigos? —le preguntó Osorio, jovial.

Fonseca se apretaba contra los barrotes en una esquina. Estaba lívido, tenía los ojos muy abiertos y las pupilas dilatadas, sudaba, su respiración era agitada.

—Osorio, ¡por favor! Déjeme salir, se lo ruego.

El tigre caminaba de un lado al otro, resoplaba, miraba distraídamente a la esquina donde estaba Fonseca.

Buelvas, Cindy, Zoroastro e Isadora estaban del otro lado. Isadora se esmeraba en despintar el gato con un trapo. Osorio fue a su lado, sacó un fajo de billetes y se los entregó. Allí pudo ver el grillete que aferraba al tigre por uno de sus cuartos traseros.

—Gracias, Zoroastro. Todo le salió muy bien.

El mago hizo una pequeña venia y sonrió.

—Gracias Buelvas.

—De nada, doctor.

—¡Osoriooo. Lo siento, mire, de verdad...!

—Cuánto tiempo más lo dejamos —preguntó Buelvas en voz baja.

—Cinco minutos, pa' que afine.

—Buelvaaas, sáqueme de aquííí.

Osorio se acercó a la jaula, miró a Fonseca con ternura y le dijo:

—Mejor quédese quietecito y cállese la jeta, porque a lo mejor el tigre se aburre y se lo come. Pero seguramente le daría una indigestión: usted cae muy mal.

Salió de la carpa, le dio las gracias y unos billetes a Elber Castro, atravesó El Rincón Pacífico hasta la mesa de Presidencia y se plantó enfrente del doctor Francisco Aguayo, que lo recibió con alegría.

—Osorio, caray, déjeme felicitarlo: todo le ha salido de maravilla.

Osorio lo miró a los ojos, tomó el vaso de whisky que estaba frente a él, sonrió, sorbió mocos, condensó un gargajo en la boca, escupió dentro del vaso y volvió a ponerlo en la mesa.

—¿Eh?

Todos a su alrededor quedaron pasmados.

—Renuncio —dijo Osorio, feliz.

Giró en redondo y deshizo camino hacia la mesa de él y sus amigos. Otras personas la habían ocupado, pero su saco aún estaba en el espaldar de uno de los asientos. Lo descolgó, se lo puso y miró hacia los juegos infantiles, el declive de pasto, los puestos de comida y el quiosco hasta descubrir, al fondo, junto a una de las columnas, la calva papal de Conrado.

—Profe.

El escribano estaba de pie, apoyaba su libreta en una mano y tomaba notas con brío colegial. Levantó la cara y lo miró como si se tratara de un viejo amigo que no veía desde hacía mucho tiempo, su papada vibraba con la brisa o la música, las gafas de carey se habían ladeado un poco sobre su nariz de oyuco.

—¿Y los demás?

—Recio se llevó a Elsy y a su mamá después del show, y nunca regresaron.

—Ah, carajo.

—Bueno, así es la vida —se encogió de hombros, no sin cierta melancolía—. Tendré que seguir espiando en las duchas a las operarias, jejé.

—Ya me voy.

Conrado ladeó la cabeza y se acercó hasta abrazarlo.

—Gracias por todo, profesor. Y perdóneme la rabia, los insultos, los varillazos a la puerta, el letrero, la bomba...

—No se preocupe, a veces la vida necesita darnos alguna información: a mí me parece valioso que haya pasado todo eso. Gracias a usted, mi próxima investigación va a ser sobre el miedo... Y buena suerte por allá.

Osorio miró la hora: tenía el tiempo justo para llegar al aeropuerto. Dejó al profesor tomando notas, su maltrecha figura recortada en el sol del ocaso. Se fue tarareando la canción que Checho y las Fieras le habían dedicado.

· · ·

Estacionó cerca de la salida número uno, frente a la mole azul
del aeropuerto, coronada por la torre de control y erizada de
antenas. Abrió la guantera, sacó los pasaportes y los tique-
tes, los guardó en el bolsillo de su camisa; tomó el dinero y
lo repartió entre su billetera, el bolsillo trasero del pantalón,
la pantaloneta que llevaba debajo y el bolsillo interior de su
chaqueta. Abrió el baúl, se colgó el morral, sacó la maleta y le
estiró la manija, se despidió para siempre de su carro y atravesó el puente que salía del parqueadero. Cruzó una puerta de
vidrio y bajó por unas escaleras sin rellano que lo condujeron
a un túnel delineado por luces blancas, algunas apagadas y
otras en un indeciso parpadeo violeta. Olía a humedad, las
paredes estaban cubiertas de teselas grises que a veces formaban escenas viajeras mal definidas. Llegó a un descansillo
coronado por un domo de vidrios lechosos, con cafeterías a
diestra y siniestra, tomó aire y continuó hasta otras escaleras
que desembocaban en el interior del aeropuerto. Bajo la ex-
tensa bóveda del primer piso, cientos de viajantes iban y venían, otros se alineaban en los callejones de cintas guiadoras
que había frente a los mostradores de las aerolíneas. Ángela
no estaba a la vista. Una turba de malos presagios acompañó
sus pasos rumbo a la fila del vuelo a Buenos Aires. Tampoco
estaba ahí. Las venas que rodeaban su corazón se convirtieron
en alambres de púas. Delante de él, una mulata muy joven se
besuqueaba con un vejete rubio. La fila se salía del zigzag de
cintas y postes, y desembocaba en el corredor principal; avanzaba con lentitud que Osorio agradeció, pues le daba tiempo

a Ángela para llegar. «¿Y si no llega?», se preguntó con sorna. «Daniela, ¿vos empacaste mi libro de recetas?», preguntó el viejo con acento porteño. «Yo creo que sí, pero si quieres abrimos la maleta», le respondió ella con cariño. A Osorio le pareció insultante la felicidad que esos dos se traían. Una señora de pelo corto y enroscado, vestida con ropas demasiado juveniles para su edad, se unió a la fila. Luego una pareja y dos niños pequeños, un equipo mixto uniformado con sudaderas deportivas, una anciana... Siete y diecisiete de la noche. Ángela aún no llegaba. «Señor…», le llamó la atención una funcionaria de la aerolínea, «tiene que llenar estas etiquetas y colgárselas a su equipaje.» Osorio sacó su lapicero y empezó a llenarlas. No sabía qué dirección ni qué teléfono poner, pues lo último que quería era que en caso de pérdida le devolvieran las maletas a María Teresa. Pensó en la dirección de Mireya, pero su hermana vivía en el campo y no tenía una dirección, o por lo menos él no la sabía. Se inventó una. Cuando llegó al mostrador donde debía pagar los impuestos de salida del país, dejó pasar a los que venían detrás y caminó de nuevo hacia el final de la cola. Tuvo que salirse dos veces más, hasta que no quedaba nadie más que él.

—Llamada para abordar vuelo 0989 con destino Buenos Aires —dijo una voz femenina e impersonal que reverberada en los altavoces.

La asistente que repartía etiquetas de identificación no le sacaba los ojos de encima. Había cierta lástima en la mirada del funcionario que cobraba el impuesto de salida. Osorio veía que empezaban a llegar personas detrás de él que le preguntaban si era el vuelo a Quito. La señorita del mostrador estaba descolgando el letrero de Buenos Aires.

—¡Ricardo! —venía apurada y sonriente, vestía una falda vaporosa con arabescos, una blusa blanca de manga larga y una chaqueta de terciopelo negro. Lo besó en la boca. —Uy, casito no llego.

—¿Y se puede saber por qué te demoraste? ¿Ah? Yo aquí como un imbécil esperándote, pensando cosas… —la espetó Osorio con agresividad.

—No me hables así.

—Perdón, perdón —recapacitó—. Es que, de verdad, se me estaban muriendo las lombrices aquí —sonrió, le dio un beso apresurado—. Alcancé a pensar que no ibas a venir. Ven, ven, que nos vamos a quedar.

Tras un momento de vacilación, Ángela recuperó la alegría y empezaron a besarse. Estaba fría y temblorosa, sus brazos parecían entumecidos.

—Esa visita de anoche… —le dijo ella.

—No fue mi idea.

—Sí, pero qué cosa tan incómoda. Además, Jorge Abel…

—Ya, ya pasó, ¿no? —la cortó Osorio. Le daba rabia que justo en ese momento, cuando ya no tenían que preocuparse por nadie más, ella lo recordara.

—Está bien, me callo.

—Lo siento, mi amor, es que desde ayer he estado sometido a mucha presión. No he podido dormir un minuto.

Pagaron los impuestos de salida, metieron el equipaje en la máquina de rayos equis.

—¿Qué tal la fiesta?

—Muy chévere. Mejor no pudo ser. De verdad —se alegró Osorio, la abrazó, le dio un par de besos. Tuvo que interrumpirse porque la encargada del mostrador les hizo señas.

Osorio entregó los pasajes, puso la maleta y el morral en la balanza electrónica.

—¿Llevan equipaje de mano?

—Uhmm… No.

—Me permiten sus cédulas…

La señorita, con esa sonrisa institucional que sirve para dar la mejor y la peor noticia, les anunció que sólo les podía dar las sillas 36A y 36D.

—¿Y, qué tienen? —preguntó Ángela.

—No se pueden reclinar... Y son ocho horas.

—¿Y no tiene otras?

—Tendrían que irse separados.

—Ésas están bien —intervino Osorio.

—Aquí tienen sus pasabordos. Pasen inmediatamente al muelle internacional —les advirtió, sin dejar de sonreír.

Apuraron el paso hacia el segundo piso y doblaron hacia el fondo, donde estaba el despacho de migración. Ángela se detuvo en seco.

—Tengo que ir al baño.

—¿Ahora mismo?

—Sí.

Fueron hacia el lado opuesto. Pasaron junto a los ascensores, otra escalera, la capilla y luego una interminable fila de almacenes que culminaba en los baños. La esperó afuera. Un minuto, dos, tres...

—Llamada para abordar vuelo 0989, con destino a Buenos Aires. Favor dirigirse a la sala doce del muelle internacional.

Miró alrededor, hacia la sala de espera donde había rumiado su tristeza, hacia los neones horizontales, hacia las baldosas de mármol falso, hacia su reloj. ¿Qué pasaba? Se paró en la puerta del baño, esperó un poco más. Le pidió a una señora que preguntara por Ángela y le dijera que él la esperaba afuera. En cuanto la vio salir, supo que había estado llorando.

—¿Qué pasa?

—Nada, nada, todo está bien —dijo, con las enes rotas, pues se le había tapado la nariz.

Volvieron a caminar hacia la Zona de Migración. Osorio la abrazó, y quiso hacerla caminar más rápido, pero su cuerpo se puso muy rígido, se detuvieron frente a un almacén que decía Coloma, caffe Liqueur.

—Lo que quería decirte es que Jorge Abel sabe de nosotros, de todo esto —dijo Ángela con súbito mal humor.

—Ya no importa: igual, esta noche o mañana iba a saberlo —quiso tranquilizarla.

—Yo también he pasado por mucha presión, yo tampoco he podido dormir. Ayer, cuando María Teresa se fue, él empezó a hacerme preguntas, a decirme cosas, hasta que tuve que aceptar...

Osorio no sabía qué decir. Ángela continuó.

—Tuve que confesarle todo. Se puso muy mal, me rogó que me quedara, me culpó, me gritó, luego me pidió perdón.

—Llamada para abordar vuelo 0989 con destino Buenos Aires, el avión está próximo a despegar —la interrumpieron los altavoces.

Osorio intentó tomar su mano, ella la retiró.

—¿Sabes quién me trajo hasta acá?... Él, él fue. Me deseó suerte, me dijo que fuera feliz contigo —cada palabra que decía Ángela era un tajo en su garganta—. Me dijo que iba a estar parqueado enfrente hasta que fueran las nueve, por si yo decidía regresar.

A Osorio le indignó la idea de que el imbécil estuviera ahí afuera, dócil, cornudo, cabrón. Lo odió con todas sus vísceras, odió a Ángela por dejarse conmover por él.

—Ya todo va a quedar atrás. Vamos a volver a empezar, vamos a darnos la vida que nos merecemos, a estar juntos por fin...

—No va a funcionar.

—Tú no sabes. No lo hemos intentado, dame la oportunidad.

Ángela lo miró a los ojos y le dijo una vez más, con una seguridad que a Osorio le produjo vértigo, que no iba a funcionar.

—Pero...

—Es sólo sexo, Ricardo, acéptalo. Tarde o temprano nos vamos a aburrir, nos vamos a desengañar.

—¿Cómo puedes estar tan segura?

—Llegará el momento en que nos empecemos a odiar.

—No digas eso.

—Es verdad. No tenemos idea de qué vamos a hacer, cómo vamos a organizarnos, nunca hemos hecho algo diferente a tomarnos una cerveza o encontrarnos en un motel.

—¿Me amas?

Ángela no respondió.

—¿Me amas?

—...Creo que mi relación con Jorge Abel merece otra oportunidad.

—No te puedes echar para atrás. Ahora no —dijo Osorio, tomó su mano y la arrastró burdamente hacia la zona de inmigración.

—Lo siento —dijo ella, soltándose. Había empezado a llorar.

—¡Ángela!

Se había dado vuelta, se alejaba. No, Osorio no se iba a rendir, Ángela necesitaría mucho más para librarse de él. Corrió hasta rebasarla y parársele enfrente, mirándola a los ojos.

—Entonces dime que no me amas —le demandó, le ordenó, le impuso.

Ella se sacudió las lágrimas con la mano y dio un rodeo para evitarlo, entonces él volvió a cerrarle el paso.

—¡Entonces dímelo!, anda, ¡dímelo!

—*Última* llamada para abordar el vuelo 0989... —recalcó el altavoz, y continuó con lo de la sala doce y que el avión estaba «próximo a despegar».

Ángela lo miró y sus ojos le dijeron que la dejara ir, que dejaran las cosas así. Pero Osorio, con una leve inflexión de la pupila, una temperatura en el modo de observarla, le indicó que no, que él se estaba jugando todas sus cartas, y por tanto ella debía mostrar su parte de la baraja. Ángela entrelazó las manos, se las llevó al mentón, como si orara, un mechón de su pelo negrísimo le tiznó la cara. Sus labios cereza se abrieron, trémulos, dejando al descubierto los dientes deliciosamente torcidos antes de hablar:

—Creo que terminar así, yéndome de sopetón, es como terminar las cosas con Jorge Abel de un machetazo. Terminarlas mal... Déjame pasar —dijo, y logró colarse por entre el brazo de Osorio y la vitrina donde estaba apoyado.

—Qué explicación más cobarde y más estúpida —respondió Osorio, ardido, hacia sus espaldas.

Mientras Ángela se perdía en la escalera, Osorio arrugó el pasaje de ella con furia. Lo echó a una caneca de basura. Se apresuró a entrar a Migración. El vuelo 0989 titilaba «a bordo» en las pantallas. Los guardas del DAS lo atendieron rápido, sin muchas preguntas. Tampoco le pusieron problema en el detector de metales. En la requisa no objetaron los fajos de billetes. Al fin, quedaba el profundo pasillo que desembocaba en la sala doce. Osorio quería correr, pero sus piernas caminaron. Tardó dos segundos en comprenderlo todo y darles la razón: no tenía ningún sentido apurarse, no había diferencia, pues sabía que en adelante su vida iba a ser íngrima y extraviada, a la sombra de aquella que no viviría en su apartamento de techos altos con vista al Río de la Plata, con móviles que batiría un viento que ya no soplaba a su favor.

・ ・ ・

Tú conociste a mi tío Alberto cuando él ya se había casado con Sandra, la segunda esposa (porque ella es la segunda esposa ¿o te parece que a su edad podría ser la mamá de Tato?). A Amanda no la nombran mucho en mi casa, mi mamá la *odia*, porque ella se le voló a él. Era una pelada muy avispada para mi tío, pobrecito él, que es tan bonachón. Ella un día salió en el carro a dejar a Tato en el paradero (Tato debía tener unos seis, siete años) y luego no volvió a la casa. Como a las once de la noche, después de buscarla y llamar a todos lados, ya mi tío revisó el clóset. Quedaba poquita ropa, faltaba una maleta. Uy, cómo le dio duro a él. Hasta contrató un detective y todo, pero no se pudo averiguar nada. Amanda a veces lo llamaba, preguntaba que cómo estaba Tato, y mi tío (esto lo cuenta mi mamá, y tú sabes que ellos son muy unidos), el pobrecito le rogaba que volviera, le lloraba. Se había ido con un tipo que tenía un negocio de video... No, no que *hacen* video sino que *alquilan*: un alquiler en los lados de Bosa. ¡Bosa!, imagínate, y con un señor de ese perfil, dueño de una *betamaxería*, como dice Esneda, ja (Esneda, la señora que le va a hacer el aseo a mi mamá... Por Dios, Ricardo, ella alcanzó a conocer el otro apartamento, lleva meses viniendo). ¿En qué iba?, ah, sí, y tú has visto cómo es la casa de mi tío: en Santa Bárbara Alta, bien amueblada, grande, bonita. Y no, ¡Amanda prefirió ir a enterrarse en Bosa, con el dueño de una betamaxería!... Ah, no: eso se supo después, cuando ella apareció con una abogada y exigió que le dejaran ver a Tato. Sí, ahí negociaron, es que mi tío es de buen corazón, fíjate, apenas se enteró de que estabas sin trabajo, te ofreció el puesto en la ferretería. Sí, yo sé que es poca plata, pero tienes que entenderlo, el pobre estuvo muy endeudado, apenas está arrancando de nuevo. Además, esa platica es la que nos ha ayudado a vivir. Bueno, y también mis papás. A propósito: mañana tenemos almuerzo. Ay, Ricardo, tenemos que apoyar a mi mamá, que anda muy deprimida por lo de Ponky. No te imaginas cómo se ha puesto, ¡no no no!, que ella debió mirar, que si hubiera tenido más cuidado... Ayer ya me tocó regañarla, «mami, ya no molestes más, ¿cómo ibas tú a saber que Ponky se iba a meter dentro de la lavadora?»... Claro, el perro a lo mejor habría sobrevivido, porque la lavadora es de las viejas, que no se cierra hermética ni se llena toda, pero ella lavó con agua caliente. Se le cayó el pelo y todo, y se hinchó; mi papá me dijo que el perrito sí se veía muy mal. Tenemos que ir a visitarla, acompañarla. No digas eso, Ricardo, ella te quiere, lo que pasa es que tiene sus remilgues, seguro que le alegrará verte... Bueno, pero me pongo a hablarte y no acabo de arreglar el mercado. Pon estas bolsas allá en el estante de arriba. Eso, y ayúdame con esos condimentos, que van en la repisa de allá... Ven, dame un besito, *chuic*, eso, mira, estas compotas no las guardes aquí, porque a nuestro nené no le gustan frías, además, yo creo que le hacen daño. Ponlas ahí. Ya, ya, mi vida, del resto me encargo yo, gracias, ahorita v... ¡Ay, mira *quén she deshpertó*! Gatea nené shi gatea hashta tu papi. ¡Eso!, ¿no te parece que está más pesado? No, digo porque puede tener herencia. Jajá, por tu lado no, mi vida: tú y Mireya son unos garfios... ¡No, eh, no lloresh, bebi, no lloresh, quedate ahí, con tu papá, que yo voy a organishar aquí todas eshtas coshas. Ya sabes, no le des arequipe así te pida y te ruegue... Ricardo, habíamos quedado en que tú te quedabas con él mientras yo iba a la comida donde Ofelia. No pelees... Ven, ven, besito, *chuic*, ¡uno para el nené, shí!, *chuic*. ¿Ah?, de amigas del colegio, ¡uy, dizque va a ir un montón de gente!, pero tú sabes, tantas que después ya les da pereza, o están pasando por la mala y no quieren ir con dramas, o las que están ocupadas, con el marido, con la familia. Ojalá vayan todas. Esta tarde me llamaron Juliana Escobar y Pía Gutiérrez, que allá nos veíamos. La gran ausente va a ser Ángela, ella sí que no se perdía estas reuniones. ¿Qué dice aquí?... mussels in red pickled sauce, ¿qué son mussels? Uy, ya huelen feo, toma, bótalos... ¿Ángela?, sí, me puso un email hace poquito, están en Toronto, que dizque el frío es tenaz: imagínate, las cocacolas se explotan así, pum, en el medio ambiente. A Jorge Abel le dieron un apartamento allá, sí, y ella está buscando trabajo... Parece que le va a salir una cosa en un centro comercial, ah, no, no sé, cajera, supongo, algo así. Pero allá con esos trabajos viven bien, pueden comprar carro y todo. Uf, ya acabé. ¿Puedes poner estos rollos en el gabinete del baño?, ey, espera, y estas toallas higiénicas. A propósito, quería decirte: no me llega la regla desde hace diecisiete días. Tú sabes que yo soy un relojito... ¿Queresh un hermanito, nené?

⊜ Planeta

España
Av. Diagonal, 662-664
08034 Barcelona (España)
Tel. (34) 93 492 80 36
Fax (34) 93 496 70 58
Mail: info@planetaint.com
www.planeta.es

P.º Recoletos, 4, 3.ª planta
28001 Madrid (España)
Tel. (34) 91 423 03 00
Fax (34) 91 423 03 25
Mail: info@planetaint.com
www.planeta.es

Argentina
Av. Independencia, 1668
C1100 ABQ Buenos Aires
(Argentina)
Tel. (5411) 4382 40 43/45
Fax (5411) 4383 37 93
Mail: info@eplaneta.com.ar
www.editorialplaneta.com.ar

Brasil
Rua Ministro Rocha Azevedo, 346 -
8.º andar
Bairro Cerqueira César
01410-000 São Paulo (Brasil)
Tel. (5511) 3087 88 88
Fax (5511) 3898 20 39

Chile
Av. 11 de Septiembre, 2353, piso 16
Torre San Ramón, Providencia
Santiago (Chile)
Tel. Gerencia (562) 431 05 20
Fax (562) 431 05 14
Mail: info@planeta.cl
www.editorialplaneta.cl

Colombia
Calle 73, 7-60, pisos 7 al 11
Bogotá, D.C. (Colombia)
Tel. (571) 607 99 97
Fax (571) 607 99 76
Mail: info@planeta.com.co
www.editorialplaneta.com.co

Ecuador
Whymper, N27-166, y A. Orellana,
Quito (Ecuador)
Tel. (5932) 290 89 99
Fax (5932) 250 72 34
Mail: planeta@access.net.ec
www.editorialplaneta.com.ec

Estados Unidos y Centroamérica
2057 NW 87th Avenue
33172 Miami, Florida (USA)
Tel. (1305) 470 0016
Fax (1305) 470 62 67
Mail: infosales@planetapublishing.com
www.planeta.es

México
Av. Insurgentes Sur, 1898, piso 11
Torre Siglum, Colonia Florida, CP-01030
Delegación Álvaro Obregón
México, D.F. (México)
Tel. (52) 55 53 22 36 10
Fax (52) 55 53 22 36 36
Mail: info@planeta.com.mx
www.editorialplaneta.com.mx
www.planeta.com.mx

Perú
Grupo Editor
Jirón Talara, 223
Jesús María, Lima (Perú)
Tel. (511) 424 56 57
Fax (511) 424 51 49
www.editorialplaneta.com.co

Portugal
Publicações Dom Quixote
Rua Ivone Silva, 6, 2.º
1050-124 Lisboa (Portugal)
Tel. (351) 21 120 90 00
Fax (351) 21 120 90 39
Mail: editorial@dquixote.pt
www.dquixote.pt

Uruguay
Cuareim, 1647
11100 Montevideo (Uruguay)
Tel. (5982) 901 40 26
Fax (5982) 902 25 50
Mail: info@planeta.com.uy
www.editorialplaneta.com.uy

Venezuela
Calle Madrid, entre New York y Trinidad
Quinta Toscanella
Las Mercedes, Caracas (Venezuela)
Tel. (58212) 991 33 38
Fax (58212) 991 37 92
Mail: info@planeta.com.ve
www.editorialplaneta.com.ve

Grupo Planeta   Planeta es un sello editorial del Grupo Planeta   www.planeta.es